普通高等教育"十三五"规划教材
国家精品课程主干教材
国家级精品资源共享课主干教材

信息检索与利用

（第三版）

邓发云　编著

科学出版社
北京

内 容 简 介

本书系统地介绍信息素养、信息源、信息检索的基本知识，以及各种常用检索工具的检索方法与技巧，提供大量的案例、图表、思考训练题、讨论题与基于检索技巧的提示，图文并茂，便于教学与阅读。

本书突出的特点是将信息需求与信息检索结合起来，将作者长期信息检索与运用的经验及技巧贯穿其中。本书既可作为高校本科生、研究生的信息检索课教材与各类信息机构的岗位培训教材，也可作为工程技术人员、科研人员、教师从事信息检索时的参考书籍。

图书在版编目(CIP)数据

信息检索与利用/邓发云编著. —3版. —北京：科学出版社，2017.12
（普通高等教育"十三五"规划教材·国家精品课程主干教材·国家级精品资源共享课主干教材）
ISBN 978-7-03-055157-3

Ⅰ.①信… Ⅱ.①邓… Ⅲ.①信息检索-高等学校-教材
Ⅳ.①G254.9

中国版本图书馆 CIP 数据核字(2017)第 269061 号

责任编辑：余 江 张丽花/责任校对：郭瑞芝
责任印制：霍 兵/封面设计：迷底书装

科学出版社 出版
北京东黄城根北街 16 号
邮政编码：100717
http://www.sciencep.com

北京市密东印刷有限公司 印刷
科学出版社发行 各地新华书店经销

*

2010 年 3 月第 一 版	开本：787×1092 1/16
2013 年 1 月第 二 版	印张：14
2017 年 12 月第 三 版	字数：338 000

2021 年 1 月第 32 次印刷
定价：32.00 元
（如有印装质量问题，我社负责调换）

前　言

当今时代，社会分工越来越细，知识更新越来越快，工作变换越来越频繁，而这些都需要有很强的学习能力与环境适应能力，以便快速熟悉、掌握新领域知识。通过信息检索的学习与练习，可以培养这些能力。从目标而言，信息检索是一种交流与学习，既包括通过查询他人的或已有的历史成果与文献资料寻求答案或者激发灵感，也包括通过向他人学习、请教来释疑解惑。从本质而言，信息检索是一种匹配和选择，是信息需求与检索结果的匹配。信息需求决定检索工具、检索方式的选择。例如，常识、大众化、新闻、娱乐信息可用搜索引擎检索；专利、标准与统计信息可从发布机构的网站检索；学术科研信息可用数据库检索；复杂、精确的需求可采用高级检索方式；模糊、简单的需求可采用简单检索方式。而检索结果的浏览、分类、排序、下载则是用来进行信息选择的。检索工具的功能设计（检索选项或检索框）正是用来满足各种需求的，灵活运用各种检索功能能够有效提高检索效率。从过程而言，信息检索是需求的明晰与调整，只有在检索的过程中，才能体会与领悟到检索的意义和乐趣；只有把学习、工作、生活与科研遇到的各种问题通过信息检索的途径解决才能不断提高信息意识与检索技能，因此学好信息检索必须经过大量的实践训练。

本书提供了大量案例、图表、思考训练题、讨论题以及基于检索技巧的提示，图文并茂，便于教学与阅读。相对于以往的大多数教材，本书增加了信息需求分析、信息检索委托与求助、检索词选择、信息检索利用等难点章节，尤其是第 6 章从新角度来分析检索系统的检索特点与使用方法。本书是"信息检索"国家精品课程、国家级精品资源共享课专用教材，在爱课程网站上地址为：http://www.icourses.cn/coursestatic/course_3189.html，同时建有专门教学网站提供背景支撑(http://202.115.72.11)，在这两个网站上都有与教材章节同步的视频、教案、讲稿、参考资料等。本书对第二版中的资源进行更新和筛选，所有列举资源都经过作者验证，并对内容进行精简，按使用习惯对内容进行重新编排。本书中增加了二维码，用来提供扩展阅读材料和课程 PPT 讲稿。讲稿既是本书内容的浓缩与精华，也是内容的补充与扩展，方便读者更好地、更有效地利用本书。

在本书内容的组织、整理及写作过程中，作者参阅了大量的相关文献，包括同行学者的有关论著和讲稿，各个数据库与检索系统的培训课件和使用指南，在此谨向有关人士表示衷心感谢。本书同时得到国家精品课程建设资金、西南交通大学教务处新形态教材建设资金和科学出版社的大力支持，一并深表感谢。本书也得到多位老师的参与和帮助，西南交通大学的高凡编写第 4 章、陈晓红编写第 9 章、何雪梅编写第 10 章，电子科技大学中山学院何海地编写第 8 章，科学出版社的编辑进行了格式设计与排版，他们的付出为本书增光添彩，在此表示感谢。

本书自出版以来，发行量超过 10 万册，有七十多所高校使用，并荣获 2016 年、2018 年全国高校信息素养教育研讨会教材类一等奖，这给作者很大的激励，使作者保持对教材的持续关注和不断更新，以求更好地服务读者。由于信息检索技术的不断发展及检索手段的不断更新，加之作者的水平有限，书中难免有不足之处，敬请各位读者批评指正。

邓发云

目　录

第1章　信息检索与信息素养 …… 1
1.1　信息、知识、文献、情报 …… 1
1.1.1　信息 …… 1
1.1.2　知识 …… 1
1.1.3　文献 …… 2
1.1.4　情报 …… 2
1.1.5　数据和事实 …… 3
1.1.6　信息与知识、文献、情报的关系 …… 3
1.2　信息检索概述 …… 4
1.2.1　信息检索的原理 …… 4
1.2.2　信息搜索与检索 …… 5
1.2.3　信息检索与类型 …… 6
1.2.4　信息检索方法 …… 7
1.3　信息素养 …… 9
1.3.1　信息素养的概念 …… 9
1.3.2　信息素养的益处 …… 9
1.3.3　信息素养框架 …… 10
1.4　学习信息检索的目标与方法 …… 12
1.4.1　学习信息检索的目标 …… 12
1.4.2　学习信息检索的方法 …… 13

第2章　信息源 …… 15
2.1　信息源分类 …… 15
2.1.1　根据文献出版的类型和特点区分文献类型 …… 16
2.1.2　按生产加工层次划分 …… 20
2.1.3　各种不同类型文献的关系与对比 …… 22
2.2　图书馆 …… 23
2.2.1　图书馆的资源与服务 …… 23
2.2.2　我国图书馆的类型 …… 23
2.2.3　特色图书馆的举例 …… 25
2.2.4　联机公共检索目录及其检索 …… 26
2.3　网络信息源 …… 29
2.3.1　网络的基本知识 …… 29
2.3.2　网站 …… 31
2.3.3　网络资源的分类与特点 …… 34
2.3.4　网站举例 …… 34
2.4　开放存取 …… 35
2.4.1　开放存取的特征与类型 …… 36
2.4.2　国内开放存取数据库及系统 …… 36
2.4.3　国外开放存取数据库及系统 …… 37
2.4.4　开放存取数据库检索举例 …… 37
2.5　信息检索委托与求助 …… 39
2.5.1　通过文献传递、馆际互借服务方式求助 …… 39
2.5.2　通过参考咨询方式求助 …… 39
2.5.3　E-mail向作者索取全文 …… 40
2.5.4　向论坛求助 …… 40
2.5.5　其他求助方式 …… 41
2.6　信息源使用经验与技巧 …… 41
2.6.1　图书馆资源与网络资源的比较与选择 …… 41
2.6.2　如何找到需要的信息资源 …… 42
2.6.3　专业或行业网络资源的选择 …… 44

第3章　信息检索技术 …… 46
3.1　信息特征、检索语言与检索途径 …… 46
3.1.1　信息特征 …… 46
3.1.2　检索语言 …… 46
3.1.3　常用检索途径 …… 50
3.2　检索工具、数据库与检索系统 …… 51
3.2.1　检索工具 …… 51
3.2.2　数据库 …… 53
3.2.3　信息检索系统 …… 55

3.2.4 常用数据库与检索系统……59
3.2.5 引文与引文检索系统………60
3.3 计算机检索技术……………61
　3.3.1 布尔逻辑检索……………61
　3.3.2 截词检索…………………62
　3.3.3 字段检索…………………62
　3.3.4 词位置检索………………63
　3.3.5 加权检索…………………64
　3.3.6 检索式……………………64
3.4 检索词的选取……………65
　3.4.1 检索词的选取原则………65
　3.4.2 检索词的选取方法………66
　3.4.3 检索词的选词要点及技巧…67
3.5 信息检索的需求分析………70
　3.5.1 信息需求所涉及的通用问题…70
　3.5.2 用户特征所导致信息需求差异……………70
　3.5.3 不同阶段的信息需求差异…71
　3.5.4 信息需求类型和文献类型的对应关系……………71
　3.5.5 信息需求与信息检索的对应关系……………71
　3.5.6 特定信息的需求…………72
3.6 检索流程……………………73
　3.6.1 分析检索课题，进行信息需求分析………73
　3.6.2 选择检索工具……………73
　3.6.3 确定检索策略……………74
　3.6.4 调整检索策略……………74
　3.6.5 获取原始文献……………75
3.7 检索效果评价………………75
　3.7.1 检索系统的检索效果……75
　3.7.2 用户的检索效果…………76

第4章 搜索引擎……………………78
4.1 搜索引擎原理与分类………78
　4.1.1 工作原理…………………78
　4.1.2 根据数据检索内容划分的搜索引擎类型……………79

4.1.3 根据数据类型划分的搜索引擎类型……………80
4.2 搜索引擎的使用技巧………80
　4.2.1 使用高级搜索和个性化设置……………80
　4.2.2 使用类别搜索……………81
　4.2.3 注意搜索返回的结果……81
　4.2.4 注意检索策略的使用……83
　4.2.5 注意检索词的选用………83
　4.2.6 其他一些技巧……………84
4.3 主要搜索引擎的介绍………85
　4.3.1 百度…………………85
　4.3.2 360搜索……………………86
　4.3.3 搜狗搜索引擎……………86
4.4 特色搜索引擎介绍…………87
4.5 学术搜索引擎介绍…………88

第5章 网络信息检索………………90
5.1 网络上学习考试类信息检索……90
　5.1.1 学习考试类信息选择的关键因素——权威性………90
　5.1.2 学习考试类信息选择的主要类型与途径…………90
　5.1.3 学习考试资源的利用特点…91
5.2 课程信息检索与利用………92
　5.2.1 如何利用图书馆查找同类课程资源……………92
　5.2.2 如何查找网络上的免费课程资源……………93
5.3 网络购物信息检索…………95
　5.3.1 网络购物信息的检索途径…95
　5.3.2 网络购物信息的检索技巧…96
5.4 网络参考工具书……………98
　5.4.1 参考工具书与传统检索工具比较…………99
　5.4.2 字、词典……………………99
　5.4.3 百科全书…………………102
　5.4.4 年鉴………………………102
　5.4.5 手册………………………104

5.4.6	名录概述 …………… 104		6.6.1	常用协会出版数据库检索
5.4.7	表谱 ………………… 105			特点 ………………… 140
5.4.8	类书 ………………… 105		6.6.2	常用协会出版数据库检索
5.4.9	政书 ………………… 106			举例——IEL ………… 140
5.4.10	图录 ………………… 106		6.6.3	常用协会出版数据库列表 · · 143
5.4.11	物化数据 …………… 106		6.7 单种数据库检索 ………… 144
5.4.12	法规 ………………… 106		6.7.1	图书数据库 ………… 144

第6章 数据库检索 ……………… 108

- 6.1 检索系统的认识与链接 …… 108
  - 6.1.1 如何认识一个数据库或者检索系统 ………………… 108
  - 6.1.2 检索系统的访问与连接 … 109
  - 6.1.3 数据库合法使用 ………… 109
- 6.2 使用检索系统的常用流程 …… 110
  - 6.2.1 检索系统的检索界面 …… 110
  - 6.2.2 检索系统的检索过程 …… 112
  - 6.2.3 检索结果的处理 ………… 114
  - 6.2.4 检索系统的使用技巧 …… 117
  - 6.2.5 数据库与搜索引擎的检索特点比较 ………………… 119
- 6.3 检索系统的个性化服务 …… 120
  - 6.3.1 创建个人账户 …………… 120
  - 6.3.2 个性化服务的主要功能 … 120
- 6.4 常用综合检索平台 ………… 121
  - 6.4.1 综合检索系统与跨库检索 … 121
  - 6.4.2 中国知网 ………………… 123
  - 6.4.3 万方数据资源系统 ……… 126
  - 6.4.4 ProQuest 平台 …………… 128
  - 6.4.5 Web of Science ………… 130
  - 6.4.6 其他综合检索系统 ……… 134
- 6.5 常用出版社出版数据库检索 … 136
  - 6.5.1 常用出版社出版数据库检索特点 ………………… 136
  - 6.5.2 常用出版社出版数据库检索举例——ScienceDirect …… 136
  - 6.5.3 常用出版社出版数据库列表 ………………… 139
- 6.6 常用协会出版数据库检索 …… 140
  - 6.7.2 期刊数据库 ……………… 148
  - 6.7.3 学位论文数据库 ………… 150
  - 6.7.4 会议论文数据库 ………… 152
  - 6.7.5 报刊数据库 ……………… 153
  - 6.7.6 科技报告检索 …………… 154
- 6.8 多媒体资源检索 …………… 155
  - 6.8.1 多媒体检索举例——库客数字音乐图书馆 ………… 155
  - 6.8.2 多媒体资源列举 ………… 156

第7章 专利和标准文献检索 …… 159

- 7.1 专利 ………………………… 159
  - 7.1.1 专利知识概述 …………… 159
  - 7.1.2 专利检索 ………………… 162
  - 7.1.3 国家知识产权局专利数据库 ………………………… 164
  - 7.1.4 美国专利与商标局专利数据库 ………………………… 167
  - 7.1.5 欧洲专利局专利检索系统 · · 170
  - 7.1.6 专利检索技巧 …………… 172
  - 7.1.7 专利分析 ………………… 172
- 7.2 标准 ………………………… 174
  - 7.2.1 标准知识 ………………… 174
  - 7.2.2 纸本标准资源检索 ……… 176
  - 7.2.3 网络标准资源检索 ……… 176
  - 7.2.4 标准数据库检索 ………… 178
  - 7.2.5 标准获取的其他途径 …… 178

第8章 考研与留学信息检索与利用 … 182

- 8.1 考研信息检索与利用 ……… 182
  - 8.1.1 查找报考学校和专业问题 · · 182
  - 8.1.2 检索导师信息 …………… 182
  - 8.1.3 检索考研考试信息 ……… 185

8.2 留学信息的检索与利用 ……… 186
  8.2.1 留学信息检索技巧 ………… 187
  8.2.2 留学信息参考网站 ………… 188

第9章 就业信息检索与利用 ……… 190
9.1 就业主管部门为主线查找信息 … 190
9.2 就业去向——企业信息检索的内容与途径 …………………… 192
  9.2.1 企业名录信息检索 ………… 192
  9.2.2 企业内部信息查找 ………… 193
  9.2.3 企业外部信息查找 ………… 194
  9.2.4 企业评价信息查找 ………… 194
  9.2.5 企业产品信息查找 ………… 195
9.3 就业去向——公务员考试信息检索与利用 …………………… 196
9.4 就业知识信息的查找与利用 …… 197

第10章 毕业论文(设计)信息检索与利用 ……………………… 200
10.1 毕业论文(设计)与学术论文的要求与特点 …………………… 200
10.2 毕业论文与学术论文选题 …… 200
10.3 课题实验或设计初始阶段 …… 202
10.4 课题实验或设计中间阶段 …… 203
10.5 论文撰写与完成阶段 ………… 203
10.6 文献综述的撰写 ……………… 204
10.7 各阶段检索重点对比 ………… 207
10.8 写作与学术规范 ……………… 208
  10.8.1 写作规范 ………………… 209
  10.8.2 引用规范 ………………… 209
  10.8.3 学术规范 ………………… 209

参考文献 ……………………………… 212
附录A 本书使用方法推荐 ………… 213
附录B 常用搜索关键词推荐 ……… 214
后记 …………………………………… 215

第1章 信息检索与信息素养

在现代网络环境与经济全球化背景下,是否具有良好的信息素养,能否有效地获取、利用所需信息,正逐步成为衡量高素质人才自主学习能力、创新能力、创业能力的重要标准。

1.1 信息、知识、文献、情报

1.1.1 信息

在我国,"信息"一词最初来源于南唐诗人李中《暮春怀故人》一诗:"梦断美人沈信息,目穿长路倚楼台。"不过古人所说的"信息"是指"音讯、消息"。

而《现代汉语词典》中的"信息"泛指一切音信和消息。

控制论创始人维纳认为:信息是我们用于适应外部世界,并且在使这种适应为外部世界所感知的过程中,与外部世界进行交换的内容的名称。

信息论创始人香农认为:信息是能够用来消除不确定性的东西。

日本有学者从英语词源上分析了信息(Information),认为:in 是接收到消息,formation 是整理成章。也就是说,信息是把不明确的事物弄清楚后,整理成章传递给需要的人。

英国学者阿希贝认为:信息的本性在于事物本身具有变异度。

国内学者陈原认为:信息是被一定方式排列起来的信号序列,是意义的载体。

"信息"一词的定义之所以如此多样化,主要基于以下原因:信息本身的复杂性;信息科学的新兴性,并且有诸多的学科分支;定义信息的角度不同。

有益的信息是一种资源、财富和机遇,是构建人精神世界的基础。但在现代社会中,信息的发布具有很大的自由度和随意性,这必然导致信息的质量参差不齐。面对眼花缭乱的海量信息,如果处置不当,甄别不明,就会导致可怕的"信息致盲"。因此如何合理有效地利用信息就变成一门学问。

1.1.2 知识

《现代汉语词典》中的"知识"(Knowledge),是指人们在改造世界的实践中获得的认识和经验的总和。"知识"是对某个主题确信的认识,并且这些认识拥有潜在的能力为特定目的而使用。从信息角度看,知识源于表征事物属性和事物间关系的各种信息,成为各种信息的集合或有序化。

迈克尔·波兰尼(Michael Polanyi)在 1958 年提出人类的知识有两种,一种是显性知识,即能够被人类以一定符码系统(最典型的是语言,也包括数学公式、各类图表、盲文、手势语、旗语等符号形式)加以完整表述的知识;另一种是隐性知识,其与显性知识相对,是指那种人类可以感知但难以表述的知识。

塞缪尔·约翰逊(Samuel Johnson)将"知识"分成两类：一类是人类要掌握的学科知识；另一类是要知道在何处获得有关知识的信息。

经济合作与发展组织(OCED)将知识分为三类：①Know-What，关于事实的知识；②Know-Why，自然原理和规律方面的科学理论，形成于专门研究机构和大学等；③Know-How，指做某些事情的技艺和能力，企业的技术情报和商业信息被归入这一类信息。

个体的知识既来源于对客观世界的观察和探索，又来源于其他个体(包括前人)的知识。因此，必须阅读科学文献，掌握有关的思想、事实、理论和方法等信息，才可在此基础上进行进一步的分析、综合和研究，才能有所创新。

1.1.3 文献

《现代汉语词典》中的"文献"(Document)泛指"有历史价值或参考价值的图书资料"。

文献是"记录有知识的一切载体"。这就是说，文献具有两个要素：其一，知识内容，未记录知识的空白纸张、空白磁带、磁盘、光盘等载体不能算是文献；胡乱涂写、存储的无实质知识内容的非空白纸张、磁带、磁盘、光盘等也不是文献；其二，物质载体，存在于人脑中或人们口头传播的知识，也不能算是文献。

记录知识的物质载体，既包括古代的甲骨卜辞、金石简牍、帛书卷轴、手抄文稿、书画文物、线装古籍等，也包括近、现代的印刷书刊、文书档案、电影胶卷、缩微胶片、录音带、录像带、计算机磁盘光盘等。文献信息和载体，既具有不可分割性，又具有相对独立性，也就是说，信息内容不会因为载体形式的改变而改变，不同的信息载体可以传播同一内容的信息。

文献所传递的信息是人对客观世界的反映，因而不一定完全符合客观世界表现出的信息内容，这种"歪曲""失真"的程度取决于人们的认识水平、立场观点、思考方法和时代因素的差异。

1.1.4 情报

《现代汉语词典》中的"情报"(Intelligence)特指战时关于敌情的报告。通常所说的情报是指运用一定的载体，传递给特定用户，用以解决科研、生产、经营中的具体问题的特定知识和信息。

情报是知识的有序化与激活。它的内核是信息，是信息的集合(知识)。杂乱无章的信息显然不是情报；再重要的信息也必须经过传递才有可能成为情报。

在经济全球化的背景下，关于技术、经济的"竞争情报"(Competitive Intelligence)受到高度重视。实际上，竞争情报的实质是组织(企业、团体乃至国家)为赢得竞争优势所需要的具有对抗性的重要信息。

1.1.5 数据和事实

数据(Data)是事实或观察的结果,是对客观事物的逻辑归纳,是用于表示客观事物的未经加工的原始素材。数据可以是连续的值,如声音、图像,称为模拟数据;也可以是离散的,如符号、文字,称为数字数据。它不仅指狭义上的数字,还可以是具有一定意义的文字、字母、数字符号的组合、图形、图像、视频、音频等,也是客观事物的属性、数量、位置及其相互关系的抽象表示。例如,"0、1、2、…""阴、雨、下降、气温""学生的档案记录""货物的运输情况"等都是数据。数据经过加工后就成为信息。

信息与数据是不可分离的。数据是原始事实,而信息是数据处理的结果。数据中所包含的意义就是信息,信息是对数据的解释、运用与解算,即使是经过处理以后的数据,只有经过解释才有意义,才成为信息;就本质而言,数据是客观对象的表示,而信息则是数据内涵的意义,不同知识、经验的人,对于同一数据的理解,可得到不同信息。

大数据(Big Data)指无法在一定时间范围内用常规软件工具进行捕捉、管理和处理的数据集合,是需要新处理模式才能具有更强的决策力、洞察发现力和流程优化能力的海量、高增长率和多样化的信息资产,具有海量的数据规模、快速的数据流转、多样的数据类型和价值密度低四大特征。大数据技术的战略意义在于提高对数据的"加工能力",通过"加工"实现数据的"增值"。

1.1.6 信息与知识、文献、情报的关系

宇宙间时时刻刻都在产生着信息,人们正是通过对不同信息的获取来认识不同事物的,并由此生产新的知识。知识是经人脑思维加工而成的有序化的人类信息;文献则是被物化了的知识记录,是被人们所认知并可进行长期管理的信息;情报是人们为解决特定问题而被活化了的更为高级、更为实用的知识。情报蕴含在文献之中,但并非所有文献都是情报,而所有情报都是知识。文献又是储存并传递知识、情报和信息的介质,它们之间的逻辑关系是一种包含关系,如图 1-1 所示。

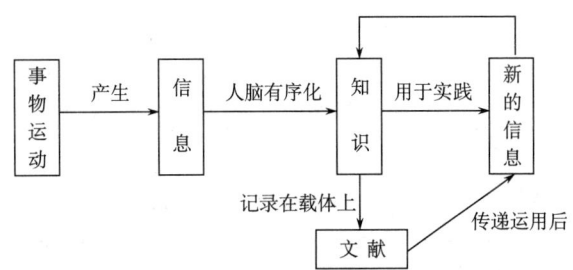

图 1-1　信息、知识与文献的关系示意图

简单地说,知识是系统化的信息;文献是静态记录的知识;情报是动态传递的知识。它们在一定条件下是可以相互转化的。目前,学术界比较一致的看法是:信息>知识>情报。文献和情报的关系十分密切,而且有所交叉。

"信息"的生命过程中有两次转化:一是信息转化为知识、文献和情报;二是知识、

文献和情报转化为信息。

数据是对客观事物本身运动的记录，是信息的原材料；信息是知识得以形成和传播的中介；知识是对信息的理解与认识；智慧是对知识合理的运用；所以信息不完全是知识，知识也不完全产生智慧，没有经过自我思考与消化的信息和知识无法自行凝练为个体的智慧。信息、知识、文献与智慧的关系如图1-2所示。

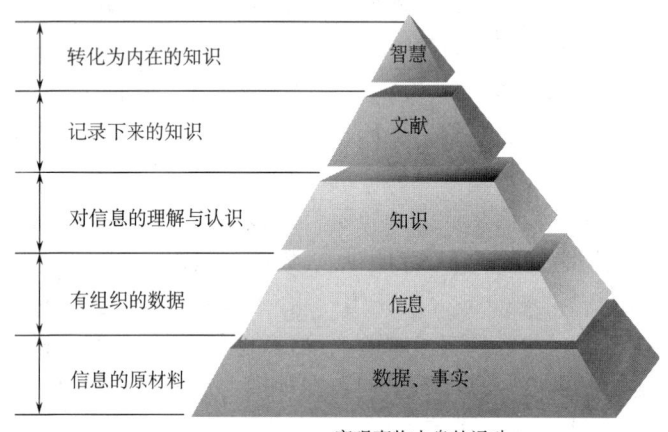

图1-2　信息、知识、文献与智慧的关系示意图

信息需要被思考、挖掘与利用，才能转化为有价值的情报，转化为指导实践的智慧。这才是更重要的。

【案例 1-1】 国家统计局每个月都要公布国民经济运行数据(信息)；如果经济数据连续下滑，国家就可能采取经济刺激措施(知识)；综合各种观察，假如本月数据可能继续下降(情报)；企业提前调整经营与投资策略，等待经济刺激措施出台(情报转换为决策)。

思考与讨论： 如何将知识转化为智慧？如何从数据、事实中提取出对自己和对企业有用的情报？前者需要将知识吸收与内化并与实践结合，后者必须经过长期观察与经验积累，这都需要具有一定的信息素养。

1.2　信息检索概述

信息检索就是从信息集合中找出所需信息的过程，也就是我们通常所提及的信息查询（Information Retrieval 或 Information Search）。信息检索能力是信息素养的集中表现，提高信息素养最有效的途径是通过学习信息检索的基本知识，进而培养自身的信息检索能力。

1.2.1　信息检索的原理

信息检索基本原理，是用户信息需求与文献信息集合的比较和选择，是两者匹配的过程，是用户从特定的信息需求出发，对特定的信息集合采用一定的方法、技术手段，根据一定的线索与规则从中找出相关的信息。

需求集合：人们为了满足某种需求，感到需要补充知识的集合体。

信息集合：是有关某一领域的文献或数据的集合体，它可以是数据库的全部记录，也可以是某种检索工具，还可以是某个图书馆的全部馆藏或者某个特定的信息源，它是一种公共知识结构，能弥补用户的知识结构缺陷。

匹配和选择：是一种机制，涉及两者一致性、相关度等问题，负责把需求集合和信息集合进行比较，然后根据一定的标准选出需求的信息。

信息检索的一般过程如图 1-3 所示。

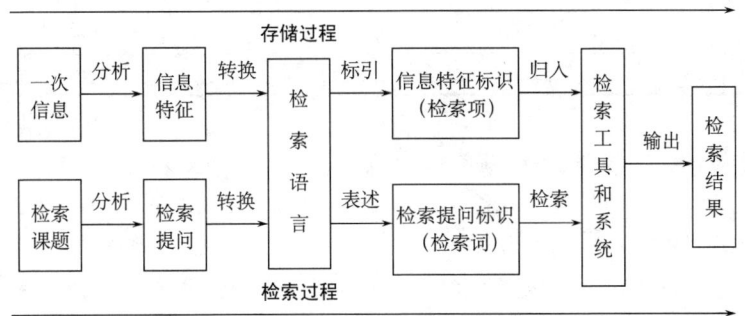

图 1-3　信息检索的一般过程

广义的信息检索应包括信息的标引与存储和信息的检索两个过程。信息标引是指对海量的无序信息按照一定的特征，用特定的标引语言进行著录、标记和组织，使之有序化，形成可供用户检索的检索点的过程；信息存储是指对经过标引的信息进行筛选，形成检索文档和信息数据库的过程。信息的标引与存储是信息组织人员后台建立检索系统的过程。

检索表达实际上是指用户将自己的需求，按照系统提供的方法和要求，将检索词用逻辑运算符连接起来，形成系统可理解和运算的查询串的过程。它主要由检索词、逻辑运算符、检索指令(检索语法)等构成。检索词是检索式的主体；而逻辑运算符和检索指令则根据具体的查询要求，从不同的角度对检索词进行检索限定。

怎样才能保证信息存得进又取得出呢？那就是存储与检索所依据的规则必须一致。也就是说，标引者与用户必须遵守相同的标引规则。这样，无论什么样的标引者，只要对同一篇文献的标引结果一致，不论由谁来检索，都能查到这篇文献。

1.2.2　信息搜索与检索

上述信息检索是学术或者专业意义上的"检索"。而在现实生活中，个体往往面临各种需求，如找工作、找对象、购物、出门旅游、学习等，都需要搜索信息，这些信息的获取可能没有严格与规范的检索系统，没有确定与明确的匹配方法，就连检索需求可能都是游弋不定的。但只要是搜索或者查找，就应该有一些规律可循，一些方法可用。

其共同点是：①目标的定位，即需求的确定；②在何处找，即应该使用何种信息源，这个信息应该在哪里；③如何找，即找寻的方法与策略；④结果是否满意，即找寻的结果是否满足信息需求，如果不满意，如何调整。

其不同点在如表 1-1 所示。

表 1-1 检索与搜索、查询的区别

对比项	检索	查找、搜索、搜寻
英文	Retrieval	Search
过程和方法	有一定的策略，系统地查找资料	随机或更随意一些
技能	需要一定的专门知识和技能	简单，任意词
用途	课题或专题	日常生活
结果	检索前通常不知道会有什么结果	通常知道结果
效率	迅速、准确	一般

【案例 1-2】例如购房，如果个体能确定需求的价位、户型、区域、环境，了解在房交会、当地的房管局与房地产交易中心、媒体获取购房信息的方式，了解网络查询、朋友介绍、实地考察等获取购房信息的方式，知道对获取到的信息进行分析与权衡，并与自己的购买力、购买需求进行匹配。那么个体的购房会相对理性与轻松，不会被促销误导或产生盲目冲动的购买行为。购房如此，找对象也是如此，所以信息素养可以在学习、生活与工作中不断地培养。

1.2.3 信息检索与类型

信息检索具有广泛性与多样性，根据各种具体信息检索的特点，可以将信息检索从内容、手段与检索方式等维度进行细分（图 1-4）。常用的是按检索结果内容划分，有数据信息检索、事实信息检索和文献信息检索。

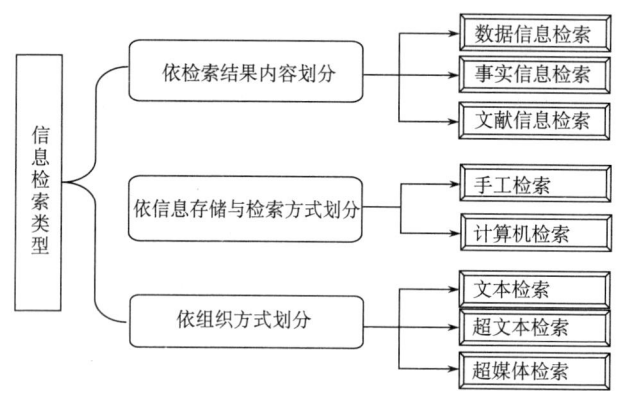

图 1-4 信息检索的类型

(1) 数据信息检索 (Data Information Retrieval) 是将经过选择、整理、鉴定的数值数据存入数据库中，根据需要查出可回答某一问题的数据的检索。既包括物质的各种参数、电话号码、银行账号、观测数据、统计数据等数字数据，也包括图表、图谱、市场行情、化学分子式、物质的各种特性等非数字数据。数据检索是一种确定性检索，信息用户检索到的各种数据，是经过专家测试、评价、筛选的，可直接用来进行定量分析。例如，检索"2011

年中国国民生产总值是多少?"和"中国移动的服务电话是多少?"。

(2) 事实信息检索(Fact Information Retrieval)是将存储于数据库中的有关某一事件发生的时间、地点、经过等情况查找出来的检索。其检索对象既包括事实、概念、思想、知识等非数值信息,也包括一些数据信息,但需要针对查询要求,由检索系统进行分析、推理后,再输出最终结果。例如,检索"联想集团的创始人是谁?它在哪个交易所上市?"。

(3) 文献信息检索(Document Information Retrieval)是将存储于数据库中的关于某一主题文献的线索查找出来的检索。检索结果往往是一些可供研究课题使用的参考文献的线索或全文。文献检索是信息检索的核心部分。根据检索内容,文献检索又可分为书目检索和全文检索。例如,"关于地震与海啸有些什么关联?",这就需要检索主体根据课题要求,按照一定的检索标识(如主题词、分类号等),从所收藏的文献中查出所需要的文献。

特别提示:在数据信息检索和事实信息检索中,用户需要获得的是某一事物或某一数据的具体答案,是一种确定性检索,一般利用参考工具书;如果检索的事物与数据是一些大众化、公开性或者常识类信息,则可通过搜索引擎直接查询。文献信息检索通常是检索所需要信息的线索,需要对检索结果进行进一步分析与加工,一般使用检索刊物、书目数据库或全文数据库。

小提示:按 Ctrl+F 键,出现"查找"搜索框,键入所要查找的关键词,可在当前页面中查找,比肉眼直接查找快多了。

1.2.4 信息检索方法

信息检索的方法有多种,分别用于不同的检索目的和检索要求。归纳起来,常用的信息检索方法有常规检索法、回溯检索法、循环检索法。

1. 常规检索法

常规检索法又称常用检索法、工具检索法,它是以主题、分类、作者等为检索点,利用检索工具获得信息资源的方法。根据检索结果,常规检索法又分为直接检索法和间接检索法;根据检索方式,间接检索法又分为顺查法、倒查法和抽查法。

(1) 直接检索法。是指直接利用检索工具进行信息检索的方法,如利用字典、词典、手册、年鉴、图录、百科全书、全文数据库等进行检索。这种方法多用于计算机检索,查找一些内容概念较稳定、较成熟、有定论可依的问题的答案。

(2) 间接检索法。主要指利用手工检索工具间接检索信息资源的方法,具体包括三种(表1-2)。

表 1-2 三种间接检索方法对比

类型	定义	适用范围	特点
顺查法	根据检索课题的起始年代,利用选定的检索工具按照由远及近、由过去到现在顺时序逐年查找,直至满足课题要求	普查一定时间的全部文献,查全率较高,并能掌握课题的来龙去脉,了解其研究历史、研究现状和发展趋势	方法费力、费时,工作量大,多在缺少评述文献时采取此法。因此可用于事实性检索

续表

类型	定义	适用范围	特点
倒查法	与顺查法相反	多用于新课题、新观点、新理论、新技术的检索，检索的重点在近期信息上，只需基本满足需要	查到的信息新颖，节省检索时间。但查全率不高，容易产生漏检的现象
抽查法	针对某学科的发展重点和发展阶段，拟出一定时间范围，进行逐年检索的一种方法	根据检索需求，针对所属学科处于发展兴旺时期的若干年进行文献查找	检索效率较高，但漏检的可能性大，检索人员必须熟悉学科的发展特点

2. 回溯检索法

回溯检索法又称追溯法、引文法、引证法，是一种跟踪查找的方法。这种检索方法不是利用确定的检索工具，而是利用已知文献的某种指引(如文献附的参考文献、有关注释、辅助索引、附录等)追踪查找文献。用追溯法检索文献，最好利用与研究课题相关的专著与综述。在检索工具不全或文献线索很少的情况下，可采用此法。

常见的追溯方式有：文章→参考文献→更多文章；作者→团体→更多作者→文章；链接→网站→更多链接；专利→发明人→论文；专利→申请人→专利等。

另外，还有一些专门用于追溯法的检索工具，即引文索引。这类检索工具比较著名的有美国的《科学引文索引》和《中国社会科学引文索引》。由于追溯法的有效性，目前一些非引文检索工具也采用追溯法的思想，将众多的文献关联起来。例如，在中国知网(CNKI)的各个数据库检索结果中，就有参考文献、引证文献、相似文献、读者推荐文献等。

【**案例 1-3**】图 1-5 是中国知网提供的邓发云在四川图书馆学报 2003 年 02 期发表论文《虚拟参考咨询的实践和探索》的引文链接。

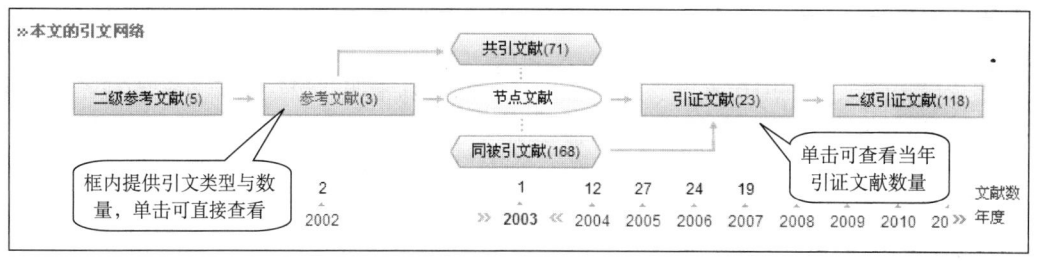

图 1-5　中国知网提供的引文链接

3. 循环检索法

循环检索法又称交替法、综合法、分段法。检索时，先利用检索工具从分类、主题、责任者、题名等入手，查出一批文献；然后选择出与检索课题针对性较强的文献，再按文献后所附的参考文献回溯查找，不断扩大检索线索，分期分段地交替进行，直到满意。

在实际检索中，检索主体究竟采用哪种检索方法，应根据检索条件、检索要求和检索背景等因素而定。

1.3 信 息 素 养

1.3.1 信息素养的概念

信息素养(Information Literacy)又称信息素质。1989 年，美国图书馆协会将其定义为："具备较高信息素养的人，是一个有能力觉察信息需求的时机并且能够检索、评价以及高效地利用所需信息的人，是一个知道如何学习的人。他们知道了如何学习的原因在于，他们掌握了知识的组织机理，知晓如何发现信息以及利用信息。他们是有能力终身学习的人，是有能力为所有的任务与决策提供信息支持的人。"目前，该定义已得到世界范围内的广泛认同。

信息素养能力是学习者通过"资源型"学习方式达到的一种运用潜在工具的能力。美国高校和研究图书馆协会(CRAL)工作组认为，高等院校学生应具备的信息素养能力包括：①确定所需信息的范围；②有效地获取所需的信息；③鉴别信息及其来源；④将检出的信息融入自己的知识网络；⑤有效地利用信息去完成一个具体的任务；⑥了解利用信息所涉及的经济、法律和社会问题，合理、合法地获取和利用信息。

1.3.2 信息素养的益处[①]

1. 信息素养对学生个体的益处

教育系统和机构必须认真对待信息时代的挑战。这一挑战至少包含以下两方面的内涵：其一是重建学习过程，以反思在现实世界中信息的利用；其二是教师角色的转变，即使其从预先设计好的事实呈现者转变为主动学习的促进者和作为课程规划合作者的图书馆信息专家，以便更加有效地促进信息资源的利用。

基于资源学习而培养出的信息素养，消解了由传统的学校教育而产生的信息依赖，即学生必须以老师作为信息的依赖。学生在学习中有更多的自主权，老师也从无所不知的专家角色中解放出来，其在小团体或个人层面的互动中的促进作用变得越来越重要。基于资源学习的最终成果通常是一篇论文、一次课程呈现或一场表演。无论在何处以及如何获得的信息素养，在任何一所学校、任何比赛或任何工作情况下都是适用的。

不同兴趣和能力水平的学生都可以参与基于资源的学习。当学生以自己的方法来研究一个题目或主题时，不需要准确地阅读同一主题的相同材料。当教师鼓励学生自身做研究时，学生能自主学习，能主动地收集并保有更多资料。

信息素养使学生成为信息资源更有效的消费者。他们通过学习认识到信息以不同的方式存在和被加工，并为满足各种兴趣而提供服务，它包含了各种有价值的消息。具有信息素养的学生在决定他们使用的资源时更具判断力。

因此在学习与研究过程中，有效使用图书馆资源和网络资源，将节省大量时间和减轻挫折感。学习如何评估选择的各种信息资源是提高学生成绩的保证。学生从中学到的技能，不仅能够帮助其顺利完成课堂作业，还将使其在以后的职业生涯中持续受益。当前网络学

[①] 本节内容翻译自下面报告，内容稍作修改。Hancock V E. Information Literacy for Life long Learning. ERIC/IT Digest，1993. ED 358870.

习资源非常丰富,如何找到与学习主体学习目标与知识结构相应的资源就非常重要。

【**案例 1-4**】例如,要学习"搜索引擎",可以在网上查到关于搜索引擎的视频、讲稿、网页,还有网络教材以及网友关于搜索引擎的使用心得。

2. 信息素养对公民个体的益处

为了有效地应对不断变化的环境,人们需要的不再仅仅是一个知识基础,还需要了解一些利用信息的技巧,以便进行探索、沟通和在现实中使用信息。

具有信息素养的公民,知道如何在工作和日常生活中利用信息,并使其发挥最大的优势:当需要查找一个企业的位置、如何投票,或"是否要生一个孩子"的信息时,他们会找到最佳的答案;他们能够较为全面地评价新闻广播、广告和政治竞选演说,能够识别如统计数据用于支持一个复杂问题时的另一面。对当前政策问题带来前所未有的复杂性和国际影响(如移民和"人才外流"、毒品危机以及环境状况等),能够理性听取各种信息及其观点。当统计数据涉及问题的所有方面时,信息素养也能让公民识别欺骗和造谣,作出真正明智的选择。

具有信息素养的公民能够充分领会信息的价值和力量。他们相信,需要信息来解决各种问题,包括在自己的日常生活中以及在社区和社会上遇到的问题。他们明白,这些信息不一定是知识,只有它已被分析和质疑,并融入自己现有的知识体系和经验之中时才能变成知识。他们因此成为终身学习者,因为他们知道如何学习。

正如美国众议员欧文斯所言:"需要信息素养来保证民主体制的生存。所有的人都是平等的,但与不具备信息素养的公民相比,掌握信息资源的选民更能作出明智的抉择。"

3. 信息素养对工人或员工个体的益处

对个体劳动者而言,工作场所已成为一个剧烈变革和充满无穷机会的地方。能够适应瞬息万变的工作环境,将意味着拥有更多职业和工作机会。信息素养对于学习作为一个过程而非最终产品所做的早期贡献,以及信息素养在学习过程中所起的作用,将使工人看到这些作为过渡的、而非令人不快的变化。信息素养最终能提高人类的生活质量,尤其是需要个体作出明智的决定的时候(如买房子、选择一所学校、雇用员工、进行投资、投票表决等)。事实上,信息素养是一个健全的民主基础。

随着科学技术的飞速发展,知识老化现象也不断加重。只有不断自学、进修,才能适应迅速发展变化的信息时代的要求。除了阅读、写作和算术的基本技能,21 世纪的员工需要复杂的分析能力。信息时代的技术工具(如计算机网络、电信系统、数据库),将前所未有的大量信息置于我们的指尖。然而,我们如何知道什么是可得到的,什么时候使用它,以及如何找到它?

1.3.3 信息素养框架

元素养与元认知

美国大学与研究图书馆协会(Association of College and Research Libraries,ACRL)于 2015 年 2 月发布了《高等教育信息素养框架》(以下简称《框架》,见表 1-3),受到了广泛关注和采用,成为了事实上的全球信息素养标准框架。《框架》提出,信息素养是一套紧密关联的能力,包括进行信息反思性学习,了解信息生产与评价及在创造新知识和参与群体学习时合法合理运用信息。《框架》由六个子框架组成,每个子框架代表一项信息素养学习中的阈值概念，并为每个子框架提供两类知识点，用于强调与阈值概念相关的学习成果：实践行为增加学生对信息素养的实践理解，思维观念指明学习的情感、态度及价值。《框架》将信息素养应贯穿整个生涯，强调信息素养人在元认知、情感、认知和社会四个维度与信息生态圈的协调发展。

表 1-3 信息素养框架

阈值概念	实践行为	思维观念
学术是一种对话	(1) 辨识具体文章、图书及其他素材对构建学科知识的作用 (2) 总结一个具体学术问题的观点沿袭和发展 (3) 身体力行地促进学术对话(网上社群、研讨会、投稿、参会发言等) (4) 预估到手头资料可能仅从一个角度，甚至是非主流角度对问题进行了解读 (5) 批判地衡量他人在参与式信息环境中的作为 (6) 意识到自己更加入学术对话，而不是仅关注已完结的对话	(1) 找到自身研究领域中正在开展的对话 (2) 在听取足够大范围的学术对话前不急于判定手头素材的学术价值 (3) 清楚很多场合都能开展学术对话 (4) 重视用户自生成内容，批判地评价他人作为 (5) 知道自己也应为学术作贡献，而非一味索取 (6) 知道参与对话时自身的责任
科研是一种探究活动	(1) 从探究的高度看待科研，提升对自身工作重要性的认识 (2) 根据具体需求、课程及探究类型，采用多种方法实现知识创新 (3) 根据自身信息空白或已有的数据提出研究问题 (4) 在共享环境中与合作伙伴有效沟通并了解新观点 (5) 利用新技术开展具备全球视野的、资讯及时的自主学习	(1) 重视灵活性、持久性和适应性，明白研究中的疑惑其实有益处 (2) 乐于将进行中的与研究相关的活动转化为更正式的科研 (3) 当面对不熟悉的新任务，需努力掌握新理论、新方法时，能进行严谨的思考 (4) 在问题深入和学习新研究方法时保持求知欲 (5) 明白学习是一个过程，不断总结经验教训能带来新见解和新发现
具体环境决定信息的权威性	(1) 依具体需求选择程度合适的权威信息 (2) 接收信息时能识别出权威性和限制性 (3) 知道即便很多学科都把权威人士或出版物奉为"标准"，仍有学者不断对其挑战 (4) 明白权威素材既有正规学术式的也有非正式的，且可能掺进了其他用户生成的信息 (5) 知道自己可能会在特定时期和领域内被视为权威，要明白肩负的责任 (6) 积极评估用户反馈信息，了解传统媒介和社交媒介的不同反馈机制及环境	(1) 对不同甚至对立的看法秉承开放态度 (2) 有寻找权威资源的积极性，意识到其可能会以意想不到的方式被认可并体现出来 (3) 清楚尽可能地用批判性思维去评估信息素材非常重要 (4) 意识到按传统观念去权威信息可能存在隐忧 (5) 经常自我督促以保持上述态度和行为
信息格式是信息生产过程的体现	(1) 明白信息格式与获取途径不是必然相关的 (2) 懂得信息创造过程差异决定了不同用途 (3) 了解多种格式的信息的生产目的及特点 (4) 找出最符合具体需求的信息格式 (5) 通过最合适的格式和行为传播自己创造的信息 (6) 在不断变革的新环境中把知识转换成新格式	(1) 主动辨别能体现信息资源创造过程的标志性特征 (2) 检索信息时能确认最有效的格式 (3) 明白不同传播途径中格式各异的信息皆有可用之处
检索是一种策略性探索	(1) 根据需求明确任务及问题范围 (2) 确认能提供信息的相关各方及信息如何获取 (3) 根据制定的检索需求及策略选择合适的检索 (4) 对一些检索工具能制定简单或进阶两种检索策略，并明白各自的优点 (5) 用心体会引文管理及共享的作用，将其从信息检索纳入信息管理中	(1) 在检索中始终做到坚持不懈和灵活应变 (2) 对初次检索未获理想结果有心理准备 (3) 懂得要先分析需求再开始检索 (4) 知道日常浏览或其他随意的信息采集法也会带来收获 (5) 在检索中不断重估需求并调整行动

续表

阈值概念	实践行为	思维观念
信息有价值	(1) 通过合理引用和归属声明体现对他人原创成果的尊重 (2) 了解美国对知识产权的定义 (3) 明白知识产权是一种因文化而异的社会建构物 (4) 清楚具有版权信息、开放获取信息及公共信息各自的生产目的及区别 (5) 能找到公开获取的素材 (6) 能区分原创信息、综合信息及二次发布的资源 (7) 有责任心地管理自己上网发布的资源 (8) 从知识创造者角度判定自己的信息该何处发布	(1) 尊重他人原创成果以及学术成果引用和归属传统 (2) 重视生产信息所需的创造力 (3) 自视为信息市场贡献者之一,而非仅仅消费者 (4) 明白信息资源有权或无权使用方面的问题 (5) 知道有些人或人群缺席当前的信息圈

1.4 学习信息检索的目标与方法

我国的信息素质教育主要以高校为主,其教育过程主要以信息检索课为核心。教育部在1984年2月还专门印发了《关于在高等学校开设文献检索与利用课的意见》的通知。目前信息检索课在高校一般作为通识课或者必修课广泛开设。

1.4.1 学习信息检索的目标

1. 培养自觉、敏感的信息意识

信息意识是指人们对信息需求的自我意识,即感受、理解和评价自然界以及社会中的各种现象、行为,并具有捕捉、判断有用信息的感觉。信息意识具体表现为对信息的敏感度、选择能力和消化吸收能力。信息意识决定着人们捕捉、判断和利用信息的自觉程度,而信息意识的强烈与否对信息价值的发掘和文献获取能力的提升起着关键的作用。

【案例1-5】近年来,我国经常出现食品安全问题,如果你具有较强的信息意识,作为生产者,严格按照标准与流程进行生产就是企业要坚持与提高的方向;作为市场参与者,生产食品检测设备也许有利可图;作为消费者,及时关注政府部门发布的食品检测信息,提高挑选与鉴别能力,避免误购与误食;作为在校学生,结合你的专业知识,可以思考解决食品安全之道,并根据思考的问题去学习,去查阅资料。

2. 培养信息能力

信息能力是指人们有效获取信息、加工处理信息以及创造新信息的能力。信息能力是信息素质诸要素中的核心。大学生必须具备较强的信息能力,否则难以在信息社会中生存和发展。信息能力包括以下三个层次(图1-6)。

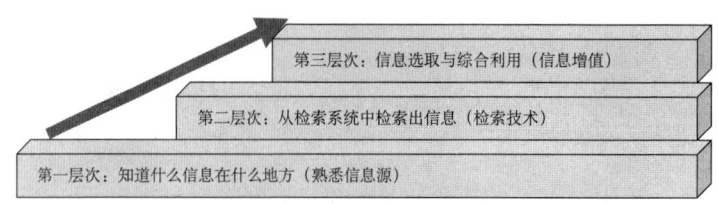

图1-6 信息能力的三个层次

【案例1-6】例如,自助去某地旅游,你能够检索相关的交通线路吗?你能找到天气情况吗?你知道该地最值得参观与体验的历史地理文化场所吗?能找到当地的美食吗?能找到适合你的住宿吗?整个行程规划过程就是一个全面的信息检索过程,也是将各种信息结合自身情况进行加工与处理的过程。如果你有较强的信息能力,很快就可以完成规划。

3. 培养信息道德

信息道德包括学会对媒体信息进行判断和选择;自觉地选择对学习、生活有用的内容;不利用计算机网络从事危害他人信息系统和网络安全、侵犯他人合法权益的活动;自觉保护他人的知识产权、隐私权等,不传递不良信息等。高尚的信息道德是确保信息行为正确的保证。信息道德甚至关系到整个社会信息素养发展的方向。

【案例 1-7】一款名为 MSN Chat Monitor & Sniffer 的软件制造的"MSN 偷窥门事件",让众多 MSN 用户绷紧了神经。普通人使用该软件,不仅可以轻松看到局域网内部所有 MSN 用户的 MSN 地址,而且能够窥视到其中的聊天内容,整个过程无须网管的协助。这是一种涉及侵犯别人隐私的行为,如果被窥视人追究,可能惹上官司。

1.4.2 学习信息检索的方法

1. 把需求与检索结合

需要是最好的老师,把信息检索练习跟学习、思考与生活结合起来,就能达到事半功倍的效果,例如,关于大学生创新创业能力、恋爱、就业、心理健康、网瘾等问题,以及其他社会热点问题,或者专业与行业内的新变化,均可利用数据库检索学术期刊,看一看专家学者的观点,而不仅仅是报纸、网络等信息。长期保持下去,就能增加自身的理性思维与信息素养。尤其是应该将信息检索与专业知识学习结合起来,只有具备了深厚的专业知识,检索词才会提炼得准确而全面。对检索结果的价值判断,也需要专业知识作为支撑。

信息检索是一门技术,实践性很强,信息素养的提高与检索能力的培养均需在实践中逐步完善。面对众多的搜索引擎、繁杂的网络资源以及琳琅满目的图书馆数据库,一定要多多练习,不断地从检索过程中获得经验,并在寻找、选择、检索过程中注意对比鉴别,如了解不同数据库的结构特点、总结不同检索系统的使用方法等。下面是一个检索和生活结合的案例。

【案例 1-8】信息检索在于有问题和烦恼时能够寻求别人的经验和知识支持,它既是一种技能,也是一种行为习惯,如有几个同学或客户来拜访你,要一起出去吃饭,如果你对周围环境不熟悉,该如何选择呢?或者不知道吃什么,这时可以通过知名的团购网站进行检索(图 1-7),可以快速帮你进行类型、区域选择,还可以按价格、好评进行排序,也可以就其中选项征求别人的意见,选定一家后还可查看该店的特色菜品。

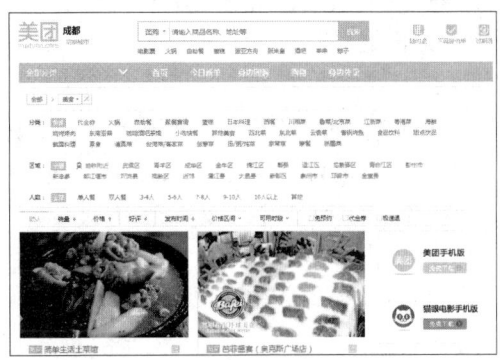

图 1-7 美团网成都站美食页面

例如,用美团网(http://cd.meituan.com)在西南交通大学周围选一个评价较高的火锅店,如图1-8所示。

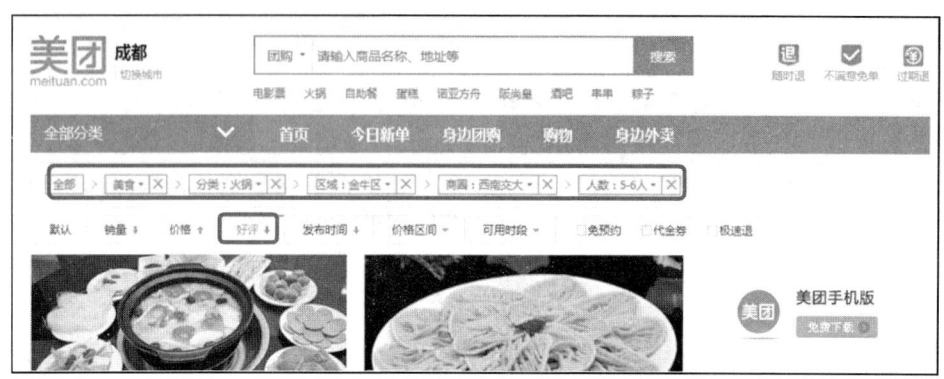

图1-8 美团网成都站检索结果页面

2. 多交流

信息检索既是一门科学,也是一门艺术。所谓科学,是指其有特定的规律;所谓艺术,则指其灵活多变性,即突破常规的意外收获。这是检索过程中的一个亮点。

检索无定式,入门容易,但检索水平的提高并非易事。不同问题的检索对象、检索流程都不一样。但是通过检索经验的相互交流,则能够获得比较快速的提高,例如,可以相互交流搜索引擎的使用技巧、网络不良信息的识别方式等。

3. 多对比与多总结

在检索技术上,一个快速提高的手段就是采用对比与物尽其用的方法。对比是在检索时同时打开多个检索工具(如同时打开Google和百度;CNKI和万方),同一检索工具打开多个检索方式(如浏览、初级检索、高级检索)。通过对比检索过程与检索结果,不仅能发现各种检索工具的特点,还能发现不同检索工具与检索方式的差异。物尽其用是指每一个检索工具都有很多的检索项(如分类、检索字段、检索输入框、检索限制)和检索结果页面显示项目(如分类、排序、主要作者与机构列表等)。在练习时,要尽量做到使用每一个项目,并通过使用该项目观察结果变化,从而达到提高检索技能的目的。

要克服对数据库与检索平台的畏惧感。因为当下检索技术和检索方法的发展趋势是渐趋简单和人性化,各种数据库也越来越向集成化和统一检索平台发展。如果注意每个检索过程的经验积累,从每一个具体的检索过程中总结出此类检索的一般规律,那么检索水平就会逐渐提高,避免以后的检索再走弯路。

4. 认真聆听教师课堂讲授

我们所处的信息环境是在不断变化的。教材永远跟不上信息环境和人们信息需求的变化。所以,课程讲授经常有超出教材或者与教材内容不一样的情况。同时和其他课程不太一样的是,信息检索课程教学更多的是一种经验的交流。教师能够把信息检索工具、信息资源位置及检索问题有机地结合起来,在课程教学过程中逐渐渗透检索技术、技巧等内容,提高学生对各种信息的解读、批判、防范和遴选的能力,提高学生发现问题、分析问题和解决问题的能力。

第 2 章 信 息 源

信息源是指信息的来源。联合国教科文组织出版的《文献术语》将其定义为:个人为满足其信息需要而获得信息的来源,称为信息源。不断寻找、发现和利用对自己生活、工作、学习与研究有用的信息资源,对每个人来说都是非常重要的。

2.1 信息源分类

广义的信息源是指人们获取信息的一切来源,包括人际交流、实物、文献记录等。其各自特点如表 2-1 所示。狭义的信息源仅指记录的信息,即转变为文献的信息等。信息源的分类如图 2-1 所示。

表 2-1 广义的信息源类型与特点

类 型	存在方式	特 点
口语信息源	交谈、聊天、授课、讨论等方式	传递快、互动性强,但稍纵即逝、久传易出差异
体语信息源	手势、表情、姿势等方式	直观性强、生动丰富、印象深刻、富有感染力
实物信息源	以实物如文物、产品样本、模型、碑刻、雕塑等形式表示	直观性强、感觉实在、信息量大,但需要通过知识、智慧、经验和工具挖掘大量隐含的信息
文献信息源	以文字、图形、符号、声频、视频等方式记录在各种载体上的知识和信息	经过加工、整理,较为系统、准确、可靠,便于保存与利用,但也存在信息相对滞后、部分信息尚待证实的情况

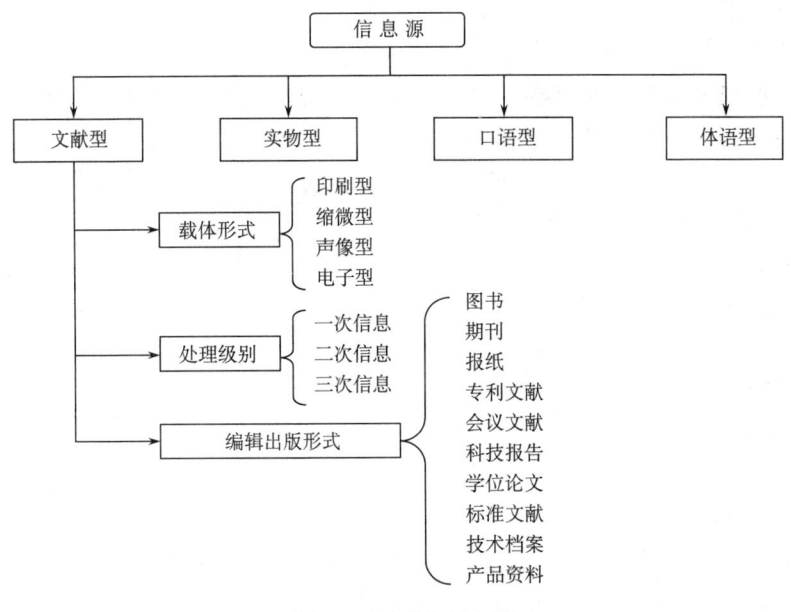

图 2-1 信息源的分类

提示：口语信息与体语信息即人际交流信息，它们是人们获取信息最直接、最重要的来源。获取实物信息是人们考察与识别信息的最重要手段，这三种信息在目前网络时代被很多人轻视，这是极不可取的，例如，学习或工作中的疑惑，向老师和同事请教就可能解决。某些广告说得天花乱坠，去实地考察一下就清楚了。

文献信息源，不仅包括各种信息载体，也包括各种信息机构；不仅包括传统印刷型文献资料，也包括现代电子型资源。熟悉信息源分布情况，有利于信息用户高效地获取信息。

2.1.1 根据文献出版的类型和特点区分文献类型

1. 图书

1) 定义

联合国教科文组织对图书(Book)的定义是：凡由出版社(商)出版的、不包括封面和封底在内 49 页以上的印刷品，具有特定的书名和著者名，编有国际标准书号，有定价并取得版权保护的出版物，均称为图书。包括专著、汇编本、多卷本、丛书等。

2) 分类

(1) 阅读性图书包括教科书(Textbook)、专著(Monograph)、文集(Anthology)等。它提供系统、完整的知识，有助于全面、系统地了解某一领域的历史发展与现状，将人们正确地引入自己所不熟悉的领域。

(2) 工具书(Reference Book)包括词典(Dictionary)、百科全书(Encyclopedia)、手册(Handbook)、年鉴(Yearbook)等，它提供经过验证、浓缩的知识，是信息检索的工具。图书在各种类型的图书馆有广泛的收藏。

(3) 检索用书如以图书形式刊行的书目、题录、文摘等，是供人们查找一定范围内文献线索的出版物。

3) 国际标准书号

国际标准书号(ISBN)由多位数字分成 5 段组成，各段依次是：产品标识编码-地区或语种号-出版商代号-书名号-校验码。书号通常有 978 的前缀，978 称为 EAN.UCC 前缀，由国际物品编码协会分配的产品标识编码，由国际 ISSN 中心向 EAN 组织申请，中国的 EAN.UCC 前缀为 978 和 979，目前使用 978。其中地区或语种号：英、美、加、南非等英语区为 0，其他英语区为 1，法语区为 2，德语区为 3，日本是 4，俄语区为 5，中国大陆为 7，印度等为 8，东南亚地区为 9。

【案例 2-1】978-7-302-02372-7，表示中国大陆代号为 302 的(清华大学)出版社出版的一种图书，其书名号为 02372，该书的校验码为 7。

提示：拿一本书看看该书的书号，一般来说，出版商代号越小，书名号越大，出版社的规模越大，知名度越高。

2. 期刊

1) 定义

期刊(Periodicals)也称杂志(Journals 或 Magazine)，是有固定名称、统一开本、有编号或年月标志、定期或不定期连续出版、每期内容不重复并由多名责任者撰写不同文章的出版物。

2) 分类

(1) 学术性与技术性期刊(Journals)：由学术团体编辑出版，报道生产、科研方面的学术论文及研究成果，信息量大、价值高，如各种学报(Acta)、通报(Bulletin)、汇刊(Transactions)、评论(Reviews)、进展(Progress)等。

(2) 杂志(Magazine)：是连续出版物的一种，但是它的内容一般是通俗性的，或者娱乐、新闻等。通常学术性期刊和杂志有很大区别(表 2-2)。

表 2-2　学术期刊与杂志的区别

特征	杂志	学术期刊
适合的读者群	适合普通读者，内容涉及生活、娱乐、故事等	适合专家、学者、研究人员及教授
格式与风格	在风格上多样化，有许多照片和广告	较少照片或广告，封面严肃
内容深度	文章一般不长	刊登较长、有深度的研究文章
出版状况	出版周期通常比学术性期刊短	通常由学术或专业机构主办
作者	记者和业余作家	学者(通常为专业人员)
参考文献	通常不包括参考书目	包括大量的参考书目
内容严肃性	主要是流行的主题，仅由编辑内部审查	通过"同侪审查"(同类专家评审)

(3) 检索性期刊：专门报道二次文献信息。

(4) 快报性期刊：刊载最新技术和研究成果的短文，报道新产品、新工艺以及学术动态等信息，内容简洁、报道速度快，如各种通讯(Letters)、短讯(News)等。

3) 国际标准刊号

国际标准连续出版物编号(International Standard Serial Number，ISSN)是根据国际标准 ISO 3297 制定的连续出版物国际标准编码，其目的是使世界上每一种不同题名、不同版本的连续出版物都有一个国际性的唯一代码标识。ISSN 由 8 位数字分两段组成，如 1000-0135，前 7 位是期刊代号，末位是校验码。

另外，我国正式出版的期刊都有国内统一刊号(CN)，它由地区号、报刊登记号和《中国图书馆分类法》分类号组成，如 CN11-2257/G3。地区号依 GB/T 2260—2013《中华人民共和国行政区划代码》取前两位，如北京为 11、天津 12、上海 31、辽宁 21、吉林 22 等。

3. 报纸

报纸(Paper 或 Newspaper)在国外被称为新闻报纸(Newspaper)，是专门刊载新闻报道和时事评论等的定期出版物，但有些报纸同时也刊载学术论文和其他信息。

4. 会议文献

会议文献(Conference Document)指在学术会议上宣读或书面交流的报告、论文、会议记录、会议纪要等有关资料。各种学术会议，是科学交流的一条重要渠道，也是科学工作者了解学科发展动态，获取学科最新信息的窗口。

提示：①会议论文主要是同行交流的产物，使用范围有限，有的会议只出论文摘要，获取全文比较困难；②国内目前缺乏对国内会议论文的评价与激励机制，会议论文在质量与出版上都有待提高。

5. 学位论文

学位论文(Thesis 或 Dissertation)，是高等院校和科研院所的本科生、研究生为获得学位资格(博士、硕士和学士)而撰写的学术性较强的研究论文。其中硕士、博士学位论文具有较高的学术价值。一般来说，收藏与检索的学位论文不包括学士论文。

6. 标准文献

标准文献(Standard Literature)是技术标准、技术规格和技术规则等文献的总称。它们是人们在从事科学试验、工程设计、生产建设、商品流通、技术转让和组织管理时共同遵守的技术文件。查询国家标准可以通过国家标准化管理委员会网站(http://www.sac.gov.cn/)。

7. 专利文献

专利文献(Patent Document)是实行专利的国家、地区及国际专利组织在审批专利过程中产生的官方文件及出版物，包括专利说明书、专利权利要求书、专利公报、专利分类表、专利检索工具等。查询专利可以利用国家知识产权局网站（http://www.pss-system.gov.cn/)。

8. 科技报告

科技报告(Science & Technical Report)又称研究报告和技术报告，是科学技术工作者围绕某个课题研究所取得的成果的正式报告，或对某个课题研究过程中各阶段进展情况的实际记录。科技报告自 20 世纪 20 年代产生以来，发展迅速，已成为继期刊之后的第二大报道科技最新成果的文献类型。目前国际上较著名的科技报告是美国政府的四大报告，即商务报告(PB)、国防报告(AD)、航空航天报告(NASA)、能源报告(DOE)。查询我国的科技报告可以通过国家科技报告服务系统（http://www.nstrs.cn/)。

9. 档案文献

(1)定义：档案文献(Archival Documents)指各级政府机构、企事业单位和某些个人在实践工作中形成立卷归档、集中保管、有历史价值的文字、图表、声像等形态的原始文献资料，它是科技、政治、经济、历史的真实记录，是科技工作者进行科研的重要参考资料。

(2)分类：从档案形成领域的公、私属性角度，可分为公务档案和私人档案；从档案形成时间的早晚以及档案作用角度，可分为历史档案和现行档案；从档案内容属性角度，可分为文书档案、科技档案、人事档案、专门档案等。

查询国家档案可以通过国家开放档案共享平台（http://www.archives.gov.cn/)。

10. 政府出版物

(1)定义：政府出版物(Government Publication)是指各国政府部门及其设立的专门机构发表、出版的行政性文件(如法令、方针政策、统计资料等)和科技文献(包括政府所属各部门的科技研究报告、科技成果公布、科普资料及技术政策文件等)，其中科技文献占 30%～40%。

(2)分类：①行政性文献(包括立法、司法文献)，主要有政府法令、方针政策、规章制度、决议、指示、统计资料等，主要涉及政治、法律、经济等方面；②科技文献，主要是政府部门的研究报告、标准、专利文献、科技政策文件、公开后的科技档案等，有些研究报告在未列入政府出版物之前已经出版过，故它与其他类型的文献有重复。

美国政府出版物数量最多，每年有几千篇公开。其他国家如英国、加拿大、法国等每年也出版一定数量的政府出版物。政府出版物的公开部分一般都可以从发表该出版物的政府网站上免费获取。

11. **公司产品资料**

公司产品资料(Company & Products Data)，是指各国厂商为推销产品而出版发行的各种商业性宣传资料，如公司介绍，产品目录、样本、说明书等。产品目录包含产品生产制造商、供应商、出口商名录，并含有丰富的产品行业信息；样本是由商家策划、专人设计，随产品投放市场一起提供给消费者的宣传广告册，是目前为生产厂家广泛采用的一种商业促销手段；说明书是对一种产品的性能、规格、构造、用途及其使用方法等的说明。

需要指出的是，随着文献交流渠道的扩大，科学技术特别是信息技术的迅速发展，科技文献类型之间的耦合现象也日趋明显，如有的文献以会议论文的形式发表的同时，还可能以期刊论文或科技报告的形式发表。又如，随着多媒体技术的发展，声像型文献也是计算机可读的。印刷型的文献同时也出版网络版。各种文献的关系与对比见表2-3与表2-4。

表 2-3 各种文献的识别要素、特点与主要用途对比

类型	代码	识别(检索)要素	特点	主要用途
图书	[M]	书名、著者、出版地、出版社、出版时间、总页数、ISBN等	图书的内容比较系统、全面，论点成熟、可靠，但传统印刷业图书的出版周期较长，传递信息速度慢	(1)系统地学习知识 (2)了解关于领域知识的概要 (3)查找某一问题的具体答案
学术期刊	[J]	期刊名称，期刊出版的年、卷、期，国际标准刊号(ISSN)	能及时反映各学科发展的最新动向和科学研究的最新成果，是当代科研工作者极为重视的文献类型，其他特点同"杂志"	(1)当进行学术研究时，了解与自己的课题相关的研究状况，查找必要的参考文献 (2)了解某学科水平动态 (3)学习专业知识
杂志	[J]	同"学术期刊"	固定的名称和版式，有连续的出版序号，有专门的编辑机构编辑出版，出版周期短，刊载速度快，数量大，内容较新颖、丰富	(1)寻找关于流行文化的信息和观点 (2)得到当前事件的实时信息 (3)寻找供某一领域非专业人士阅读的文章
会议论文	[C]	会议名称、会址、会期、主办单位、会议录的出版单位	会议文献具有水平高、针对性强、发表快的特点，不少论文常常在正式发表前先提交学术会议交流，观点可能不成熟，但内容新	(1)当进行学术研究时，了解与自己的课题相关的研究状况，查找必要的参考文献 (2)了解某学科水平动态
学位论文	[D]	学位名称、导师姓名、学位授予机构	数据图表详尽、参考文献丰富、可得到课题研究综述、可跟踪导师的科研进程	(1)科研开题前的文献调研 (2)硕士、博士撰写开题报告时 (3)学习学位论文的写作方法 (4)追踪学科发展、研究过程
专利	[P]	专利号、专利名称、发明人、申请人	数量庞大、报道快、学科领域广阔、内容新颖、具有实用性和可靠性	(1)在申请专利前查有无重复 (2)开发新产品 (3)了解某领域的技术水平及发展的最新动态 (4)利用专利情报为进出口业务作参谋 (5)专利诉讼时查有无侵权
标准	[S]	标准级别、标准名称、审批机构、标准号、颁布时间、实施时间	能较全面地反映标准制定国的经济和技术政策，技术、生产及工艺水平，自然条件及资源情况等	(1)产品设计、生产、检验 (2)工程设计、施工 (3)进出口贸易

续表

类型	代码	识别(检索)要素	特 点	主要用途
科技报告	[R]	报告名称、报告号、研究机构、报告来源、完成时间	内容新颖、详细、专业性强、出版及时、传递信息快,每份报告自成一册,有专门的编号,发行范围控制严格,具有保密性,不易获取原文	(1)当进行学术研究时,了解与自己的课题相关的研究状况,查找必要的参考文献 (2)研究尖端学科或某学科的最新研究课题
政府出版物	[Z]	出版机构、报告名称、报告来源	政府出版物具有正式性、权威性的特点,内容可靠	了解一个国家的科技政策、经济政策以及科技活动和水平,具有一定的参考价值
报纸	[N]	报纸名称、报纸的出版日期(版次)	报纸具有时事性、时效性、普及性、大众性,出版周期短,传递信息快速,传播范围广	(1)找关于国内外或本地新闻 (2)找社论、评论、专家或者大众的观点 (3)大众的或者通俗类信息 (4)地方性或者区域性信息
公司产品资料	[Z]	公司名称、产品名称、样本名称、说明书名称、产品型号	内容具体、通俗易懂,常附外观照片和结构简图,形象、直观。但产品样本的时间性强,使用寿命较短	了解一种产品的性能、规格、构造、用途及其使用方法

注:其他未说明的文献标识类型用[Z]表示

表 2-4 各种文献的使用特性对比

内 容	变化程度(递减)
新颖性	科技报告、专利、会议文献、期刊、图书
信息报道速度	科技报告、期刊、会议文献、专利
流通范围广度	期刊、图书、会议文献、专利、政府出版物
发行量	期刊、专利、图书、会议文献
具有法律性	专利、标准
易于获取程度	期刊、图书、会议文献、专利、标准、政府出版物、学位论文、科技报告

提示:不同文献的产生背景不同,具有自身的特点和用途。如果将产生背景和用途结合起来思考,就能在不同的需求下更好地选择合适的文献加以运用。例如,学位论文是为申请学位而完成的科研论文,如果要写学位论文,检索与阅读学位论文就能给检索者提供某一课题的调研现状、研究与写作思路、论文格式等多种参考信息。又如,在进行某种产品开发时检索该类专利与标准非常有效,因为该类专利和标准就是伴随着这类产品的开发与生产而出现的。

2.1.2 按生产加工层次划分

按生产加工层次可以将文献分为一次文献、二次文献和三次文献。

一次文献(Primary Literature)是人们对自然和社会信息进行首次加工而成的文字记载,是文献信息源的主要部分。

二次文献(Secondary Literature)是对一次文献进行加工、整理、提炼和压缩,按其外部特征和内容特征进行序化,形成一种新的文献形式。二次文献一般具备以下特征:至少有一种检索语言(分类或主题)作为环境支持,具备必要的检索标志,具有丰富的文献记录。

三次文献（Tertiary Literature）是以"一次文献"为基础，"二次文献"为手段，将大量的知识信息经过再加工，并且融入整理者自己的看法的文献，它是新的研究的出发点，它本身就是研究的成果之一。国内专门刊登三次文献的期刊不多，科技类评论期刊几乎没有，社科类仅有《中国图书评论》《国际经济评论》《文学评论》《时事资料手册》等；英文期刊中，凡以 Progress（发展）、Advances（进展）、Trends（趋势）、Reviews（评论）等命名的，大多数以刊登三次文献为主。

总之，从一次文献、二次文献到三次文献，是一个由分散到集中、由无序到有序、由博到精、对知识信息所进行的不同层次的加工过程。它们所含信息的质和量是不同的，对于改善人们的知识结构所起到的作用也不同（表 2-5）。它们之间的关系是：一次文献是基础，是检索的对象；二次文献是检索一次文献的工具；三次文献是一次、二次文献的浓缩和延伸。从一次文献、二次文献到三次文献的加工反映了文献的集中和有序化过程，而用户对原始文献的索求则往往是一个逆向的过程（图 2-2）。

表 2-5　各次文献的类型与特征

类型	代表类型	特征
一次文献	政府报告、政策文件、统计资料、产品目录、报纸、科技报告、期刊论文、档案资料	是最重要的文献，是全部文献的基础。数量庞大、内容分散、无系统性、不便于管理与传播
二次文献	书目、索引、简介、文摘	作为寻找一次文献的指南和向导，能提供多种检索途径（分类、主题、著者、团体著者、会议名称等）
三次文献	专题报告、综述、进展、手册、百科全书、年鉴等工具书	可以充分利用反映某一领域研究动态的综述类文献信息，在短时间内了解其历史、动态、水平等

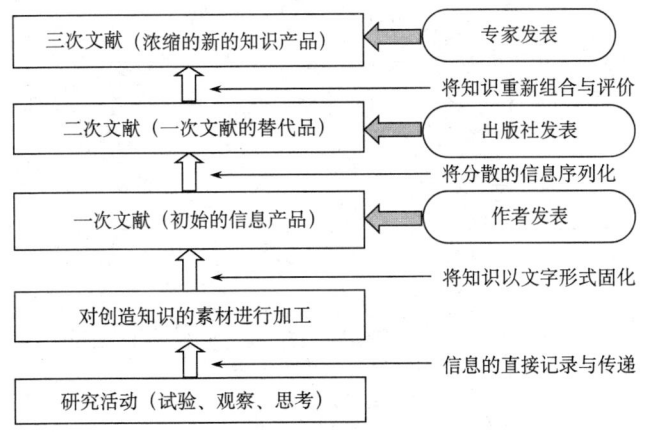

图 2-2　各次文献的关系与转换

2.1.3 各种不同类型文献的关系与对比

文献的各种分类是为人们认识与使用提供便利的。如果将多种分类结合起来使用（图2-3），就能更好地认识某一特定文献。文献也是对历史与现实事件及其研究的记录。随着某一事件的自身发展，或者随着研究者研究的深入，记录文献的类型也会变化，如图2-4、表2-6、表2-7所示。

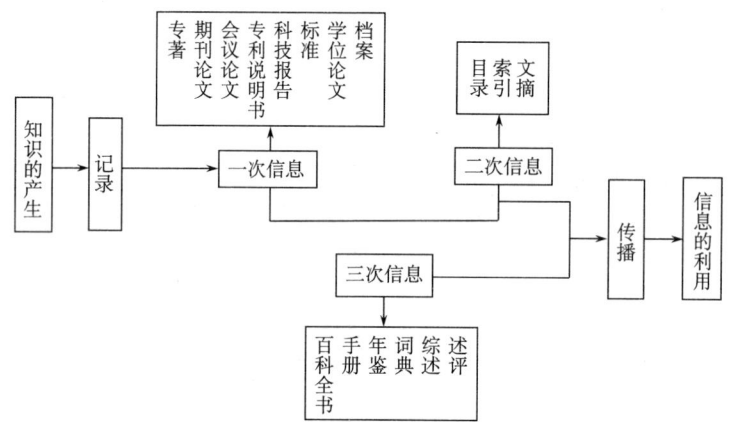

图 2-3　按出版方式分类与加工层次分类文献的关系

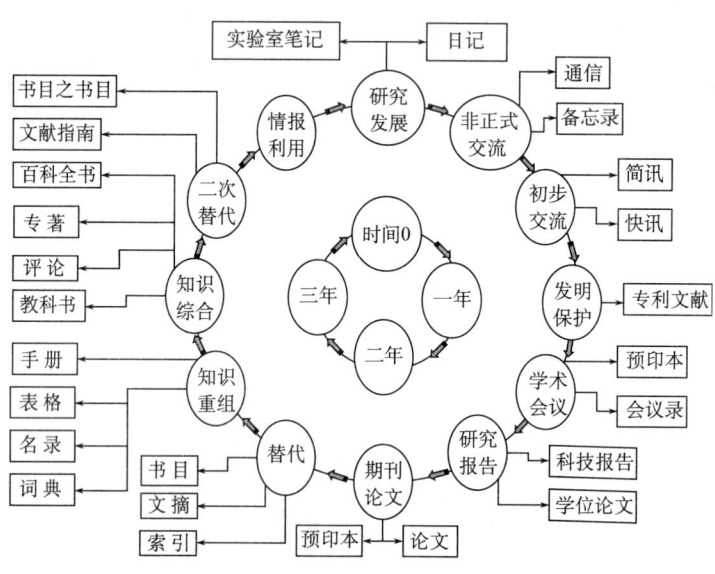

图 2-4　学术与科研信息的生产与流变图

资料来源：国家科学图书馆开放信息素质教育服务平台的"信息技能框架"栏目中"确定需求"（http://il.las.ac.cn）

表 2-6　新闻性与突发性信息产生和发布的流程

事件发生前	几分钟至一天	一天至几天	几周	几月	一年至几年
无形空间	电视广播、WWW新闻	报纸	流行杂志	学术期刊	图书、政府出版物、参考工具书(百科全书、手册等)

资料来源：国家科学图书馆开放信息素质教育服务平台的"信息技能框架"栏目中"确定需求"(http://il.las.ac.cn)

表 2-7　新闻性与突发性信息所需的查找工具

信息提供时间	资源类型及其查找工具
事件发生之前	Web 搜索引擎：查找内部资源，如邮件列表、内部简讯及其他基于 Web 的档案 图书馆目录：历史书及特殊馆藏资源、专业数据库中历史期刊文章 其他专业数据库：咨询学科馆员的建议
事件发生之后立刻一天或几天后	Web 搜索引擎、报纸网站及其他 Web 新闻网站 专业数据库(如 Newspaper Abstracts)：查找在电视、收音机和报纸上发布的新闻
一周或几周后	专业数据库：流行的杂志文章
一月或几月后	专业数据库：学术期刊文献
一年至三年	图书馆目录：图书和会议录 专业数据库：会议录 咨询图书馆员：会议文献的查找需要一些技巧
五年或更长时间	图书馆目录：参考资料(百科全书、手册、统计源等) 咨询图书馆学科馆员：每个图书馆都有很多参考资源

资料来源：国家科学图书馆开放信息素质教育服务平台的"信息技能框架"栏目中"确定需求"(http://il.las.ac.cn)

思考与训练：分别从网络、杂志、报纸、图书文献中检索"日本地震核危机"方面的文献，对比从发生以来的文献类型与数量的变化。

2.2　图　书　馆

图书馆是搜集、整理、收藏图书资料供人阅览、参考的机构，有保存人类文化遗产、开发信息资源、参与社会教育等职能，其核心任务就是把文献资源提供给读者。

2.2.1　图书馆的资源与服务

图书馆的"馆藏"由印刷型馆藏(图书、期刊、本校学位论文、会议论文、各种研究报告、标准规范等)和数字馆藏(电子图书、电子期刊等网络付费资源)两部分组成。其中数字馆藏的建设和使用，是当前网络环境下图书馆拓展服务范围和提高服务能力的重要手段，而服务则是图书馆存在和发展的永恒主题，常见的服务类型如表 2-8 所示。

2.2.2　我国图书馆的类型

我国的图书馆依其建立单位、功能、服务对象的不同可分为以下三种(图 2-5)：公共图书馆;大学图书馆;专业(行业)图书馆(如国家科学图书馆、国家工程图书馆、国家农业图书馆)等。图书馆是大学生在校学习及投身社会的重要信息源。

表 2-8 图书馆的服务类型与特点

服务类型	服务方式	服务特点
书刊阅览	一般图书、期刊、报纸、工具书会存放在不同书库,需到存放地阅览	可以利用图书馆联机公共目录,先检索到索书号,就可以直接找到所需书刊的具体位置
书刊外借	只有办理借阅证的会员才可借阅,并且有最多借阅量和借阅时间限制	
电子资源使用	目前主要是期刊全文、电子图书和各种文摘数据库,电子资源有信息量大、检索方便、更新快等优点	电子资源因为版权限制,一般只能在一定 IP 地址范围内或注册用户使用,使用电子资源要注意其类型和收录范围
咨询服务	在线实时咨询、电话咨询、邮件咨询、咨询台咨询	在利用图书馆资源与服务的过程中遇到问题时可以利用图书馆的咨询服务
文献传递与馆际互借	当所利用的图书馆馆藏资源不能满足需求时可使用	向其他图书馆或者文献机构申请所需论文或者图书的扫描或者复印并通过图书馆传递给用户
培训与教育	信息资源利用讲座、信息检索教学	提高用户信息素质与资源利用效率

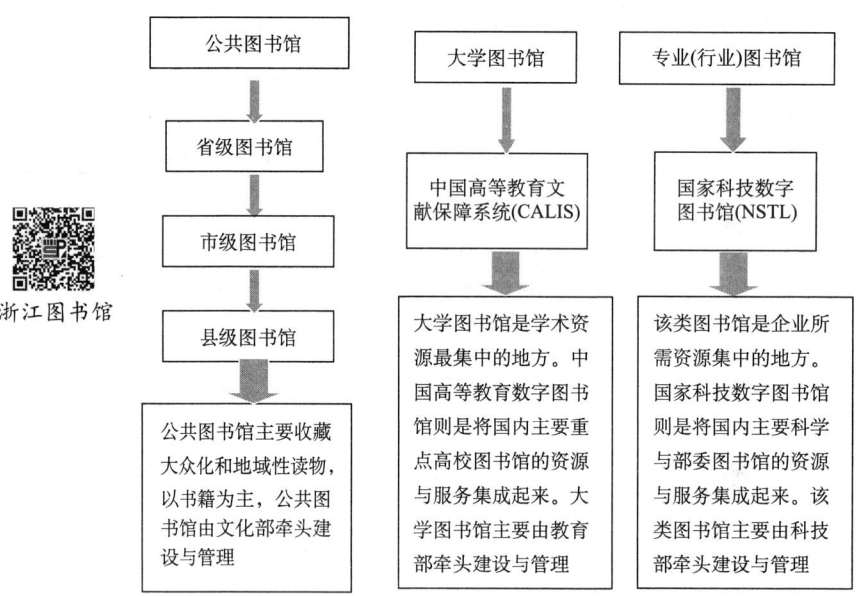

图 2-5 我国三类图书馆对比

1. 公共图书馆

所有县级以上地方政府都有图书馆以服务本地群众。例如,国家有国家图书馆、四川省有四川省图书馆,成都市有成都市图书馆,郫县有郫县图书馆。公共图书馆的资源与服务和当地的经济发展水平密切相关。其特色是生活化和地方化的资源丰富,读者主要为当地市民。

2. 大学图书馆

大学图书馆是高校师生查阅各类文献信息的资源中心，是高校的一个重要组成部分。它对师生学习与科研具有不可替代的作用。其特色是科研与学术资源丰富，读者主要为本校师生。1998 年开始建设的中国高等教育文献保障系统(CALIS)，是国内主要高校图书馆的资源与服务的集成。清华大学图书馆主页上列出了国内外大学图书馆导航(http://www.lib.tsinghua.edu.cn/chinese/otherlib)。

如何远程
访问图书馆

大学图书馆与公共图书馆的最大不同就是，大学图书馆的馆藏都与该大学的学习科目息息相关，其专业和学术性较强，而且图书馆学科馆员还能提供比较专业性的指导和服务。公共图书馆则侧重于满足各阶层的需要，所以公共图书馆的馆藏在学术方面的要求不高且一般也不提供很专业的书籍和刊物。当然，在某些方面，如地方政府和公共事务的信息，公共图书馆的馆藏可能多于大学图书馆。

3. 专业(行业)图书馆

专业(行业)图书馆最具代表性的是原部委图书馆。它们主要针对部委下属企业与科研单位而设立，其馆藏有针对性。但随着国家部委的不断改革与合并，其图书馆的性质、名称和服务也在不断变化。这类图书馆包括机械工业信息研究院图书馆、冶金工业信息标准研究院图书馆、中国化工信息中心图书馆、中国农业科学院图书馆、中国医学科学院图书馆等。2000 年 6 月 12 日，该类图书馆共同组建了一个虚拟的科技文献信息服务机构，即国家科技图书文献中心，又名国家科技数字图书馆(NSTL)。其特色是企业实用资源如国内外标准、规范等比较丰富，读者主要为行业内企事业单位、科研单位的科研人员与管理人员。

2.2.3 特色图书馆的举例

国家图书馆

1. 中国国家图书馆及中国国家数字图书馆(http://www.nlc.gov.cn)

中国国家图书馆旧称北京图书馆，一般简称"国图"。资源类型包括电子图书、论文、期刊、报纸、古籍、音视频等，文种包括中文和外文。它全面收藏国内正式出版物，是世界上入藏中文文献最多的图书馆。同时重视国内非正式出版物的收藏，是国务院学位委员会指定的博士论文收藏馆、图书馆学专业资料集中收藏地、全国年鉴资料收藏中心，并特辟香港、台湾、澳门地区出版物专室。同时也是国内典藏外文书刊最多的图书馆，并大量入藏国际组织和政府出版物，但不收藏专利和标准。它是查询国内图书与古籍最权威的去处。

凭身份证直接去国家图书馆(自助)办理读者卡。国家图书馆读者卡用户可远程免费使用的数据库多达 175 个。外地读者可以实名注册国家图书馆网站，通过实名认证后，可以访问一定数量的数据库资源。

思考与训练：输入网址(http://www.nlc.cn)，单击"馆藏目录"进入目录检索页面，看看"基本检索""多字段检索""多库检索""组合检索""分类浏览"在检索页面与检索方式上有什么差异？并检索张维迎的专著，在检索结果中看看去年和生产行业管理类的著作分别有多少。打开一条记录，看一看这条记录中有哪些著录项(字段)，然后注册登录，看有哪些可以免费使用的电子资源。

提示：国家图书馆是对注册用户提供免费资源最多的地方，方便大家在校外或者毕业后使用。

2. 上海市图书馆及上海科学技术情报研究所(http://www.library.sh.cn)

上海市图书馆是一个研究型公共图书馆。1995 年 10 月与上海科学技术情报研究所合并，成为国内第一个省(市)级图书情报联合体。拥有图书、报刊和科技资料近 5200 万册(件)及 15 万余张老唱片等非书资料。上海市图书馆是国内外收藏中国家谱最多的图书馆，拥有家谱 342 姓氏计 1.8 万余种，还拥有中国文化名人手稿 5 万余件。上海市图书馆的特色是向读者提供免费参考咨询，读者有问题可以邮件咨询。

思考与训练：输入网址(http://zsdh.library.sh.cn:8080)进入参考咨询(网上联合知识导航站)，查看以下栏目："实时咨询""知识库检索""知识库浏览"。

3. 中国高等教育数字图书馆(http://www.calis.edu.cn)

中国高等教育数字图书馆，是经国务院批准的我国高等教育公共服务体系之一。在这一服务体系中，可由全国著名高校图书馆联袂为读者提供包括书刊联合目录查询、e 读与 e 问、联合问答、资源导航、数字资源联盟采购等多种服务。

4. 国家科技图书文献中心(http://www.nstl.gov.cn)

国家科技图书文献中心资源包括期刊论文、会议文献、学位论文、科技报告、专利文献、国内外标准与计量规程等。这些资源均可直接进行免费检索与期刊目录浏览。另外，它还提供引文检索、代查代借、参考咨询等服务。NSTL 特色文献众多，如科技报告、标准、学位论文(一些文献仅有 NSTL 有原文，或者说原文最丰富)等，可直接用论文题名进行检索，检索到的文献一定可以获取原文。NSTL 可根据用户的要求，以电子邮件、普通信函、平信挂号、特快专递或传真等方式为用户提供原文复制件，获取费用合理。

5. 大英图书馆(http://www.bl.uk)

大英图书馆是世界上最大的学术图书馆之一，主藏图书、缩微资料、科技报告、手稿和期刊等，以收藏英国文学、古版书和珍本书为特色。

6. 美国国会图书馆(http://www.loc.gov)

美国国会图书馆保存各类收藏近 1.21 亿项，2/3 以上的书籍是以多媒体形式存放的。其中包括大量图书、特色收藏(如世界上最大的地图)、电影胶片和电视片等。

2.2.4 联机公共检索目录及其检索

馆藏目录是反映一个图书馆文献收藏情况的目录。联机目录(Online Catalogs)是一种以机读形式存储图书馆馆藏书目信息的电子目录，它能反映文献资料的在馆情况，提供馆藏位置等信息，能够揭示期刊名、书名、会议录名称级别。查询时，可以用文献的责任者、题名、主题、ISBN、ISSN、分类号等进行检索。

联机公共检索目录(Online Public Access Catalog，OPAC)，是一种通过网络查询馆藏信息资源的联机检索系统。用户可以在任何地方查询各图书馆的 OPAC 资源。它是网络时代图书馆查找文献资源最重要的工具。

目前，OPAC 已广泛用于图书馆的书目检索。OPAC 既可满足一般读者和图书馆工作人员查询公共目录的要求，也可为分馆／各系部提供公共目录查询，还可以与其他数据库(本馆、本校、校外的)连接,保持一致的检索界面,并与系统中的相关模块(如采访、编目、期刊、流通等模块)进行集成,显示必要的文献订购、签到、加工和流通信息。

大多数的 OPAC 允许读者自己执行某些流通功能,如续借、预约/取消预约、申请馆际互借等。读者能浏览自己的流通记录,查看借阅的资料和了解过期、罚款、停借、违章等信息。书目检索本质是指向图书馆馆藏与地址的检索,因此不同图书馆的书目检索内容、过程与方法基本相同,下面以我国国家图书馆为例说明书目检索。

(1) 登录国家图书馆(http://www.nlc.gov.cn),单击"馆藏目录"栏目,进入目录检索页面(图 2-6),系统提供多字段检索、多库检索、组合检索等多种检索方式。

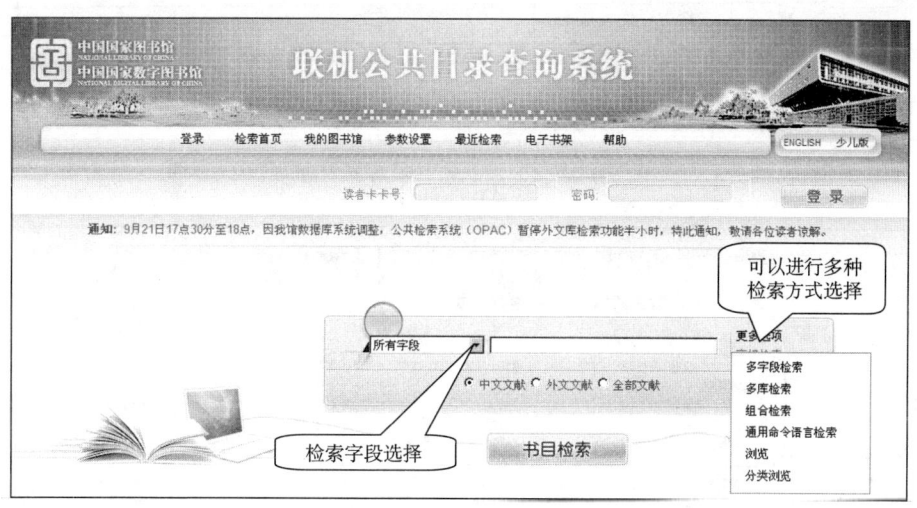

图 2-6 国家图书馆联机公共目录查询系统界面

(2) 选择检索方式,并输入检索词(图 2-7)。书目检索途径一般包括题名、责任者(著者)、主题、分类、出版社、ISBN 等途径。限制检索点包括内容特征(语种)、数据库、年代(出版时间)、文献类型等。

(3) 浏览检索结果并进行筛选(图 2-8)。对于一次检索返回条目太多的情况(一般是 200 条以上)进行限制性检索(如按检索结果分类直接查看)或二次检索。OPAC 支持用二次检索进行一定的筛选。

列表显示时,可指定每页显示记录的条数,提供上下翻页和直接跳转到某条记录进行查看,可以自行选择排序方式。

(4) 查看详细记录。在列表界面单击某条记录的序号或题名,就可以打开某一条记录,出现文本显示。文本显示分为简单显示和详细显示两种。文本显示中的链接点包括:统一题名、题名、责任者、出版者、主题和丛编题名、馆藏信息等。

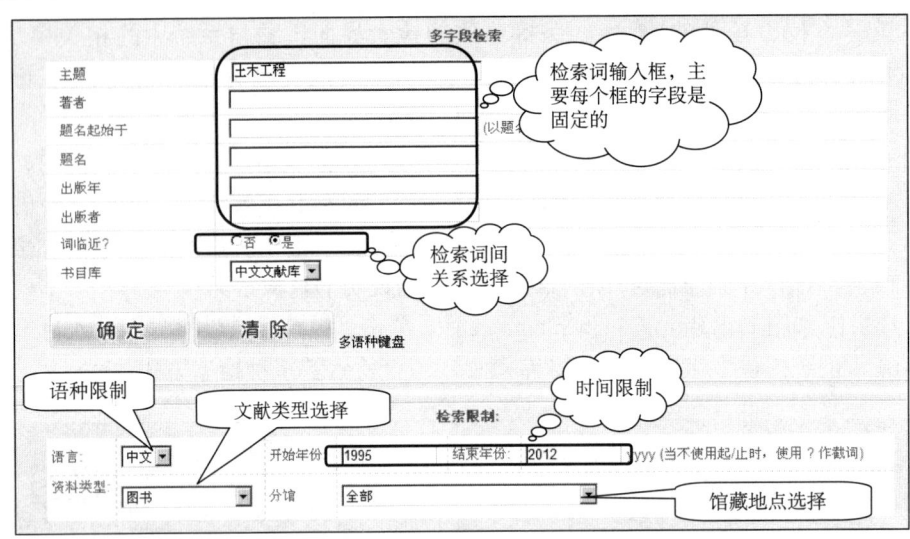

图 2-7　国家图书馆多字段检索界面

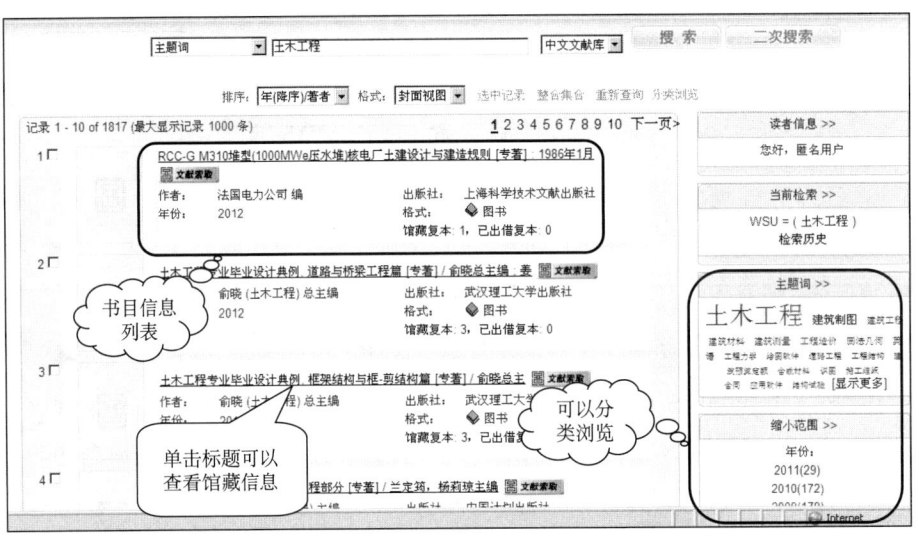

图 2-8　国家图书馆书目检索结果界面

提示：图书馆书目检索系统主要用于检索图书，对于期刊只支持刊名、ISSN 检索，不支持期刊中论文题名检索；学位论文以书的形式处理；会议论文支持会议录名称、ISBN 检索，不支持会议论文题名检索；音像资料、报纸一般只能按名称检索。

一般来说，馆藏联机目录记录了一个图书馆的所有馆藏。但在多数情况下，有些电子书刊并没有被自动记录在目录内。所以，如果要全面地查找所有的电子书刊，在检索目录的同时，还必须对图书馆的电子数据库进行搜索。

所谓联合目录，是指包含两个或两个以上图书馆馆藏目录的数据库，并且跨越单一图书馆馆藏的数据库。因此，使用者可以在较短时间内一次性检索多所图书馆的馆藏，包括电子期刊、印本期刊、图书和会议录等。并可以依据检索到的数据，进行馆际合作数据申请。国内常用联合目录有：中科院联合目录 http://159.226.100.141/Union（集合了中国科学院国家科学图书馆、高校图书馆以及部分公共图书馆的图书、期刊信息，是目前国内最为完善的联合目录系统）；CALIS 联合目录 http://opac.calis.edu.cn/simpleSearch.do（包含了 CALIS 成员馆的书刊馆藏信息，检索图书收藏最好用，期刊馆藏项揭示不全）。全球最大的网上联合目录为 OCLC 所提供的 WorldCat 数据库。

2.3 网络信息源

网络资源，是利用计算机系统通过通信设备传播和网络软件管理的信息资源，包括电子图书、商业信息、新闻、软件、数据库以及 BBS、博客、微博、生活、娱乐信息等内容。它已经成为全球范围内传播科研、教育、商业和社会信息的主要渠道。熟悉网络信息源可以给我们的学习、生活带来诸多便利。

2.3.1 网络的基本知识

1. IP 地址

IP 是一种用于地址标识技术的 Internet 协议，是 Internet 上计算机之间的路由选择，可把不同网络的物理地址转换为 Internet 地址。IP 地址是识别主机的身份证，具有唯一性，分为数字型和字符型两种。

（1）数字型 IP 地址用四组小于 256 的十进制数表示，如 202.115.72.11，是西南交通大学图书馆的一部主机，是"信息检索"国家精品课程的服务器。

（2）字符型 IP 地址，即域名（Domain Name），是由一串用点分隔的名字组成的 Internet 上某一台计算机或计算机组的名称。域名也由若干部分组成，各部分之间用小数点隔开。例如，西南交通大学图书馆的域名为：lib（主机名）.swjtu（机构名）.edu（网络类型）.cn（最高域名）。

（3）常用的最高域名如表 2-9 所示。

表 2-9 常用的最高域名及其分类

分类	种类
以机构区分	com（商业机构）、net（网络运行服务中心）、gov（政府机构）、mil（军事部门）、org（非营利性组织）、edu（教育机构）、int（国际组织）、info（信息机构）、ac（科研机构）
以地域区分	AU（澳大利亚）、CA（加拿大）、CN（中国）、DE（德国）、FR（法国）、JP（日本）、KR（韩国）、TW（中国台湾）、UK 或 GB（英国）、US（美国）等

选择使用网络信息时，首选 gov（政府类）、edu（教育类）、org（非营利性组织）、ac（科研机构）等网站资源；次选 com（商业）、net（网络）等网站资源。

2. 网络资源文件

一般来说，信息资源都是以文件的形式存放的。这些文件包括视频、音频、图片、文本等。文件名由文件主名和扩展名组成，中间用"."连接。文件主名可以由使用者自行确定,扩展名则用来标明文件的类型,一般来说它是固定的,随意地改变扩展名就会改变文件的类型,会造成文件打开失败。

提示:有时合理地更改文件的扩展名可以优化用户体验。例如,用记事本打开文本文件时,记事本会一次性把文件载入内存,完成字符转换,但文件过大时会出现无法响应的情况。这时我们可以通过将这些文本文件的扩展名由.txt改为.doc,利用Word打开以解决无法响应的问题。

(1)常见文件类型及说明,见表2-10。

表2-10 常见文件类型及说明

扩展名	文件类型及说明
COM、EXE	可执行程序文件
BAT	批处理文件
C、BAS、ASM	用程序设计语言编写的源程序文件
OBJ	源程序文件编译后产生的目标文件
DOC、XLS、PPT	MS Office 文档文件
BMP、JPG、GIF	不同格式的图像文件
WMV、RM、QT	能通过 Internet 播放的流媒体文件
ZIP、RAR	压缩文件
WAV、MP3、MID	不同格式的音频文件
HTM、ASP	网页文件

(2)常见类型与打开工具,见表2-11。

表2-11 常见文件类型的含义及其打开工具

扩展名	含义及常见的打开工具
HTML	用 HTML 编写的网页(IE,网页编辑器)
PDF	Portable Document Format(可移植文档格式、Adobe Reader)
JPG	JPEG 图像文件(ACDSee、图片编辑器)
GIF	GIF 图像文件(ACDSee、图片编辑器)
SWF	Flash 动画(IE,Flash 播放器)
MP3	用 MPEG 音频压缩技术制作的音频文件(音频播放器)
TXT	纯 ASCII 文本文件(文本编辑器)
RAR	压缩文件(WinRAR)
RM	流媒体文件(RealPlayer)

3. 网络资源下载与保存

(1)保存网页中的文本。选择要保存的文本进行"复制"操作,打开文本编辑软件(如记事本或 Word)进行"粘贴"操作。

(2) 保存网页中的图片。在要保存的图片上右击,执行"保存"命令,选择保存目的地,单击"保存"按钮。

(3) 保存网页中的声音:一是在声音网址上右击,执行"保存"命令,选择保存目的地,单击"保存"按钮;二是用录音软件录音,推荐 Total Recorder。

(4) 保存网页中的 Flash:一是如果网站提供下载链接可以右击执行"保存"命令;二是用 FlashCap 下载工具;三是用迅雷自带的 Flash Video(Flv)资源嗅探的 IE 插件。

(5) 网页的保存。在打开的网页上,执行"文件"→"另存为"→选择目的地→"保存"命令。

(6) 整个网站及其资源抓取。用 WebZIP、WebCopier、网文快捕等软件。

(7) 视频下载。利用迅雷、网际快车、影音传送带、硕鼠等下载软件。

在网络上下载软件、游戏、歌曲、电影等资源时,要注意遵守《知识产权保护法》。下载的文件建议分类别存放管理。

【案例 2-2】2007 年居住在明尼苏达州的 30 岁妇女 Jammie Thomas,因私自下载版权音乐被美国联邦法院判处赔偿六大唱片公司共 22 万美元。美国唱片业协会(RIAA)自 2003 年起控告的 2.6 万人中,许多已用几千美元的代价与该协会私下和解。

2.3.2 网站

网络资源是通过网站(Website)这个平台来展示的。网站是指在因特网上,根据一定的规则,基于 HTML 制作的用于展示特定内容的相关网页的集合。简单地说,人们一方面可以通过网站提供相关的网络服务;另一方面也可以访问网站,获取自己需要的资讯或者享受网络服务。

1. 网站与网页

网页(Web Page),是网站中的一页,通常是 HTML 格式,网页是构成网站的基本元素,是承载各种网站应用的平台。网站与网页的比较如表 2-12 所示。

表 2-12 网站与网页的比较

网 页	网 站
浏览器显示的一个页面	一个机构/个人在网上提供浏览或服务的站点
含文章、新闻、链接、图片、视频等	一个网站包括多个页面/网页
含超级链接(文字、图片),单击后显示新页面	主页/首页:网站的第一个页面(导引)
网页的标识是网址:http://www.sipo.gov.cn/zljs	网站的标识是域名:http://www.swjtu.edu.cn

2. 如何认识与使用网站

在使用网站时,通过以下途径可以快速从网站中找到所需信息。

(1) 网站的背景可以通过"关于我们"或"××简介"进行了解。

(2) 网站的全貌可以通过"站点地图(Sitemap)"或"网站导航"进行了解。

(3) 网站的内容可以通过栏目浏览或网站提供的站内搜索引擎进行了解。但需注意的是，这种方式只针对站内的网页，不能搜索网站拥有的数据库。例如，在欧洲专利局的网站上（http://www.epo.org/searching/free/espacenet.html）（图2-9）提供的 Site search、Patent search，就是两种针对不同对象的检索。初级检索者进入一些检索网站要注意区分。

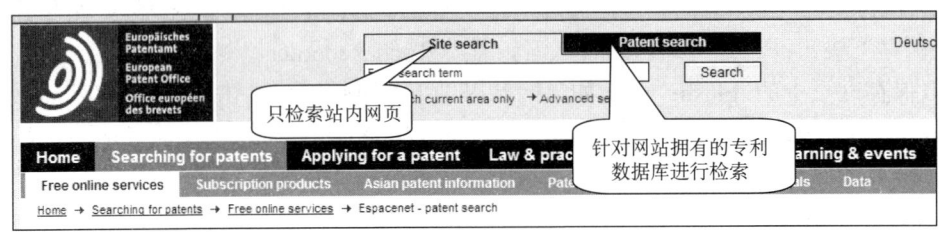

图2-9 欧洲专利局页面截图

（4）要了解网站某一具体的内容，按 Ctrl+F 键，出现"查找"搜索框，键入所要查找的关键词，可在当前网页中查找。

（5）该网站的相关网站，可利用网站提供的"友情链接"或者"网站链接"进行了解。

（6）要了解该网站的合法性与真实性，可查看网站首页底部的版权所有信息、许可证编号、地址与电话。

（7）要对网页进行放大或缩小，用户可以使用右下角的放大/缩小键或者 Ctrl+滚轮来进行对网页的缩放操作，从而变换网页中的图片或文字大小。

思考与训练：打开中华人民共和国中央人民政府门户网站(http://www.gov.cn)，从以上七方面熟悉该网站，并从该网站上查找今年国家公务员考试时间、危险化学品登记管理办法、国家统计局与中国中铁的主页。

特别提示：在浏览到不熟悉语言的网站后，可以利用百度翻译(http://fanyi.baidu.com)（图2-10）将整个网站的网页文本翻译成你熟悉的语言，虽然目前将其他语言翻译成中文准确率只有80%左右，但对我们了解网站的基本内容已经足够了。百度翻译目前能在20多种语言之间进行即时互译。同时 Internet Explorer 也为用户提供了方便的翻译服务，直接在网页空白处右击然后选择"使用 Bing 翻译"就可以翻译整个网页，或者在选择好文字之后单击"使用 Bing 翻译"就可以翻译选好的文字。

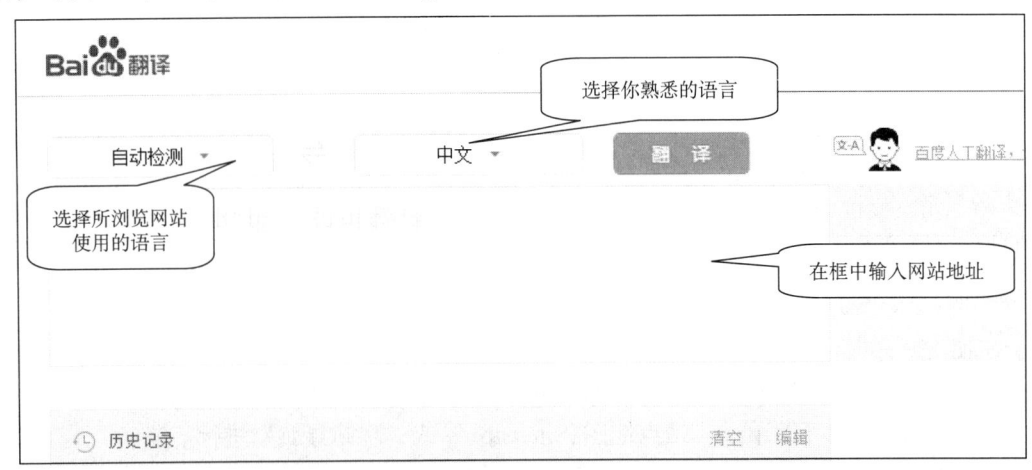

图2-10 百度翻译页面

3. 网站的识别

通常我们打开的是一个网页，如 http://www.3566t.com/buy，要查看网站信息，就要进入目标网站的首页，方法是去掉后面的部分，如本例输入 http://www.3566t.com 就可以进入网站首页。

(1) 查有无网站备案号。在工业和信息化部备案查询网站(http://www.miibeian.gov.cn)，输入网站首页网址或者输入备案编号即可查询备案情况，如果搜寻不到结果或者显示为个人网站则不可相信。注意：有些网站备案编号是链接到自己的网站上的，这就一定要到政府网站查询。根据国家规定，没有备案的网站就是非法网站。

(2) 查该网站拥有者的工商与税务信息。在网站首页都有"关于我们"或者"版权所有"栏目，从中可以找到该网站的所有者，可以在当地的工商局主办的企业信用网和税务局主办的税务网站查询所有者的注册与经营信息。主要检查以下几个方面：检查网站的所有者所在地与注册地址是否相同；有无经营执照与税务登记证；检查网站的所有者经营是否正常，有无违规行为记录。

(3) 检查该网站有没有公布详细的经营地址和电话号码。一般来说，正规性经营网站都会堂堂正正地将自己的经营地址、固定电话号码公布出来，供客户联系。而虚假网站往往是不敢公布自己的详细地址和固定电话的，具体有以下几种：没有提供用实名(包括人名与地名)登记的联系方式；版权所有地址与固定电话或手机所在地址不一致；手机号码查询，通过该网 http://www.hao123.com/haoserver/showjicc.htm 可以看出手机所在地在哪里，如果和地址不符合，就要小心；只提供手机号而无固定电话；只有 QQ、MSN 号码而无固定电话。

(4) 检查网页内容，虚假网站容易出现以下情况：页面设计细节处理粗劣；网站中所提供的货物价格低于正常价格甚至低于成本；网站先要求消费者通过银行、邮局汇款的方式将货款汇至网站指定账户；没有提供发帖的论坛。只要是不可信网站，他们往往由于心虚而不敢设立公开论坛让大家发表意见。

(5) 通过专业网站检查。Alexa.com(http://www.alexa.com/siteinfo)是一个专门发布网站世界排名的网站，在业界比较权威。通过查看某个网站的 Alexa 全球排名，可以查看此网站的运作时间：如果网站排名靠前，运作时间长，则比较可靠；反之，则可能是虚假可疑的网站。

(6) 冒名或山寨网站的识别与防止。切忌在未核实有关网站是否合法之前，向任何人提供个人资料或支付款项；避免使用网站所提供的联系方式，应从独立的资料或者用搜索引擎鉴别真伪，例如，有网站冒充阿里巴巴网或各大银行网站，只要在 Google 或百度里搜索阿里巴巴或银行名称，真实的网址就会出来，两相比较，自然不会上当；登录网银或者一些重要网站时，应该直接在浏览器的地址栏输入正确的网址，而不要单击其他网页上的链接，特别是不明邮件中给出的链接。真实网站一方面可以导航网站链接进入，另一方面可以通过多个搜索引擎搜索该网站进行比较，看是否链接同一网址。

【案例 2-3】2012 年 5 月 21 日湘潭市民李先生收到一条短信，内容为：您的手机号码已被中央电视台《星光大道》节目抽选为今日场外二等奖幸运用户，您将获得由栏目组送出的惊喜奖金 78000 元及苹果笔记本电脑一台，请打开 www.xghz8.com，验证号为 9697。根据李先生提供的信息登录该网站。这个所谓的《星光大道》网站上显示有 CCTV-3 的字样，还有主持人的各种主持照片，同时附上了节目视频，页面上还有提醒观众小心上当受骗的特别声明，并留有"官方客服"电话。实际上直接搜索找到央视官方网站，登录查看有无场外节目抽奖活动，或者拨通央视官方网站的客服电话咨询，就很容易识别这种山寨网站与诈骗信息。同类诈骗信息还有湖南卫视快乐大本营抽奖、网易邮箱抽奖等。

2.3.3 网络资源的分类与特点

网络资源的分类与特点如表 2-13 所示。

表 2-13 网络资源的分类与特点

类 型		来 源	举 例
政府信息源 (以 gov 为一级或二级域名注册)	政策信息：政府公布的政策、法令、法规、报告	政府网站	中国政府网
	科技信息：新产品、新技术、新工艺的科技成果，科技发展趋势	政府科技部门网站	科技部、各地科技厅、生产力促进中心
	宏观经济信息：如民生产总值、国民收入、经济发展速度	政府统计部门网站	国家统计局、地方统计局、各级部门统计局
	社会人文信息：如教育水平、人口数量和结构、消费结构和习惯、宗教信仰、风俗习惯等	政府行业管理部门网站	教育部、文化部、各地教育厅
	政治信息：有关政治动态的信息	主管部门网站	新华网、人民网
企业信息源 (以 com 为一级或二级域名注册)	企业信用信息	本地工商局建立的企业信用网	四川企业信用网
	企业产品、经营管理、招聘信息	企业自身网站	联想公司主页
	行业状况、标准规范、行业统计	行业协会网站	中国材料学会
高校信息源 (一般以 edu 或 ac 为一级或二级域名注册)	招生、毕业分配、专业、学校发展等信息	学校主页、招生网站、人事网站	西南交通大学招生就业网
	课程学习、科研、教材、学术资源	学校的教务网站、科研网站、院系网站	西南交通大学教务网
个人信息源	个人资源发布	个人网站、播客、威客	个人主页
	个人观点发布	博客、微博、专家在线	新浪微博
机构信息源 (一般以 net、com 或行政区域为一级域名注册)	新闻、财经、教育、读书、论坛等各种大众化、娱乐性信息	各种门户网站	搜狐、腾讯、新浪、网易四大商业综合网站
	商品等商业化信息	电子商务网站	阿里巴巴、淘宝、支付宝、京东商城
专题信息源	提供视频、音频、MP3、软件	专题网站	优酷网、酷我网、华军软件园等各种网站

特别提示：在查找网络信息时要考虑：①你是要找信息，还是要找网站？②你是要找某个特定信息，还是要找大量的相关信息？③你要找的信息是哪种类型？有没有专门的网站收集并发布？

2.3.4 网站举例

1. 中国政府网(http://www.gov.cn)

中国政府网于 2006 年 1 月 1 日正式开通，是中华人民共和国国务院和国务院各部委，以及各省、自治区、直辖市人民政府在国际互联网上发布政府信息和提供在线服务的综合平台。中国政府网现开通国务院、总理、新闻、政策、互动、服务、数据、国情等栏目，面向社会提供政务信息和与政府业务相关的服务，逐步实现政府与企业、公民的互动交流。网站下面的网站导航提供国务院部门网站、地方政府网站、驻港澳机构网站、驻外机构、媒体、中央企业网站。

中国政府网是查询各类政策信息的权威网站。中央的政策信息用中国政府网，部门或者地方政府的信息通过网站导航进行相应链接。

2. 国家统计局网站(http://www.stats.gov.cn)

国家统计局数据查询

国家统计局网站提供国家的月度数据、季度数据、年度数据、普查数据、国际数据、部门数据、可视化产品、中国统计年鉴、统计公报的查询，还提供各种数据的图表化展示。提供各种统计指标解释、统计标准与统计制度的查询。网站链接提供地方统计网站、国外统计网站的链接。

统计网站是提供统计数据查询的权威网站，要查询相应数据应进入相应的统计网站。例如，要查成都的工业信息，可以进入成都市统计局网站。进入网站有两种办法，一种是直接用搜索引擎搜索，另一种是通过国家统计局网站链接。例如，查找成都市统计局，一是在百度中用"成都市统计局"作为检索词搜索，二是通过国家统计局链接到四川省统计局，再从四川省统计局链接到成都市统计局。

3. 新浪公开课(http://open.sina.com.cn)

新浪公开课汇集哈佛大学、耶鲁大学、斯坦福大学、麻省理工学院以及 TED 等全球顶尖学府和机构的免费最新公开教育资源、著名教授视频课程，涉及人文、历史、经济、哲学、理工等各学科，打造网络视频教学无国界分享平台。其中部分课程已翻译中文字幕，受到广大网友的青睐。在功能方面，新浪公开课将众多课程按照多门学科进行分类整合、提供快捷搜索和播放记录、翻译进度提示等功能，方便网友使用。新浪公开课提供手机客户端。从计算机科学到心理学，从欧洲历史到线性代数，通过新浪公开课客户端，用户可以随时随地通过新浪客户端进行学习。

4. 携程旅行网(http://www.ctrip.com)

携程旅行网是中国领先的在线旅行服务公司，提供包括酒店预订、酒店点评及特价酒店查询、机票预订、飞机票查询、时刻表、票价查询、航班查询、度假预订、商旅管理及旅游资讯在内的全方位旅行服务，可以协助进行旅行规划与实施。

2.4 开放存取

当利用电子资源查找资料时，是否仅局限于购买的那些数据库呢？其实，网络上还有很多站点提供免费的学术资源，这些资源包括工具书、电子期刊、标准、专利等免费数据库。开放存取(Open Access)是网络上提供免费资源最常见的方式之一，它是指某文献可以在 Internet 公共领域中被免费获取，允许任何用户阅读、下载、复制、传递、打印、检索、超级链接，并为之建立索引，用作学习、研究或其他任何合法用途。用户在使用该文献时不受财力、法律或技术的限制，而只需在存取时保持文献的完整性，对其复制和传递的唯一限制，或者说版权的唯一作用应是使作者有权控制其作品的完整性及作品被准确接受和引用。

2.4.1 开放存取的特征与类型

开放存取主要针对学术资源，开放存取出版的基本特征为：①在尊重其版权的前提下，作者和版权人允许用户免费获取、复制或传播其数字化信息；②完整的论著存储在至少一个稳定、可靠的网络服务器中，以确保免费阅读，不受约束地传播和长期的数据库式储存。

开放存取的出版形式如下。

(1) OA 期刊(Open Access Journal，OAJ)，即基于 OA 出版模式的期刊。OAJ 既可能是新创办的电子版期刊，也可能是由已有的传统期刊转变而来的。OAJ 大都采用作者付费，读者免费获取方式。

(2) 开放存档(Open Repositories and Archives)，即研究机构或作者本人将未曾发表或已经在传统期刊中发表过的论文作为开放式的电子档案储存。

(3) 电子预印本(E-print)指科研工作者的研究成果还未正式出版发表，而出于和同行交流的目的，自愿提前在学术会议上或通过互联网发布的科研论文、科技报告等文章。常见电子预印本及其服务系统有美国国家实验室建立的 e-print arXiv 库、中国科技论文在线、中国预印本服务系统、国外预印本门户(SINDAP)、奇迹文库等。

(4) 开放获取搜索引擎(OA Search Engine)。为解决 OA 期刊和 OA 仓储的分散性，开放获取搜索引擎也相继出现，如 CORE(https://core.ac.uk/search)、BASE(Bielefeld Academic Search Engine)(https://www.base-search.net)。

2.4.2 国内开放存取数据库及系统

(1) Socolar 平台(http://www.socolar.com)。这个平台是由中国教育图书进出口公司开发的。它是一个基于开放获取期刊和开放获取机构仓储的导航、免费文章检索和全文链接服务的系统平台。目前已收录期刊 1 万多种、仓储数目 1000 多个，揭示的中、外文文章数量近 1600 万篇，内容涵盖所有的学科领域，这其中 90%以上的期刊通过了同行评审。

(2) 中国预印本服务系统(http://prep.istic.ac.cn)。这个服务系统主要收藏的是理工农医等领域国内科技工作者自由提交的预印本文章。它可以实现全文检索、浏览全文、发表评论等功能。

(3) 中国科技论文在线(http://www.paper.edu.cn)。中国科技论文在线由教育部科技发展中心主办，提供国内优秀学者论文、在线发表论文、各种科技期刊论文(各种大学学报与科技期刊)全文。此外还提供对国外免费数据库的链接。

(4) 国家哲学社会科学文献中心(http://www.ncpssd.org)。国家哲学社会科学文献中心的优势在于免费。该中心的资源相当丰富，几乎收录了国内人文社科领域的全部核心期刊。任何用户只要注册、登录后，就可以使用文献检索、资源订阅、在线阅读、全文下载等功能。

2.4.3 国外开放存取数据库及系统

(1) Open Access Library(http://www.oalib.com)。Open Access Library(OA 图书馆)，在线数据库，里面所有的文章都来自顶级著名的出版商和数据库，可以满足各个领域学者的需求。同时，那些已经评审或者未发表的文章都可以在线查看，以此提供学术交流的机会。读者可以用关键字在 Open Access Library 搜索下载完整的 PDF 格式的文章，这是不需要注册和交任何费用的。

(2) OpenDOAR(http://www.opendoar.org)。OpenDOAR 是英国的诺丁汉(Nottingham)大学和瑞典的隆德(Lund)大学图书馆，在 OSI、JISC、CURL、SPARC 欧洲部等机构的资助下于 2005 年 2 月共同创建的。它是一个开放获取机构资源库、学科资源库目录检索系统，用户可以通过机构名称、国别、学科主题、资料类型等途径检索和使用这些知识库。它和开放获取期刊目录(DOAJ)一起构成当前网络免费全文学术资源检索的主要平台。

(3) DOAJ(http://doaj.org)。DOAJ 是由瑞典隆德大学图书馆与 SPARC(The Scholarly Publishing and Academic Resources Coalition)联合创建整理的一份开放期刊目录。该项服务涵盖了免费的、可获取全文的、高质量的科学和学术期刊。目前一共有七千多种开放期刊被收录到该目录中。这些期刊一般都是经过同行评审，或者有编辑进行质量控制的，具有免费、全文、高质量的特点，对学术研究有很高的参考价值。

(4) High Wire Press(http://www.highwire.org/lists/freeart.dtl)。全球最大的提供免费全文的学术文献出版商，于 1995 年由美国斯坦福大学图书馆创立。目前已收录电子期刊近千种，其中超过 180 万篇文章可免费获得全文；数据仍在不断增加。通过该界面还可以检索 MEDLINE 收录的 4500 种期刊中的 1200 多万篇文章，可看到文摘题录。收录的期刊覆盖以下学科：生命科学、医学、物理学、社会科学。部分全文可免费访问。

(5) NTLDT 学位论文共享系统(http://www.ndltd.org)。NDLTD 全称是 Networked Digital Library of Theses and Dissertations，是由美国国家自然科学基金支持的一个网上学位论文共建共享项目，为用户提供免费的学位论文文摘，并可获取部分免费学位论文全文。目前全球有 170 多家图书馆、7 个图书馆联盟、20 多个专业研究所加入了 NDLTD，其中 20 多所成员高校已提供学位论文文摘数据库 7 万条，可以链接到的论文全文大约有 3 万篇。

2.4.4 开放存取数据库检索举例

Socolar 检索平台提供简单检索、高级检索，也支持专家逻辑检索、通配符号检索。检索字段包括篇名、作者、摘要、关键词和出版社；检索限制项包括出版年度的选择和限制、是否为同行评审的选择和限制。选择学科数据库的范围时，可以单个或多个学科同时选择，或全部选择。检索结果可以直接浏览文摘信息，有的文章可以直接单击 Full Text 链接下载全文，有的则可能需要按提示进行进一步的操作，才可以链接和查看、下载全文(全文格式为 PDF)，如图 2-11～图 2-13 所示。

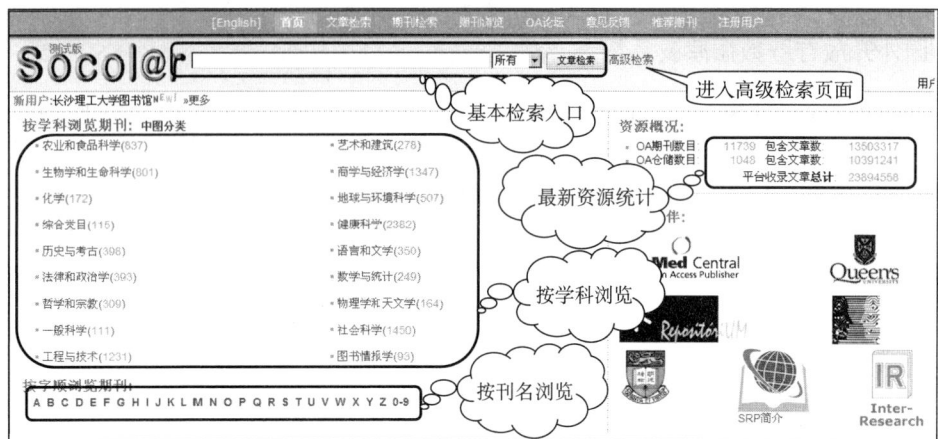

图 2-11　Socolar 的首页

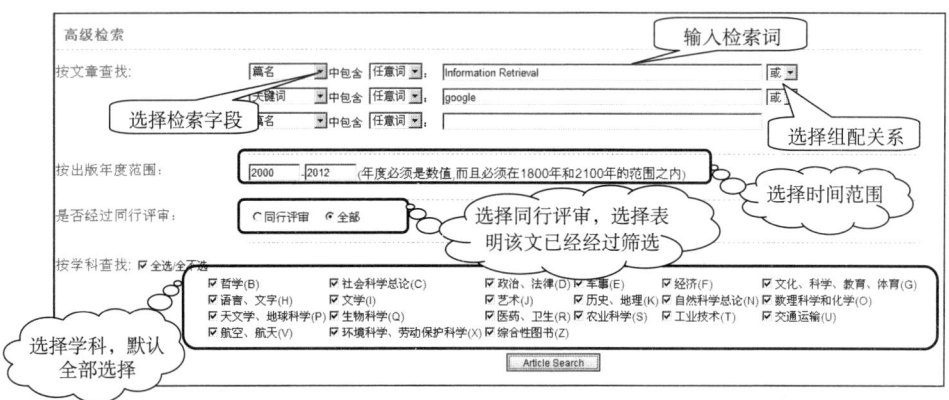

图 2-12　Socolar 的高级检索页面

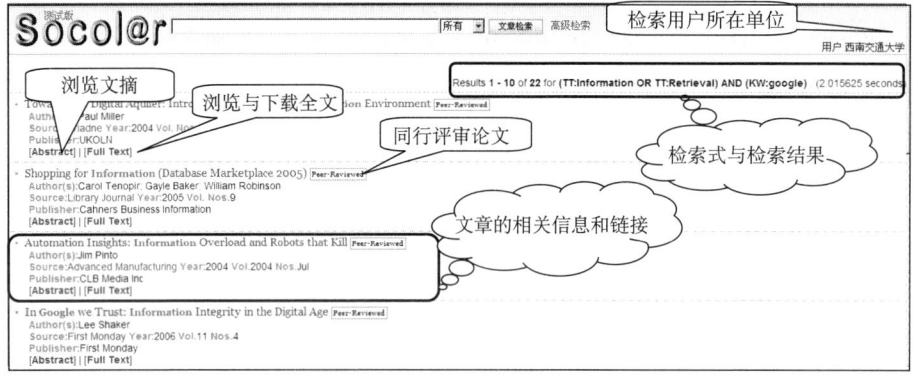

图 2-13　Socolar 的检索结果页面

提示：很多大学图书馆都提供开放资源链接。

西南交通大学 OA 资源导航：http://www.lib.swjtu.edu.cn/OAList.aspx。

北京语言大学图书馆免费资源：http://lib.blcu.edu.cn/qt/qt078.htm。

2.5 信息检索委托与求助

要具有较高的信息素养,就要掌握较多信息获取渠道和手段。通常信息的获取渠道包括网络(搜索引擎、开放获取、论坛、机构网站)、图书馆、学术会议(同行交流)等。当这些渠道无法满足需求时,就需要申请委托检索或者直接联系作者获取。

2.5.1 通过文献传递、馆际互借服务方式求助

随着信息、文献量的膨胀,世界上不可能有一个图书馆或文献信息服务中心的文献收藏能无所不包。馆际互借(Interlibrary Loan,ILL)是馆与馆之间的图书信息资料共享的手段;文献传递(Document Delivery)是利用各种通信手段[如邮递(Mail)、快递(Express Mail)、电传(Telex)、传真(Fax)及电子邮件(E-mail)]从各种文献服务中心获取文献信息的有效手段。一般图书馆的文献传递与馆际互借服务只针对其注册用户(如高校图书馆所在校的师生、在某公共图书馆办理了借阅证的会员),下面几个大型文献传递机构可为大家在校内或者毕业后提供帮助。

(1) e 得(易得)(http://www.yide.calis.edu.cn)。e 得是 CALIS 文献提供服务门户,是面向读者的服务网站,为读者提供从文献检索到原文获取一站式文献提供服务。目前,CALIS 已与 NSTL 以及上海图书馆合作分别开通了 NSTL 文献传递服务(高校版)和上海图书馆际借书服务。凡是已经利用 CALIS 馆际互借共享版系统、本地版系统(完成 CALIS 馆际互借中心调度服务功能升级)的成员馆,都可以通过 CALIS 中心获得 NSTL 和上海图书馆馆藏资源,并且可以享受 CALIS 给予的补贴。

(2) 国家科技图书文献中心代查代借(http://www.nstl.gov.cn)。向注册用户提供各类型文献全文的委托复制服务,每篇文献按照 NSTL 内收费标准收取复制费和 2 元服务费。

(3) 中国国家图书馆文献传递(http://wxtgzx.nlc.cn:8111/gateway/login.jsf)。国家图书馆文献提供中心以国家图书馆的馆藏资源和各类数据库为基础,以其他图书馆和各个情报机构为外延,由专业的图书馆员提供个性化的周到服务。用户可以通过登录中国国家图书馆馆际互借与文献传递系统直接提交网上申请,也可通过 E-mail、电话、传真和到馆委托等多种途径递交文献申请,其申请将在两个工作日内得到回应。

2.5.2 通过参考咨询方式求助

参考咨询服务是为读者在查询和获取文献过程中有问题或疑问时提供便捷的帮助服务。方式包括"实时咨询"、电话或通过 E-mail 咨询、"表单提问"或者现场咨询等。几乎所有图书馆都提供咨询服务,但一般都只针对其注册用户,下面提供几个公共咨询的站点。

(1) 国家科技图书文献中心参考咨询(http://www.nstl.gov.cn/anyask/ask.html? key=nstl#)。国家法定工作日的上班时间提供实时咨询,读者可在任何时候提供表单咨询,其免费咨询热线为 8009908900。

(2) 上海图书馆的网上联合知识导航站(http://vrd.library.sh.cn)。该导航站的咨询服务在

读者中有较高的声誉。导航站的网上参考咨询服务面向全球的网络用户，是公益性质的服务项目，所有服务均免费。目前导航站的服务主要采用 E-mail 结合网上表单的方式，另外还有少量实时的咨询服务项目。

（3）全国图书馆参考咨询联盟（http://www.ucdrs.net）。这是一个全国性的文献服务平台，汇集了全国一百八十多家省市级公共图书馆、高校图书馆和科技图书馆加盟，咨询馆员有五百多人，为社会提供免费的网上参考咨询和文献远程传递服务。可以免费获取期刊、会议、学位论文、报纸文章，其他如专利、标准、图书可以通过文献传递获取，但是需要在该网站注册才能正常使用。

2.5.3　E-mail 向作者索取全文

如果知道论文的标题与作者，但无法获取全文，可以尝试通过邮件向作者索取文献的全文。摘要型（如 Web of Science）数据库一般会提供作者的 E-mail 地址，如果没有，可以通过网络检索（Google 等）。写信的时候应该用自己单位的邮箱，尽量不要用 Gmail、163、Hotmail 等公共邮箱，同时信的开头要进行简要的自我介绍，包括研究方向以及获取文献的目的。一般来说，作者都会十分乐意发送全文。因为得知自己的工作有人感兴趣，是一件值得高兴的事。以下所提供的是向国外作者索要文献的一个模板：

Dear Mr./Mrs. _____（作者名）

I am a graduate student of ×××× University in China. I major in "_____"（您的专业）. Recently, I found one of your articles, titled "_____"（文章名）in Materials. I found it may help me achieve my goals in this research field. This would make a really positive contribution to my work. I would like to be able to read the full text of this article. The abstract makes the article sound very interesting. I wonder if you would consider sending me the full text by E-mail. Perhaps you would consider this as an act of friendship between our two countries.

Thank you for your kind consideration of this request.

Sincerely: _____（您的名字）

My E-mail address is: _____（您的 E-mail 地址）

如果没有收到回复，有两种可能，一是邮箱地址已经过时。每个教授的邮箱都不是永久不变的，以前论文上提供的邮箱，可能现在已经弃之不用，此时应该查找该作者新近发表的文献获得最新邮箱后再联系。二是作者太忙，或不愿将全文发送给索取人。此时可以再次发邮件联系，不过要注意语气，诚恳说明索取文献的原因。

2.5.4　向论坛求助

很多学术科研 BBS（如小木虫）都提供文献求助的版块，可以把自己需要的文献标题、作者、期刊名等信息发送上去，请网友帮忙检索。类似的方法还有文献网站、学者的博客、互助、QQ、MSN 群等。

推荐求助论坛如下。

（1）小木虫：http://muchong.com/bbs。

（2）零点花园：http://www.soudoc.com/bbs。

(3) 星荧学术论坛：http://ifstar.net/bbs/index.php。

2.5.5 其他求助方式

还可以向大学或科研机构的同学及师友求助帮忙检索；或者到附近的大学图书馆申请检索。国内无法获得的文献，有时候国外的大学可能订购，可以向国外的同学、朋友求助。

提示：使用求助的前提是不暴露商业机密和科研思路，涉及机密的内容最好不要通过求助方式尤其是向论坛求助方式获取。

2.6 信息源使用经验与技巧

在检索信息时选择信息源，应该考虑以下三个问题，这种资源应该在哪里？哪种资源会跟自己的研究主题相关？面对的问题可使用哪种资源解决？要把信息源与实际需求结合起来，即不同的信息源基于不同的信息需求，一个问题可能需查询多种不同的信息源。

2.6.1 图书馆资源与网络资源的比较与选择

网络资源的内容比较简单，信息面较广，但有时内容杂乱，很难得到系统而专业的内容；图书馆资源具有极强的专业性，而且阅读需要一定的耐心和知识、欣赏水平，所以有一定的人群限制。一般来说，想知道业余的、常识的、简单的内容，首选应该是网络资源，因为这样快而易懂；而想知道专业的、可靠的内容则必须利用图书馆的书刊资源。图书馆资源与网络资源的比较如表 2-14 所示。

表 2-14 图书馆资源与网络资源的比较

	图书馆资源	网络资源
检索工具	目录系统、数据库系统	搜索引擎
使用方便性	检索相对比较复杂，用户需要掌握一定的文献信息检索方面的知识	简单实用，不需要用户具有专门技巧
可靠性	图书馆拥有的是加工后的资源，可靠性高；众多的专业数据库，检索方法多样，因此能够更准确地查找信息，检索结果比较令人满意	一般未进行专业或同行评审，可靠性低；由于信息的来源渠道、开放程度等因素限制，搜索引擎的准确率还不够
可获得性	提供"发现和获取信息资源"层次的服务	受知识产权条例的限制，提供的仅是"发现信息资源"层次的服务，以及少量已进入公用领域或已获得授权的全文信息
人力协作	图书馆拥有大量的专业服务人员，用户可以直接或通过网络、电话获取所需要的帮助	仅部分商业或经营性网站有人力协作，如用 QQ 在线咨询
信息主要类型	专业性、学术性	大众化的一般信息，需要付费
检索结果	获得少量但是更精准的信息	检索结果海量、芜杂
何种情况适合使用	(1) 科技论文写作时 (2) 学科领域专题调研 (3) 产品开发 (4) 科学研究时 (5) 项目申报或鉴定	(1) 了解时事新闻 (2) 获取企事业单位或政府信息 (3) 获取免费的学术资源 (4) 获取大众化观点 (5) 生活、工作、学习中的查询、导航等

网络搜索引擎与图书馆服务互有优势。对普通用户群体而言，利用搜索引擎查找一般信息比较方便实用；对科研用户群体来说，通过图书馆服务获得学术信息资源的可靠性更强，除非用户愿意花很多时间去辨别哪些信息是真实可靠的，否则个人的网页、Wikipedia和其他一些商业网站提供的绝大多数资料，都不应该当作学术资料来使用。

提示： ①用户可根据具体情况选择合适的信息获取方式及途径；②大学生或科研人员应更多地使用图书馆服务获取学习、科研工作所需要的各种信息。

2.6.2 如何找到需要的信息资源

阅读本章前面内容就会发现，不同的信息在其生产、加工、传递的不同时段会出现在不同地方，寻找信息资源，尤其是寻找学术、科研、重要的商业信息资源，首先是利用身边的图书馆，其次是利用网络资源，再次如果是重要和必须要了解的信息可使用联机检索，其他的可以通过求助方式获取。下面介绍几种获取信息资源的方法。

1. 从信息生产流通角度查找

通过信息可能出现的地方查找，主要从信息生产者、使用者、相关者方面查找。任何信息之所以能够产生并传播，都必须有参与者，了解这些参与者并清楚参与者的信息表达形式，就比较容易进行信息定位。例如，求职招聘信息，信息生产者是企事业单位，在自己的网站和当地报纸、招聘中介上发布信息，信息的使用者是求职人员，信息的相关者是人才中介机构或者人才交流中心，了解了这些，再找到相关企业或者人才市场的网站，就可直接获取大量的就业信息。

如果是一些大众化、公知化的信息，如新闻、财经、法律、统计数据、常用标准等，则可从源头发布网站、大型门户网站、专业性网站或者地域性重要网站获取。例如，一条财经信息，可能来自以下网站：中国人民银行、新浪、网易、证券网。

思考与训练： 某个地方公务员招考信息如何查询？它会出现在哪些地方？如当地的人事局网站，当地的报纸，当地的门户网站。尝试寻找你所在省市的公务员招考信息。

2. 通过导航网站查找

导航网站就是通过一定的技术手段，为网站的访问者提供一定的途径，使其可以方便地访问所需的网站，而不用记住各类网站的网址，就可以直接进到所需的网站。现在的网址导航一般自身提供常用查询工具、搜索引擎入口，有的还有热点新闻等功能。相当于传统图书馆信息部门的目录索引。常用的导航网站包括：Hao123(www.hao123.com)、2345网址导航(www.2345.com)、360安全网址导航(hao.360.cn)、114啦(www.114la.com)、QQ导航(hao.qq.com)等。

【案例2-4】 找几个知名的购物网站，方法是打开导航网站，查看购物类栏目即可，见图2-14。

提示： 网络资源丰富，有专门的视频网站(土豆、优酷)、软件下载网站(天空软件、华军软件园)，也有专门的网络电视(PPLive、IPTV)、MP3(酷我音乐、千千静听)等，初入门者，可以利用导航网站方便地找到这类专题网站，如果发现一些对自己非常有用的网站，可以添加到浏览器的"收藏夹"中，长期积累和整理这些网站，可以快捷地获取学习、工作、生活中所需的信息。

导航网站有许多类，学科导航是其中一类，也称为学术信息门户，它是将特定学科领域的网上信息资源、工具和服务集成到一个整体(独立的或分布集成的信息门户网站)中，

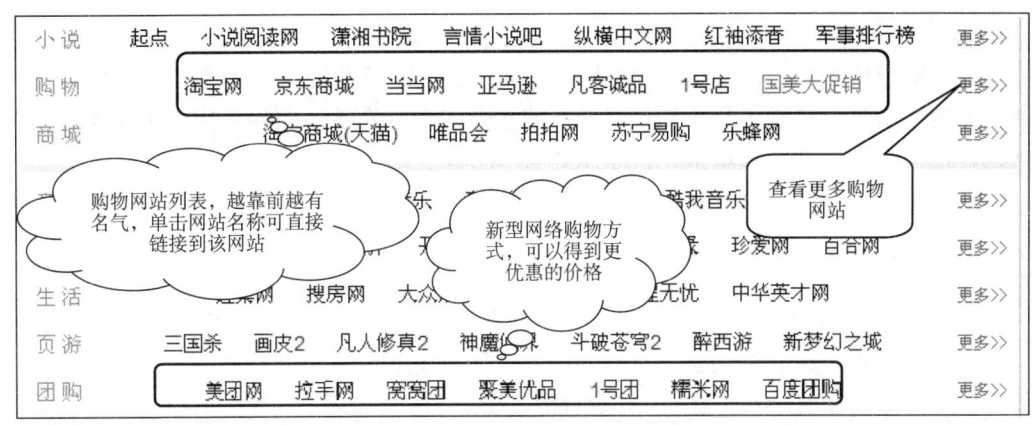

图 2-14 Hao123 网站首页截图

为用户提供一个方便的信息检索和服务入口。学科信息门户与搜索引擎最大的不同在于，一是针对专业研究型用户；二是信息资源经严格选择。下面是一些重要学科导航的列举。

(1) CALIS 重点学科导航 (http://202.117.24.168)。重点学科导航库是"211 工程"立项高校图书馆共建项目。资源类型为大学研究院所、学会协会、组织机构、免费资源等。

(2) 中国知网学术资源导航 (http://dir.cnki.net)。中国知网学术资源导航，搜集上千种学术相关网络资源，范围覆盖自然科学、技术工程、人文科学、社会科学，提供学科导航、科研机构导航和行业导航。

3. 通过网络资源链接、超链接

检索到某一信息资源，打开其所在网站，一般都会有"友情链接""相关链接""推荐链接""热点链接"等，通过一个机构的网站链接，可以分析这个机构的信息环境与关联范围，顺链而下，可以查找到许多相关有价值的信息。

【案例 2-5】中国十九冶集团有限公司主页的"友情链接"见图 2-15。

思考与训练：打开国家统计局网站，使用其网络链接分别连接到你所在城市的统计局网站和联合国的统计网站。

图 2-15 中国十九冶集团有限公司网站首页截图

4. 通过搜索查找

当已经知道地址时，可以直接通过地址访问；当不知道地址或者知道内容较少的时候，可以借助搜索引擎等检索工具查找信息源。搜索方式为：关键词+网；如用百度查找土木学会网站，直接在百度搜索框里输入：土木学会 网。

思考与训练：请搜出5个有名的考研辅导网站。

2.6.3 专业或行业网络资源的选择

每个人在学校中都会学习自己的专业，进入社会后会从事自己的职业。每一个职业都与行业的发展息息相关，了解行业信息对于学习目标与内容调整、工作变换都相当重要。现在很多大学生找不到工作，也与自己学的知识和行业发展脱节有关。行业或专业类信息可以从以下几个方面来查询。

(1)行业科研机构网站。即该领域内大型的、主要的科研机构。

(2)行业生产企业网站。即该领域内领先的、大型的、主要的生产企业，如汽车领域内的大众、丰田、通用等。

(3)行业协会与学会网站。每个行业都有自己的协会，它是介于政府、企业之间，商品生产业与经营者之间，并为行业服务、咨询、沟通、监督、公正、自律、协调的社会中介组织。行业协会是很好的有关特定产业部门的信息源。行业协会经常公布行业资料，竞争企业的产品目录、样本、产品说明及公开的宣传资料，行业涉及的标准与规范等，是我们了解特定行业的最佳信息源。

行业协会一般都建有自己的网站，查找该类网站的方法是，用搜索引擎进行搜索，搜索词为："行业名称 协会 网"或者直接用"行业名称 网"。

【案例2-6】查找交通运输的行业协会，使用"交通运输 协会 网"通过百度进行搜索，就可以检索到很多交通运输行业协会建立的网站，单击"中国交通运输协会"链接就可直接进入网站（http://www.cctanet.org.cn），如图2-16所示。

图2-16 交通运输行业协会网站首页截图

(4)行业主管部门网站。

(5)涉及该行业的资源导航。

【案例2-7】一个学生学的是建筑工程专业，可能会进入建筑工程公司工作，平时需要关注哪些信息才有利于将来到工作岗位快速适应工作并能够依据现在的建筑工程领域的新形势调整部分学习内容？建议该学生可以经常关注与浏览以下网站。

中国建筑科学研究院有限公司：http://www.cabr.com.cn。

中国建筑集团有限公司：http://www.cscec.com.cn。
中华人民共和国住房和城乡建设部：http://www.mohurd.gov.cn。
中国建筑业协会：http://www.zgjzy.org。
中国建筑学会：http://www.chinaasc.org。
建筑工程导航：http://www.archiname.com。

建筑学信息资源

思考与检索：结合你的专业及将来可能就业的行业，找出该行业的主要生产企业、你所在省市的主要生产企业、科研机构、行业协会、行业主管部门等网站，对其中的内容进行浏览，了解行业发展状况，并对自己学习的知识进行衡量，看学习内容与学习方式有没有需要调整的地方。

综合讨论：我们应该重点关注哪些信息？

身处这样一个前所未有的信息时代，现在有很多人，大到世界形势、国家发展、经济运行、社会矛盾，小到热点人物、突发事件、体育娱乐，都表现出积极的关注。但对于信息，你有可能知道，但并不意味着你必须知道，作为学生，关心必须关心之事，却不必事事关心；知道必须知道的事，却不必事事必知，否则终将坠入信息的黑洞之中。请列出自己本周获取各种信息的内容、获取方式，然后按该信息与自己作为学生学习身份或与未来工作相关程度的高低进行排序，总结一下，哪类信息应该更加关注，哪类信息应该减少关注。个人总结完成后，可进行小组讨论与交流。

提示：作为学生，应该知道你的目标与你所处的信息环境，并主动建构与自我成长、职业发展相适应的信息资源及其获取资源的途径和方式，寻求目标与信息的关联，而不是去关注无效信息。

网络交流工具

联机检索系统

上机训练题1

第 3 章　信息检索技术

只有熟练掌握检索的原理、技术和技巧，才能在浩如烟海的信息资源中查找到查询者需要的信息，更好地分享人类共同的知识财富。

3.1　信息特征、检索语言与检索途径

检索语言是用于描述文献特征、用于标引和检索的人工语言。创建检索语言的目的是建立沟通标引与检索的桥梁。检索语言按不同标识系统组织文献，以适应不同检索需求，聚集相同学科门类和主题内容的文献，从而使杂乱无序的文献变得有序。

3.1.1　信息特征

无论是一篇文章、一本书，还是一份报告，一般都有以下特征。

1）外表特征

题目、作者、作者工作单位，专利和科技报告还有专利号或报告号等。这些可以表征一篇特定文献的特征，可以在文献的封面或扉页，即使不打开书本，也不看文献的具体内容就可以确定一篇文献。

2）内部特征

深入到文献内容中，则会发现还可用另外两种方法来表征它。

(1)一般来讲，一篇文献都是论及某一方面的特定问题的。也就是说，与论题相关的词出现的频率较大。研究表明，无论哪一种类型的文献，若对其中出现的词进行频率统计，会发现所有的词可分为三类：①文献中出现频率最高的词即冠词、介词和连词等，即其本身没有具体含义的词，如 a、an、the、this、that、or、and、in、on、with 等；②文献中出现频率较低的绝大部分词；③文献中出现频率既不高也不低的词，在文献中为 3~20 个，这些词恰恰是与文献的主题相关度较大的词，通常称为文献的主题词或关键词。

(2)一篇文献还可以按照各种自然科学和社会科学的分类方法进行逐级归类，如科技论文—期刊科技论文—核心期刊科技论文。

信息特征既是文献对象标识的基础，也是信息检索的基础。用信息的各种内容特征和外部特征作为检索出发点，可以从不同角度来检索相关信息。常见科技论文的组成部分与内部特征如表 3-1 所示。

3.1.2　检索语言

用户检索时，要对检索提问进行分析，使之形成能代表信息需求的概念，并把这些概念转换成系统能接受的语言。检索语言是信息存储与检索共同遵循的规则，只有检索提问标识和信息特征标识一致时，相关的文献才能被检索出来。检索语言是描述文献特征、用

于标引和检索的人工语言,是沟通标引与检索的桥梁。检索语言分类如图 3-1 所示。

表 3-1 科技论文的组成部分与内部特征

组成部分	要求与特征
题名	以最恰当、最简明的词语反映报告、论文中最重要的特定的逻辑组合
摘要/文摘	反映论文核心内容和全面信息的独立性短文,是该论文最准确、最简单、最全面、最迅速的独立性报道。摘要四要素包括目的、方法、结果、结论
关键词	首选能揭示论文的核心思想与主题内容的词语,其次是论文中其他主要研究的事物的名称或研究方法等
引言/绪论	是论文的开场白、回顾前人的工作、概述写作的原因、阐明写作新意、与文内其他章节内容相呼应
正文	介绍论文的主要工作、实验与方法、论证过程
结论	全文的总结,要准确、完整、明确、精练
参考文献	反映作者的治学态度,反映作者的工作起点、论文主题的历史渊源与研究进程

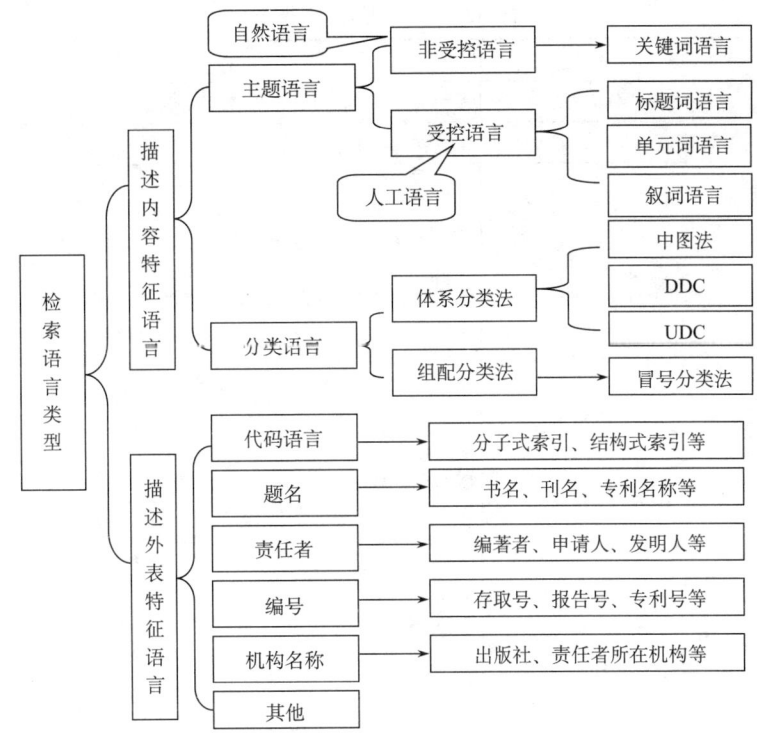

图 3-1 检索语言分类

1. 分类语言

分类语言是一种用分类号表达文献中的各种概念,并以学科性质为主对各种概念加以分类和系统排列的文献信息检索语言。分类语言通常以数字、字母或字母与数字结合作为基本字符,采用字符直接连接并以圆点(或其他符号)作为分隔符的书写法,以基本类目作为基本词汇,以类目的从属关系来表达复杂概念。它能反映类目之间的内在联系,包括从属、并列、交替、相关等。较权威的图书分类法有中国图书馆图书分类法、美国国会图书馆分类法(Library of Congress Classification)、国际十进制分类法、国际专利分类法。

1) 中国图书馆图书分类法

《中图法》是《中国图书馆图书分类法》的简称,是我国目前通用的图书分类工具,有五大基本类部,即马列毛邓、哲学、社会科学、自然科学、综合性图书。在基本类部下又细分为22个基本大类,构成分类表的第一级类目。22个基本大类与由其直接展开的一、二类目又形成简表。将简表展开的各种不同等级的类目所组成的类目表,组成《中图法》的详表。

《中图法》的标记符号采用汉语拼音字母与阿拉伯数字相结合的混合号码,即用一个字母表示一个大类,以字母的顺序反映大类的序列。字母后用数字表示大类以下类目的划分。数字的编号使用小数制。五个基本部类及下设的22个大类如表3-2所示,具体分类可通过中图分类号查询网(http://www.ztflh.com)进行查询。

表3-2 《中图法》大类表

基本部类	基本大类
马克思主义、列宁主义、毛泽东思想	A 马克思主义、列宁主义、毛泽东思想、邓小平理论
哲学	B 哲学、宗教
社会科学	C 社会科学总论 D 政治、法律 E 军事 F 经济 G 文化、科学、教育、体育 H 语言、文字 I 文学 J 艺术 K 历史、地理
自然科学	N 自然科学总论 O 数理科学和化学 P 天文学、地球科学 Q 生物科学 R 医药、卫生 S 农业科学 T 工业技术 U 交通运输 V 航空、航天 X 环境科学、安全科学
综合性图书	Z 综合性图书

【案例3-1】以"中国当代章回小说"分类为例,《中图法》体系细分如下。

I 文学 ⇨ I2 中国文学 ⇨ I24 小说 ⇨ I247 当代作品(1949年~) ⇨ I247.4 章回小说

2) 国际十进制分类法

国际十进制分类法,即UDC(Universal Decimal Classification),又称为通用十进制分类法。UDC是以美国《杜威十进分类法》(DDC)为基础编制而成的,广泛应用于科学论文的分类,许多国家出版的期刊论文和特种技术资料都标有 UDC 类号。主表分为以下 10 大类,见表 3-3:UDC 的辅助表有语言、文献类型、地点、民族和种族、时间、观点、材料和人物等 8 个。由于 UDC 在等级列举制的基础上采取了多种符号进行组配,因而发展成一部等级列举与组配相结合的混合式分类法。

表 3-3 UDC 主表

数目	类别	数目	类别
0	总类、科学和知识	5	数学和自然科学
1	哲学、心理学	6	应用科学、医学、技术
2	宗教、神学	7	艺术、娱乐、体育
3	社会科学	8	语言、语言学、文学
4	语言	9	地理、传记、历史

UDC 采用单纯阿拉伯数字作为标记符号。它用个位数(0~9)标记一级类,十位数(00~99)标记二级类,百位数(000~999)标记三级类,以下每扩展(细分)一级,就加一位数。每三位数字后加一个小数点。UDC 由主表(表 3-3)和辅助表及索引组成,如下。

  6 应用科学、医学、技术
  62 工程、技术(总论)
  621 机械工程总论、核技术、电气工程、机械制造
  621.3 电工程、电技术、电气工程
  621.39 电信技术
  621.396 无线电通讯设备和方法
  621.396.9 雷达

提示:发表期刊论文、会议论文或者学位论文、专利等都要标注分类号,直接的方法就是查最新的分类工具书,间接的方法就是参考同类主题的文献。分类号反映的是文献内部特征,即使同一名称,只要内容不同,分类号也不同。

【**案例 3-2**】同一作者写的同一名称的书,但分类号不同,因为内容不同,如下:
(1)崔文风著,《心理与人生——发展心理 教子成长》,分类号是 G78(教育类)。
(2)崔文风著,《心理与人生——完善心理 事事成功》,分类号是 B848.4(哲学类)。
(3)崔文风著,《心理与人生——调节心理 强身治病》,分类号是 R395.6(医药卫生类)。

2. 主题语言

主题是一组具有共性事物的总称,用以表达文献所论述和研究的具体对象与问题,即文献的中心内容,表达主题概念的词汇就是主题词。以主题词作为文献内容标识和检索依据的语言就是主题语言,它以自然语言的字符为字符,用一组名词术语作为检索标识。以主题语言来描述和表达信息内容的信息处理方法称为主题法。主题语言包括以下四种。

(1)标题词语言,是最早使用的一种主题语言。它以规范化的自然语义作为标识,来表达文献涉及的主题概念,表达主题的词语称为标题词。
(2)单元词语言,是从文献内容中抽选出来的最基本的词汇,将代表最一般、最基本的、

不可再分割的概念的词作为单独标引文献的单位。

(3) 叙词语言，是从自然语言中优选出来并经过规范化处理的名词术语。采用表示单元概念的规范化词语的组配，对文献内容主题进行描述，也是目前使用最广泛的主题语言。

(4) 关键词语言，以关键词作为文献内容标识和检索依据的一种主题语言。关键词是指从文献内容中抽出来的关键的、未经规范化处理的自由词汇，关键词不受词表控制。

3. 代码语言

代码语言是指对事物的某方面特征，用某种代码系统来表示和排列事物概念，从而提供检索的检索语言。代码多种多样，通常用数字、字母或用它们结合的形式或以分段的方式来表示其各部分的含义。例如，科技报告有报告号，还有合同号、拨款号等；专利文献有专利号、入藏号、公司代码等。

4. 主题语言与分类语言的对比

主题语言与分类语言的对比如表 3-4 所示。

表 3-4　主题语言与分类语言的对比

类型	特点	优点	缺点
分类语言	聚集相同学科门类和主题内容的文献，使杂乱无序的文献有序化	按学科分门别类地集中文献，揭示各类目在内容上的逻辑联系，提供从学科角度进行族性检索的途径；便于随时放宽或缩小检索范围	无法反映新学科和新技术的内容；不能全面检索有关跨学科专业的某一事物的所有文献；不适应新兴学科和边缘学科的检索
主题语言	以代表文献内容特征和科学概念的名词术语作为检索标识	使检索具有直接性与直观性；适合于从事物出发按专题进行特性检索	缺乏按学科进行族性检索的能力；缺乏表述专指度较高的复杂概念的能力

3.1.3　常用检索途径

检索途径(Approach)，又称检索点(Access Point)，就是利用信息的外部特征(题名、责任者、著者和出版者等)和内容特征(分类号、主题词和关键词等)来查询相关的信息，是信息检索的入口点。常见的检索途径见表 3-5。

表 3-5　常用检索途径及其特征与用途

检索途径	常见形式	特征与用途
著者途径	著者、编者、译者、专利权人的姓名或机关团体名称	从文献的作者姓名出发来检索其文献
分类途径	分类目录和分类索引	学科与事物的隶属、派生与平行的关系，便于我们从学科所属范围来查找文献资料
主题途径	主题目录或索引，主题途径中最常用的是关键词途径	能集中反映一个主题的各方面文献资料，便于读者对某一问题、某一对象进行系统的专题性研究
引文途径	利用文献所附参考文献或引用文献	提供从被引论文去检索引用论文

续表

检索途径	常见形式	特征与用途
题名途径	包括标题名(篇名)、图书名、刊名、标准名、文档名、数据库名等	直接利用信息的题名查找所需信息的方法,在计算机检索系统中应用较多
代码途径	专利号、报告号、合同号、标准号、国际标准书号和刊号	指通过文献资料特定的序号进行检索的途径
机构途径	著者单位、图书出版发行单位、期刊编辑单位	指通过机构名称进行检索的途径
内容途径	包括从文摘、全文、句子、参考文献、附录等进行检索的途径	基于计算机检索的一种新兴途径
专门途径	有关的名词术语、地名、人名、商品名、生物属名、年代等	文献信息所包含特定信息可以解决某些特别的问题

检索途径是检索语言的表现方式,有什么样的检索语言,就有对应的检索途径。在检索系统中,检索途径通过字段来实现。它们之间的关系见图3-2。

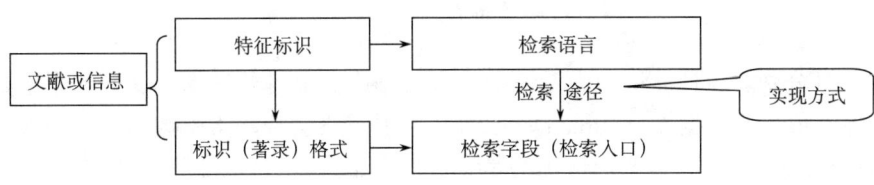

图 3-2 文献信息特征、检索语言、检索途径关系图

3.2 检索工具、数据库与检索系统

检索工具是人们用来报道、存储和查找各类信息的工具。传统的检索工具是指目录、索引、文摘等二次文献,现在的检索工具不仅包括传统的二次文献,还包括基于 Internet 的网络信息检索系统(如数据库)、网上工具书、搜索引擎等各种信息检索工具和检索系统。其中网络数据库和搜索引擎是目前最主要的检索工具。熟悉并熟练地运用这些检索工具,是正确选择检索工具的前提。

3.2.1 检索工具

每一个检索工具,都有其特定的文献信息收录范围、检索途径与检索方法。检索工具的选择,对检索词的确定以及检索提问式的编制起主导作用。文献收录范围是检索工具的最基本特点,其出版时间和所概括的内容范围是否包括检索课题的内容,以及质量和权威性如何,是在使用检索工具前必须了解的基础知识。

1. 检索工具的功能

文献检索的最终目的通常是获取原始文献、全文信息。从检索工具的功能出发,检索类型可分为三种:事实检索、目录检索、文摘索引检索。各类检索分别由其对应的检索工具(事实检索工具、书目检索工具和文摘索引工具)来完成,事实检索给出直接、确定性的检索结果;目录检索、文摘索引检索是间接的、相关的检索,给出文献来源的线索。各类检索在检索流程各个环节上起不同的作用,它们之间的关联体现在检索过程中,如图 3-3 所示。

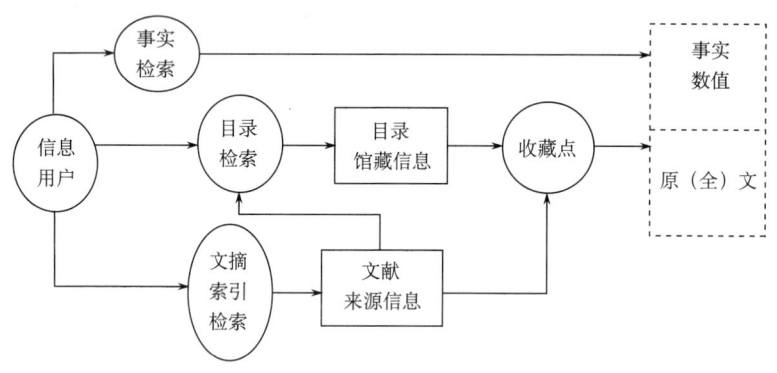

图 3-3　各类检索的作用及关联关系

这些工具分别对应计算机检索系统的事实数据库、书目数据库、文摘和索引数据库。事实数据库一般属源数据库(Source Database),而书目与文摘和索引数据库则属参考数据库(Reference Database)。目前广泛应用的是全文检索工具,它以文献所含的全部信息作为检索内容,即检索系统存储的是整篇文章或整部图书的全部内容。全文检索是当前计算机信息检索的发展方向。

2. 传统检索工具

在网络没有普及之前,检索主要借助于传统检索工具,即纸本或者卡片式的书目检索工具来完成。书目检索以文献线索为检索对象,检索系统存储的是二次文献,信息用户通过检索获得的是与检索课题有关的一系列文献线索。书目检索工具是按文献著录的特点进行分类的。著录是对文献的外部特征和内容特征进行分析、处理和记录的过程。

3. 信息检索与检索工具的发展演化

国内外最早的检索方式均为手工操作,包括纸质文献的检索和缩微式检索。我国最早的检索工具是西汉刘向、刘歆父子整理编撰的摘要性书目《别录》和《七略》。世界上第一种文摘性科学期刊是 1665 年 1 月 5 日在巴黎创办的《学者周刊》;20 世纪 50 年代中期～60 年代中后期是信息检索的脱机批处理阶段;20 世纪 70 年代卫星通信技术、微型计算机以及数据库技术的同步发展,实现了国际联机检索的兴盛;20 世纪 80 年代,在计算机技术、激光技术等现代新科技成果的基础上通过检索软件,利用计算机和光盘驱动器进行检索;20 世纪 90 年代,随着互联网的迅速发展及超文本技术的出现,计算机检索由此进入网络检索阶段。信息检索工具和技术的发展趋势是逐渐适应人脑的思维方式,朝着智能、高效、快速而灵活的方向发展。

同样,检索工具也是随着信息检索技术的不断发展而发展的。随着时间的推移,有些检索工具现在不再使用了;而一些知名的检索工具如《工程索引》(EI)、《科学引文索引》

(SCI)等，则随着时代和主流技术的变化，分别提供印刷版(Print)、光盘版(CD-ROM)、网络版(Web)、联机版(Online)等多种方式。虽然是同一检索工具，但各个版本在收录范围、检索性能方面各不相同，一般来说，印刷版与光盘版的内容基本相同，网络版与联机版的内容基本相同，但光盘版与网络版的内容差距较大。

在使用传统的检索工具时，要注意查看提供数据的时间范围，大部分文摘检索工具都将数据进行了回溯，能查到较早的数据，如果数据没有回溯到检索者需要的时间范围，则需要使用印刷本或国际联机。

提示：直到20世纪90年代初，各个图书馆和大多数信息机构基本上都采用手工检索，之后开始采用光盘检索，而网络检索广泛兴起于20世纪的末期。大家如果反向思维一下就知道，如果要查20世纪80年代的信息，可能还是需要当时的手工检索工具或者光盘检索。目前的网络检索系统提供的检索数据，也大多是1995年以后的数据，仅有部分检索系统将以前进行了补充。在检索中应该注意查询文献的起止日期。

【案例3-3】在2005年接受一份检索委托，查询国外关于"长大隧道通风防火"的研究，按检索10~15年的查询惯例，当时用光盘检索、网络检索查到的东西会很少，用户不满意。后来将检索年限增加到30年，并采用印刷版《工程索引》进行手工检索，检索发现该研究在1975~1995年有大量的研究成果，仔细研究发现，当时建英吉利海峡隧道（长大隧道，长51km），是该文献出现的高峰期。

【案例3-4】SCI(光盘版)收录的期刊范围有3000余种，网络版收录的期刊范围超过7000种。一般情况下，光盘版收录的论文包含在网络版中。中国科学技术信息研究所依据网络版数据进行科技论文产出统计。Ei Compendex Web(网络版)是《Ei Compendex》(光盘版)和《Ei PageOne》合并而成的Internet版本。其数据来自5100余种工程期刊、会议文集和技术报告。其中《Ei Compendex》(光盘版)收录2600余种。

3.2.2 数据库

信息检索系统中的数据库，是指由计算机处理的一定数量同类信息的有序集合，既是信息源，又是检索对象。信息对象为文献信息的数据库，则称为文献信息数据库；能够在互联网上提供Web查询、检索的数据库，则称为在线数据库或网络数据库。

1. 数据库分类

(1) 按收录文件类型可分为图书数据库、期刊数据库、会议论文数据库、学位论文数据库、专利数据库、标准数据库、产品数据库、报刊数据库等。

(2) 按收录的内容划分为(表3-6)书目数据库、文摘型数据库、全文型数据库、数据型数据库、事实数据库、多媒体数据库等。目前，部分文摘型数据库与全文型数据库可实现链接。

表3-6 按收录的内容划分的数据库类型

分类	特点	举例
书目数据库	存储的是二次文献，包括文献的外部特征、题录、文摘和主题词，检索结果是所需文献的线索而非原文	《四库全书总目提要》、WorldCat
文摘型数据库	以单篇文献为单位，著录一次文献的题名、作者、来源和内容摘要。其收集范围广、语种多、文献类型多，便于全面掌握某一专题或研究领域文献状况及最新研究成果	剑桥科学文摘(CSA)数据库、美国化学文摘(CA)数据库、科学文摘(INSPEC)数据库、美国生物科学(BP)数据库等

续表

分类	特点	举例
全文型数据库	存储的是原始资料的全文。全文检索可以直接获取原始资料，而不是书目检索时的线索，提高了用户的检索效率	CNKI 学术期刊全文数据库、ScienceDirect 期刊全文数据库等
数据型、事实数据库	内容是特征型知识，如某概念的确切含义、某概念的背景知识等	词典、百科全书、手册、年鉴、图表、指南、名录等
多媒体数据库	图像(多媒体等)	新东方多媒体数据库

(3)按数据库收录的学科范围划分为：专业性数据库和综合性数据库。专业性数据库是收集某个学科文献资料的数据库，详细完整的专业信息极具针对性；综合性数据库是收集多个学科文献资料的数据库，其加工深度不及专业性检索工具，检索途径少。

注：近年来多媒体数据库正逐渐增多，如 KUKE 数字音乐图书馆、超星名家讲坛、中经视频、知识视界、公元图片等。

2. 数据库的结构

数据库一般由字段、记录、文档组成。

(1)字段(Field)：是对实体的具体属性进行描述的结果，是比记录更小的单位，是组成记录的数据项。一条记录的常见字段通常包含题名字段、著者字段、主题词字段、文献出处字段(如刊名)等多种字段。

(2)记录(Record)：描述一篇文献的所有字段组成一条记录，是对某一实体的全部属性进行描述的结果，是构成数据库的一个完整的信息单元。每条记录描述了一条原始信息的外部和内部特征，如一篇论文、一件专利、一本图书、一个标准的相关信息，都能够成为文档中的一条记录。书目数据库中的一条记录相当于一条文摘或题录，其他类型数据库中的记录可能是一种治疗方案、一组理化指数等。

(3)文档(File)：一段时间或某一主题范围内的记录集合构成数据库文档。

3. 如何了解一个数据库

关于如何了解一个数据库，如表 3-7 所示。

表 3-7 如何了解一个数据库

考察内容	内容特征	案例(如超星数字图书馆)
服务形式	Web、光盘、联机检索、单机	以 Web 形式提供服务
链接地址，有无镜像	校内、国内、国外	校园内或某地区内
涵盖范围	包含哪些学科或主题	所有学科
数据量	拥有多少记录	66 万本
可使用数据量	购买可以使用的记录数	全部
文献类型	有无全文	电子图书，全文
收录年代	收录文献的时间范围	20 世纪 80 年代至今
文种	收录记录是何种语言，界面是何种语言	中文

续表

考察内容	内容特征	案例(如超星数字图书馆)
更新频率	更新时间的长短,是每月还是每天	每天更新
访问模式	口令、IP 控制,还是免费自由使用	IP 控制
其他信息	帮助信息、出版者、发行者、在同行中的地位	最大的中文电子图书数据库

提示:数据量是判断一个数据库优劣的最重要指标之一,但这个指标随着数据库更新和发展是时刻变化的。例如,期刊数据库,不仅里面的论文篇数在变,收录的期刊数量也在不断变化,有的是新收录,有的被剔除,所以后面章节介绍数据库提到的数据量仅供参考。可使用数据量是指针对一个数据库只购买其中部分专题与年限的记录,如 CNKI 的期刊全文数据库很多图书馆都没有购买农学和医学部分,有的没有购买 1994 年前的数据。

4. 如何获取数据库的服务

(1)向有使用权的单位获取服务。例如,一般图书馆都有电子资源或者数据库列表,即由图书馆自主开发的或者已经由图书馆统一购买的,全校师生在合法 IP 地址内都可免费使用。

(2)个人直接向数据库服务公司申请账号。国外有多家专门提供数据库服务的公司,个人可以向这些公司申请账号(有的可网上申请,有的必须当面申请),从而获得数据库服务。国内的中国知网、超星、万方都可以通过个人购买账号进行使用。

提示:试用数据库是指在图书馆订购该网络数据库之前,要求数据库生产商向其提供的一个月或几个月的免费使用期。

3.2.3 信息检索系统

信息检索系统是指根据特定的信息需求而建立起来的一种有关信息搜集、加工、存储和检索的程序化系统,其主要目的是为人们提供信息服务。计算机信息检索系统包括计算机、数据库、管理软件和通信网络检索终端,数据库是其核心。手工检索系统包括书本式目录文摘索引以及各种卡片(穿孔卡片、元词卡片等)。

1. 数据库与检索系统的关系

数据库与检索系统是两个不同的概念。数据库是信息的集合体,是一种信息管理的方式。检索系统是种软件,主要用于检索数据库。一个检索系统可以容纳上百个数据库,并可同时对上百个数据库进行检索。一个数据库可依存于不同的检索系统。

通常说的网络数据库,实际上是指网络检索系统,即通过在网站中嵌入检索系统对数据库进行检索,也可以说是联机检索系统的一种。这在现代是最常见的检索系统。

2. 检索系统的检索方式

检索系统一般提供三种检索方式,即:①浏览式(图 3-4)、超文本式、超媒体检索(Browse);②菜单式检索(图 3-5);③命令式检索(Command Search),见图 3-6。

检索系统三种检索方式的比较如表 3-8 所示。

浏览式检索是通过导航逐步缩小范围,最后检索出某一知识单元中的文章,通过浏览,可对某一学科或专题有一个宏观、全面的了解。

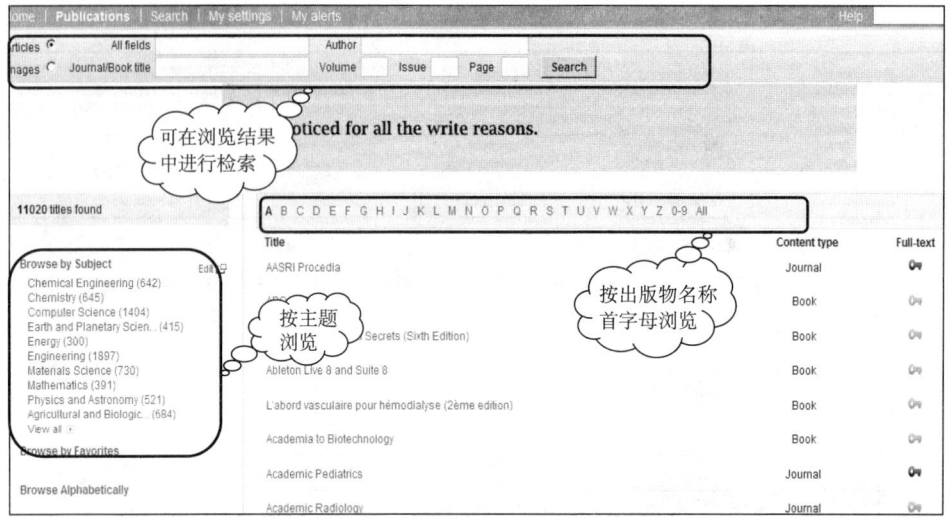

图 3-4 常用浏览检索方式（以 SDOL 为例）

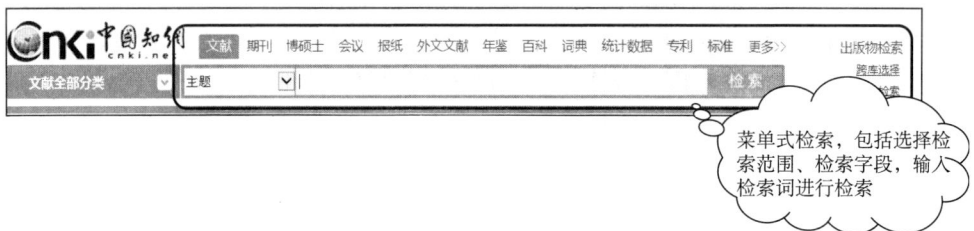

图 3-5 常用菜单检索方式（以 CNKI 为例）

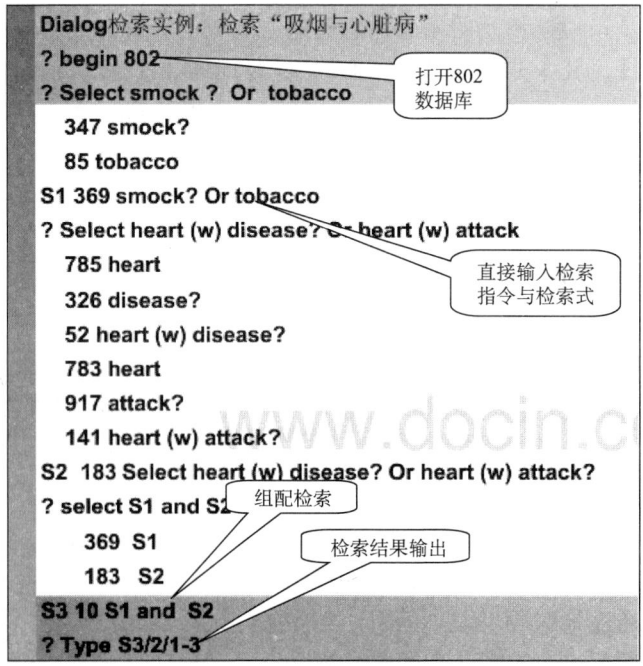

图 3-6 命令检索方式（以 Dialog 联机检索为例）

表 3-8　检索系统三种检索方式的比较

	浏览式、超文本式、超媒体检索	菜单式检索	命令式检索
操作性	在分类的基础上，通过文字或多媒体与相关知识产生链接，从而达到检索目的	是一种操作方便，界面友好的检索方式	需要输入检索式来进行检索。甚至还需要输入一些操作命令
方便性	操作非常简单，人们只需学会使用鼠标和认识汉字即可使用	用户只需输入检索词，根据菜单的指引，通过确定适当的选项和功能键便能完成检索	能清晰地表达复杂的检索内容和要求。但需要检索者熟悉检索技术
使用范围	主要用于浏览某类文献，但是检索结果不够精确，查准率不高	菜单式检索是现阶段最受欢迎的检索方式	命令检索主要用于联机检索系统，一些大型的检索系统都使用命令检索方式
使用方法	根据需求，按题名、字顺、主题、学科或其他逐层打开	菜单检索过程：①检索字段的选择；②检索词的选择，直接键入或在展开的索引词典中选择；③检索词的逻辑组配选择；④输出的选择	检索式由若干检索词组配形成。这些检索词的扩展、限定的字段，它们之间的逻辑关系、位置关系等均可由算符的连接来表示

在菜单检索中一般有基本检索、高级检索功能，有的检索系统还提供专业（专家）检索。检索时，需要在显示页面上的检索框中键入恰当的检索词，每个检索框对应一个字段。有的字段设有可展开的索引词典，提供检索词的选择，有的检索页面上还可有某些限定项（如年代、文献类型、学科范围等）可供选择，如表 3-9、图 3-7～图 3-9 所示。

表 3-9　菜单检索的检索方式

中文名称	基本检索	高级检索	专家检索、专业检索
英文名称	Simple search、Basic search、Quick scarch、Easy scarch	Advance search、Guide search	Expert search
检索字段	对一个字段或两个字段进行检索	可对多个字段进行检索	可对多个字段进行检索
检索式	较简单的检索式，检索结果为用户提供了详细的导航内容，最大范围的选择空间	复杂的检索式，但布尔逻辑检索、字段检索、截词检索、限制检索可以通过检索框提供的检索选择实现	复杂的检索式，布尔逻辑检索、字段检索、截词检索、限制检索需通过一个完整的表达式实现
特点	方便快速，执行效率较高，但会检索出一大批所不期望的结果，需在检索结果中进行二次检索	能进行快速有效的组合查询，优点是查询结果冗余少，命中率高	能进行快速有效的组合查询，优点是查询结果冗余少，命中率高
适用范围	适用于简单查询，不熟悉多条件组合查询的普通用户	适用于命中率要求较高的查询，掌握一定的检索技术的用户	适用于熟悉检索系统，掌握检索技术的用户

图 3-7　常用基本检索方式及输入框（以 ProQuest 为例）

提示：①各个检索系统的检索方式的名称与内容略有差异，有的基本检索就相当于通常的高级检索，高级检索就相当于专家检索，如在美国专利局网站中的美国专利检索的基本检索就相当于通常的高级检索；

②在大部分基本检索中都没有检索字段选择，一般是默认全部字段；有的基本检索提供多检索框，但对每个检索框的输入字段有限制，使用时需注意观察；③检索词的组配关系既可以通过一个检索式直接完成并输入在一个检索框中，也可通过高级检索组配完成；④部分检索系统的检索框可以增加或者减少，操作方式为单击检索框下方的"＋"、"－"或"增加一行"按钮，如中国知网和ProQuest检索平台。

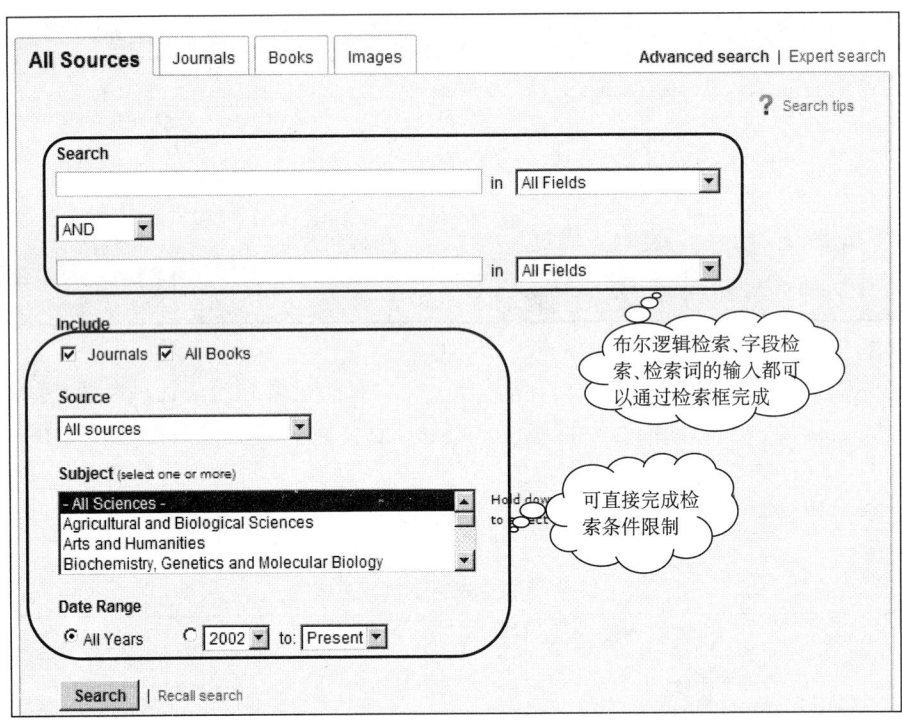

图 3-8　常用高级检索方式及输入框（以 SDOL 为例）

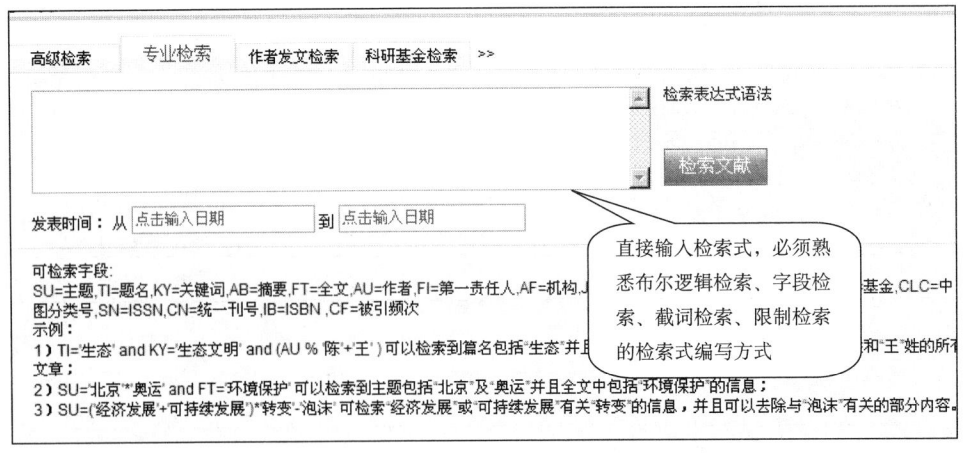

图 3-9　常用专业（专家）检索方式及输入框（以 CNKI 为例）

3.2.4 常用数据库与检索系统

1. "三大"检索工具

目前，通常将美国的 SCI、EI、ISTP 称为世界著名的三大科技文献检索系统，这三大检索工具是国际公认的进行科学统计与科学评价的主要检索工具。在 SCI、EI、ISTP 这三大检索系统中，SCI 最能反映基础学科研究水平和论文质量，该检索系统收录的科技期刊比较全面，集中了各个学科高质优秀论文的精粹，历来是世界科技界密切注视的中心和焦点。

SCI（《科学引文索引》，英文全称为 Science Citation Index）是一部由美国科学情报研究所（Institute for Scientific Information，ISI）出版的世界著名期刊文献检索工具，其出版形式包括印刷版期刊和光盘版及联机数据库，现在还发行了互联网上 Web 版数据库。

EI 是美国《工程索引》（The Engineering Index）的简称。EI 创刊于 1884 年，由美国工程情报公司出版发行。EI 是工程技术领域内的一部综合性检索工具，报道内容包括：电类、自动控制类、动力、机械、仪表、材料科学、农业、生物工程、数理、医学、化工、食品、计算机、能源、地质、环境等学科。

ISTP 是《科技会议录索引》（Index to Scientific & Technical Proceedings）的缩写，现已改名为 CPCI-S（Conference Proceedings Citation Index - Science），也由 ISI 出版。专门收录世界自然科学及技术方面的各类重大会议，包括一般性会议、座谈会、研究会、讨论会、发表会等的会议文献，涉及学科基本与 SCI 相同。

论文进入 SCI、EI、ISTP 等国际检索系统，可以加大论文信息传播的力度、速度和广度，吸引读者，拓宽国内外的读者面，提高论文乃至期刊在国内外的被引频次；引起期刊重视，提高作者论文的采用率；提高作者、期刊、工作单位在国内外的学术地位和知名度。因此，论文被它们收录成为评价个人或者学术机构的一个重要标准，也是大学排名、专业排名的一个重要指标。

对于三大检索工具，鉴于各种版本收录范围不尽相同，以前大多单位的奖励、评价政策一般以光盘版（同印刷版）为准。

三大检索工具收录的期刊和会议主要取自美、英等发达国家，来自发展中国家的很少。因科研水平、语言障碍及不重视引文等原因，中国期刊被收录的数量也不多。

2. 传统知名的检索工具

除"三大"检索工具外，还有其他一些国际上知名的检索工具，见表 3-10。

表 3-10 国际上著名的检索工具

中文名	英文名	简 称	适用领域
《社会科学引文索引》	Social Science Citation Index	SSCI	社会科学
《艺术与人文引文索引》	Arts & Humanities Citation Index	A&HCI	艺术与人文科学
《社会科学与人文科学会议录索引》	Social Sciences & Humanities Proceedings	ISSHP	社会科学与人文科学
《化学文摘》	Chemical Abstracts	CA	化学、材料

续表

中文名	英文名	简 称	适用领域
《英国科学文摘》	Information Service in Physics Electronics Technology and Computer & Control	INSPEC	物理学、计算机科学、控制学
《生物学文摘》	Biological Abstracts	BA	生物学
《文摘杂志》	Abstract Journals	AJ	综合(俄罗斯)
《科学技术文献速报》	Japan Information Center Science and Technology	JICST	综合(日本)

3.2.5 引文与引文检索系统

引文是指一篇学术论文中所引用的参考文献，通常以脚注或尾注的形式出现。

1. 引文索引与引文检索

引文索引，是根据文献之间的引证关系按一定的规则组织起来的一种检索系统。它以科技期刊、专利、专题丛书、技术报告等文献资料所发表的论文后所附的参考文献(引文)的作者、题目、出处等项目，按照引证与被引证的关系进行排列而编制。引文检索以检索参考文献为出发点，根据文献的引用关系，找到引用文献。引文数据库中的所有文献都与其他文献具有引用或被引用的关系，引文检索就是通过这些关系检索到文献。

2. 引文的作用

通过引文检索，用户可以用一篇文献、某一作者、某一关键词作为检索词，检索这些文献被引用的情况。了解引用这些文献的论文所做的研究工作，用户可以轻松地回溯某一研究文献的起源和历史(Cited References)；或者追溯其最新的进展(Citing Articles、Related Records)，既可以越查越旧，还可以越查越新，越查越广。检索者通过被引文献检索，可以发现谁在引用自己的研究(或者自己感兴趣的研究)，以及自己的研究如何用来支持当前的研究。引文可用来跟踪同行和竞争对手的研究活动，检索一个想法、概念或一个方法，从而找到难以用几个关键词来表达的有关课题的相关文献。在很大程度上，引文的水平高低决定了自身研究起点及论文水平的高低。

3. 常用引文数据库

(1) WoS(Web of Science)(http://isiknowledge.com/wos)：最权威。

(2) Scopus(http://www.scopus.com)：最大、收录最广。

(3) CSSCI(http://cssci.nju.edu.cn)：最大的社会科学类中文引文数据库。

(4) CSCD(http://sdb.csdl.ac.cn)：中国科学引文数据库。

(5) Google 学术搜索(http://scholar.google.com.hk)：最方便。

4. 引文(参考文献)的选取方法与原则

对引文的选用可反映出作者的学识、判断能力甚至学风。因此，应尽量选择重要成果和论文主题密切相关的文献，尤其是该领域的关键文献与开创性文献不应漏选。在参考文献的引用中应遵循以下原则。

(1) 所选用文献的主题必须与论文密切相关，可适量引用高水平的综述性论文以概括一系列的相关文献。

(2) 所选用的论文必须是亲自阅读过的,若为间接引用即转引自某篇论文的引文,则需要提及其具体出处。

(3) 尽可能引用已公开出版且便于查找的文献,即同等条件下应优先引用著名期刊上发表的论文。

(4) 同等重要的论文要优先引用最新发表的。

(5) 一般不引用专利和普通书籍(如大学本科生教材等)。

(6) 避免过多地,特别是不必要地引用作者本人的文献。

(7) 确保文献各著录项(作者姓名、论文题目、期刊或专著名、期刊的年/卷/期或专著的出版年、出版地、出版社、起止页码等)正确无误。

3.3 计算机检索技术

检索技术,是指利用光盘数据库、联机数据库、网络数据库、搜索引擎等进行信息检索,采用的相关技术,主要包括布尔逻辑检索、截词检索、字段检索、词位置检索、加权检索等。

3.3.1 布尔逻辑检索

所谓布尔逻辑检索,是用布尔逻辑运算符将检索词、短语或代码进行逻辑组配来指定文献的命中条件和组配次序,用以检索出符合逻辑组配所规定条件的记录。它是计算机检索系统中最常用的一种检索方法,布尔逻辑运算符有三种,即逻辑与、逻辑或和逻辑非,如表 3-11 所示。

表 3-11 布尔逻辑运算符及其作用

名 称	表达形式	检索式	图 示	作 用
逻辑与	AND、*、与、并且、并含	A AND B	A AND B	缩小检索范围
逻辑或	OR、+、或者、或含	A OR B	A OR B	扩大检索范围
逻辑非	NOT、−、非、不含	A NOT B	A NOT B	缩小检索范围

提示:①逻辑运算符 AND/OR/NOT 的优先顺序是 NOT>AND>OR;②中文数据库组配方式常用符号,英文数据库组配方式常用字母;③搜索引擎通常以"match all terms"表示逻辑与,以"match any term"表示逻辑或,以"must not contain"表示逻辑非。

3.3.2 截词检索

截词检索是指用给定的词干作为检索词,用以检索出含有该词干的全部检索词的记录。它可以起到扩大检索范围、提高查全率、减少检索词的输入量、节省检索时间等作用。检索时,当遇到名词的单复数形式、词的不同拼写法、词的前缀或后缀变化时均可采用此方法。

截词的方式有多种。按截断部位可分为前截断、后截断、中间截断、前后截断等;按截断字符的数量,可以分为有限截断和无限截断。各检索系统使用的截词符号各不相同,有*、?、$、%等。为了叙述方便,在此将?定义为表示截断一个字符,将*定义为表示截断无限个字符。

(1) 前截断:截去某个词的前部,进行词的后方一致比较,也称后方一致检索。例如,输入"*logy"能够检出含有 biology、technology 等词的记录。

(2) 后截断:截去某个词的后部,进行词的前方一致比较,也称前方一致检索。例如,输入"integra*"能够检出含有 integral、integrate、integrated、integrating、integration、integrative、integrator 等词的记录。

(3) 中间截断:截去某个词的中间部分,进行词的两边一致比较检索。例如,输入"rac??et"能够检索含有 racquet、racket 等词的记录。

(4) 前后截断:截去某个词的前部和后部,进行词的中间一致比较检索。例如,输入"*chemi*"可以检出 chemical、chemistry、biochemical 等词的记录。

注:不同的检索系统所用的截词符不一样,使用前应先查一下帮助或检索提示(tips)加以确认。

3.3.3 字段检索

字段检索是指将检索词限定(Within)在某个或某些字段中,用以检索某个或某些字段含有该检索词的记录。限制检索字段通常有两种方式。

(1) 通过下拉菜单选择检索字段。此时,字段名一般用全称表示,如题名、摘要、Title、Abstract 等。

(2) 输入检索字段符限定检索字段。此时,字段名一般用字段符表示,各检索系统的字段符各不相同。检索字段符是对检索词出现的字段范围进行限定。执行时,机器只对指定的字段进行检索,经常应用于检索结果的调整。常用的检索字段见表 3-12。

用户在利用搜索引擎检索信息时,可以把查询范围限定在标题、统一资源定位地址或超链接等部分,这相当于字段检索。例如,检索式"intitle:mp3"表示检出网页标题名称中含有"mp3"的网页。

【案例 3-5】要查询高波教授发表的文章,就应将"高波"限制在"作者"字段,如果要查询高波教授指导研究生的毕业论文,就应将"高波"限制在"导师"字段。又如要检索关于研究老舍的论文,输入"老舍"时必须选择途径为"标题"或者"关键词",不能选择作者途径。这是因为"老舍"在这里是被研究的对象而不是论文的作者。

表 3-12 常用的检索字段

字段全称	中文名称	简称	字段全称	中文名称	简称
Title	标题	ti	Journal Name	期刊名称	jn
Abstract	文摘	ab	Source	来源出版物信息	so
Keywords	关键词	ke	Language	语种	la
Subject/Topic	主题词	DE	Document Type	文献类型	DT
Author	作者	au	Publication Year	出版年代	py
Full-text	全文	FT	Document No	记录号	DN
Corporate Source	单位或机构名称	co	Country	出版国	co

注：各数据库基本检索字段标识符号不完全相同，所以在使用前必须参考各数据库的使用说明

选择的字段不同，得到的检索结果也会不同。选择全文字段，得到的检索结果的数量最多，但相关度最低；选择题名和关键词字段，得到的检索结果的数量最少，但相关度最高；选择文摘字段，得到的检索结果则介于两者之间。通常用核心概念、前提概念限定篇名、关键词；用次要概念、集合概念限定主题、文摘。需要注意的是限定文摘字段，会漏检没有摘要的论文。

提示：（1）信息检索应该是多种途径的组合，尤其是主题途径与分类途径的组合，往往能同时达到"检全"与"检准"，只有特定情况才用单一途径，如知道一篇论文标题，需寻找全文，可直接用论文标题名称在题名字段检索。

（2）有的检索系统会提供"全字段（All Fields）"检索，它是在文献记录的所有字段中查找，检索出任一字段中出现检索词的文献。

（3）如有主题选项，一般情况下选择主题选项进行检索（WoS 和 CNKI 的主题选项包括标题、关键词、摘要），大多数外文数据库直接在字段选项中以 Title/Keyword/Abstract 呈现。

（4）需查找密切相关的文献时，可选用标题字段检索；多个检索词一般情况下首选主题字段组合；命中文献过少时，可选择主题字段和全文字段组合检索。

（5）一般计算机检索系统的基本检索或者简单检索默认的途径是题名或主题或全字段。

3.3.4 词位置检索

词位置检索，是指在检索词之间使用位置算符，来规定算符两边的检索词出现在记录中的位置，用以检索出含有检索词且检索词之间的位置也符合特定要求的记录。

1. 词级位置算符

词级位置算符包括（W）、（N）算符，用于限定检索词的相互位置以满足某些条件。

W 是 With 的缩写，表示其两侧的检索词必须按前后顺序出现在记录中，且两词之间不允许插入其他词，只可能有空格或一个标点符号。其可扩展为 (nW)，n 为自然数，表示其两侧的检索词之间最多可插入 n 个词。

例如，"light（W）rail"，表示 rail 必须紧跟在 light 之后，中间不允许插入其他词，且位置不能颠倒。"light（4W）rail"表示 light 与 rail 之间最多可插入 4 个词，但两个词的位置不

能颠倒。

N 是 Near 的缩写，(N)表示其两侧的检索词位置可以颠倒，在两词之间不能插入其他词。(nN)为其扩展，表示其两侧的检索词之间最多可插入 n 个词。

例如，"computer(N)network"，其检中记录可包含"computer network"或"network computer"。"computer(2N)network"，表示 computer 与 network 之间可插入 2 个词，其先后顺序可以颠倒。

2. 子字段级或自然句级算符

子字段级或自然句级算符，用于限定检索词出现在同一子字段或自然句中，用(S)表示，S 为 Subfield 或 Sentence 的缩写，表示其两侧的检索词必须出现在同一子字段中，即一个句子或一个短语中。

例如，"rapid(S)transit"，即 rapid 与 transit 在同一子字段或一个句子中。

3. 字段级算符

字段级算符，用于限定检索词出现在数据库记录中的某个字段。算符用(F)表示，F 为 Field 的缩写，例如，"air(F)pollution"，表示 air 与 pollution 必须在同一个字段中出现。

提示：中文数据库中位置算符一般通过"精确"或者"模糊"来实现，"精确"表示检索词以完整形式出现，"模糊"表示检索词中间可以插入其他词。外文数据库中要完整匹配，可以用英文状态的(或半角)""将检索词括起来。

3.3.5 加权检索

加权检索是指根据检索词对检索课题的重要程度，事先指定不同的权值。检索时，系统先查找这些检索词在数据库记录中是否存在，再对存在的检索词计算它们的权值总和。凡是在用户指定的临界值(阈值)之上者作为命中记录输出。临界值可视命中记录的多少而灵活地调整。临界值越高，命中记录越少。

搜索引擎通常以"+"和"-"来表示检索词一定在检索结果中出现，或一定不在检索结果中出现，这相当于加权检索。

3.3.6 检索式

检索式是指将各检索单元(其中最多的是表达主题内容的检索词)之间的逻辑关系、位置关系等，用检索系统规定的各种组配符(也称算符)连接起来，成为计算机可识别和执行的命令形式。检索式是检索策略的具体体现，它控制着检索过程。检索式是否合理关系到能否检索到最相关的信息。

针对不同搜索引擎、数据库和不同的信息需求，有不同的检索策略，其检索式的构造也各有不同。设计合理的检索式成为控制和提高检索质量的关键。检索式的表达对一个课题不是唯一的，而是有多种选择、组配、限定的。当检索过于复杂，检索要求难以用一个检索式来表达时，应该采用分步检索或二次检索以提高查准率。

编写检索式时最重要的是注意检索途径与检索词的正确匹配。例如，当选择的检索途径是关键词时，输入的检索词就必须是关键词，如果一个词不能完整地表达检索要求，需要进一步描述，只能添加关键词，用算符来连接它们，而不能用一个句子来代替。

【案例3-6】例如，检索"法律的渊源"的中英文信息，虽然用"法律的渊源"、sources of law 这样的词组能够在一些数据库中实现检索，但是检索量少，严格来说不算是检索式。

特别要区分课题与论文标题的区别，不能进行字面的解析，字面是"与"的关系检索要用逻辑"或"的关系；反过来，有的课题则应该用逻辑"与"的关系。

【案例3-7】例如，研究"法律与经济和政治的关系"的课题，需要检索的信息是法律与经济或者法律与政治之间的关系，因此"经济"与"政治"的关系是逻辑或，不是逻辑与，则检索式"法律*(经济+政治)"比"法律*经济*政治"检索的范围大得多。

【案例3-8】检索"防撞气囊在汽车安全中的应用"，在万方检索平台的检索策略应该是在"题名"或者"关键词"字段输入"防撞气囊"*"汽车"。但是不少学生采用了检索式"防撞气囊+汽车"，这样会检索到许多含有二者之一的论文，因为"防撞气囊"与"汽车"没有必然联系。

在检索式编写过程中，还要注意细节，如用短语检索时，加半角的引号，否则会得到过多的检索结果。注意合理使用词组检索，用好截词符。

【案例3-9】当以 human resource management 作为检索词时，数据库会自动将其拆分成 human AND resource AND management 进行检索，其处理原则是只要同时含有 human、resource 和 management 三个词的文献，就会作为满足条件的检索结果返回。但这些结果中有很大一部分可能都不是关于人力资源管理的。因此，当词组能准确代表某一概念时，尽量选用词组作为检索词，可大大提高查准率；数据库中词组的表示方法一般为：英文状态的双引号(有些数据库支持破折号)把短语引在中间，如"human resource management"或 human- resource-management。

3.4 检索词的选取

在检索过程中，最基本同时也是最有效的检索技巧，就是选择合适的检索词。确定检索词，从广义的角度来看，不仅是"词"，还应包括不同检索途径的检索输入用语，如作者途径的作者名、作者单位途径的机构名、分类途径的分类号，甚至包括邮编、街区、年份等都是检索用词。正确选择检索词是成功实施检索的一个基本环节。

3.4.1 检索词的选取原则

难度最大也最需要人们注意改进的，是主题途径的检索词的选择。这里的主题途径指的是广义上的特性检索途径，包括篇名、关键词、摘要等。

(1)准确性。准确性就是指选取最恰当、最专指意义的专业名词作为检索词，一般选取各学科在国际上通用的、国内外文献中出现过的术语作为检索词；选取检索词既不能概念过宽，又不能概念太窄。一般来说，常出现的问题是概念过宽或者查询词中包含错别字。

(2)全面性。全面性就是指选取的检索词能覆盖信息需求主题内容的词汇，需要找出课题涉及的隐性主题概念，注意检索词的缩写词、词形变化以及英美的不同拼法。

【案例3-10】"铁路货车轴承保持架裂损分析及对策研究"，由于"裂损分析"涉及残余应力与动应力等应力分析；而"裂损"一般不作为关键词；"铁路货车"这个名称学术运用范围较窄。因此可选取的中文检索词为保持架、滚动轴承、铁路车辆、断裂、残余应力、动应力，英文检索词为 cage、ball bearing、rail vehicle、fracture、remains stress、dynamic stress 等。

(3) 规范性。规范性就是指选取的检索词要与检索系统的要求一致。例如，化学结构式、反应式和数学式原则上不用作检索词；冠词、介词、连词、感叹词、代词、某些动词(连系动词、情感动词、助动词)不可作为关键词；某些不能表示所属学科专用概念的名词(如理论、报告、试验、学习、方法、问题、对策、途径、特点、目的、概念、发展、检验等)不应作为检索词；另外，非公知公用的专业术语及其缩写不得用作检索词。特称词也一般不作为检索词。

【案例 3-11】"成德绵产业带现代集成制造系统发展战略和关键应用技术研究"，其中 "成德绵"是特称词，需替换成通用词"区域"，其采用的方法与手段是电子商务，所以选取关键词为"区域""产业带""集成制造""电子商务"。

(4) 简练性。目前的搜索引擎和数据库并不能很好地处理自然语言。因此，在提交搜索请求时，最好把自己的想法，提炼成简单的而且与希望找到的信息内容主题关联的查询词。

3.4.2 检索词的选取方法

检索者需要根据检索需求，形成若干个既能代表信息需求又具有检索意义的概念。例如，所需的概念有几个，概念的专指度是否合适，哪些是主要的，哪些是次要的，力求使确定的概念能反映检索的需要。在此基础上，尽量列举反映这些概念的词语，供确定检索用词时参考。如果遇有规范词表的数据库，在确定检索用词时，一般优先使用规范词。

1. 主题分析法

检索词的选取是用户分析、识别、提炼和归纳信息需求主题的过程。首先将检索主题分为数个概念，并确定反映主题实质内容的主要概念，去掉无检索意义的次要概念，然后归纳可代表每个概念的检索词，同时寻找检索词的同义词与上下位词，最后将不同概念的检索词以布尔逻辑加以联结。

主题概念一般包括研究对象、方法、材料、过程、条件等具有独立检索意义的一些基本概念，可作为检索词选用。研究对象一般有事物、人物、事物的组成成分和组成部分、学科、问题、现象等；方法指对对象因素进行操作时的措施、工艺、手段、方法以及所使用的工具等；材料指构成对象的物质材料；过程一般指各种自然过程、社会过程和生产过程中的运动、操作、演变等；条件指对象因素存在、发展、变化、研究、操作、分类、范围等方面的条件。

主题词的四种变化分别是同义词、上位词、下位词、相关词。同义词是指意义完全相同的词，如 GIS 与地理信息系统；上位词指概念上外延更广的主题词，如水是海水的上位词，液体是海水的上位词，音乐是 mp3 的上位词；下位词指概念上内涵更窄的主题词，如尾气污染、废气污染是大气污染的下位词；幼儿教育、初等教育、高等教育是教育的下位词，相关词是指意义相关的词，如出口和外贸。

在检索中，同义词、近义词是"或"的关系，用上位词即扩检，用下位词即缩检，但若多个下位词都用来检索，相对于一个上位词来说，一般是扩检。

2. 切分法

切分法就是指将用户的信息需求语句分割为一个一个的词。例如，"电动汽车的研究现状及发展趋势"可切分为"电动汽车""研究现状""发展趋势"。

通过主题分析和切分所得到的关键词，需要通过删除、替换、聚类、补充、限定等方法进一步规范。

(1) 删除法。通过主题分析和切分所得到的关键词，在这一过程中，对于一些不具有检索意义的虚词(包括介词、连词、助词、副词等)，过分宽泛和过分具体的不必要的限定词，有些词还存在蕴涵关系，都应该删除，如"作用"、"意义"、"研究"、device、process 和 system 等，范围过于宽泛的词或者有些检索词中已经含有的某些概念，在概念分析中都应予以排除。

【案例 3-12】"电动汽车的研究现状及发展趋势"，通过主题分析和切分得到的词，删除"研究现状""发展趋势"后，"电动汽车"可作为检索词。

(2) 替换法。通过主题分析和切分所得到的关键词，也许偏于模糊、宽泛、狭窄或不可行，不能取得所希望的结果，这时可以引入更明确、更具体、更本质、更可行的概念词来替换。

【案例 3-13】"稀土材料的研制"，通过主题分析和切分得到的词，删除"研制"后，得到检索词"稀土材料"，而用户是研究"钐钴"，因此用更明确、更具体、更本质、更可行的"钐钴"替换"稀土材料"。

(3) 聚类法。即把切分、删除、替换后所得出的关键词按语义概念进行同类合并，将那些可以相互等效、相互替换、相互补充的同义词、近义词、相关词归成一组。

(4) 补充法。通过主题分析和切分所得到的关键词，有些词是缩略词，有些词又是同义词和相关词，对于前者应考虑找出缩略词的来源词组，将两者一并作为检索词，对于后者应补充同义词和相关词(包括上位词、下位词和同位词等)作为检索词。

【案例 3-14】"模拟计算机"可以选取的检索词有"模拟计算机""模拟系统 AND 计算机"。

(5) 限定法。针对一词多义导致误检的问题，需采取限定措施，即增加限定词作为检索词，如检索词"线路"应考虑增加"道路"、"车辆"或"电子"、"无线电"作为检索词。

【案例 3-15】"工程制图 CAI 系列课件的研制"，除选取"工程制图""计算机辅助教学""教学课件"等作为检索词外，应考虑增加"机械制图""画法几何"等作为检索词。

3. 试查相关数据库进行初步检索，借鉴相关文献的用词

为使用户检索更加方便快捷，中国知网、万方数据、ProQuest 等很多系统检索结果中都提供相关检索词作为参考。也有数据库提供了检索词的扩展词、同义词、修正与提示功能。试查相关数据库，可以顺藤摸瓜地扩展、变更检索词。

【案例 3-16】在维普《中文科技期刊数据库》(全文版)中，勾选页面左上角的同义词，输入检索词"土豆"，再单击"搜索"按钮，即可找到和土豆同义或近似的词，用户可以选择同义词以获得更多的检索结果；又如在 ProQuest 检索系统中：输入检索词 job stress，系统会提示一系列的相关检索词，通过提示，可以选择更加合适的检索词。

3.4.3 检索词的选词要点及技巧

为确保检索结果的查准率和查全率，在选取检索词的过程中，需要注意以下要点。

1. 同义词的选取

检索词的全称、简称、俗称、英文缩写及不同拼写方式可以统称检索词的同义词。查全同义词和近义词是提高查全率的关键。在不提供规范词检索的系统中，应列出核心概念

常用的中外文同义词、缩写词以及核心关键词的上下位类词,采用上述词进行检索并从已检出的文献中扩展检索用词,如表 3-13 所示。

表 3-13 检索词扩展举例

注意事项	原词	扩展词
立足规范词,兼顾自由词	胶粘剂	粘固剂、粘合剂、胶结剂、粘结剂、粘胶剂
注意词的全称、简称及缩写字母	乙型病毒性肝炎 KPI	乙型肝炎、乙肝、HBV Key Performance Indicator
查全同义单词的不同拼写方式	fibre	fiber
注意外来词的译写变化	波尔兹曼	玻耳兹曼、玻尔兹曼、波耳兹曼、波尔茨曼
扩展英文检索词的选词视野	检测	test、examine、check
兼顾同义词	维他命	维生素
注意近义词	诗歌	poems、poetry、poesy、韵文
注意错别字	征兆	症兆

2. 隐含概念与隐含词的选取

在分析课题时,不仅仅是题面的拆分,更重要的是对课题的主题概念(特别是课题的隐含主题概念)认真分析,掌握课题的内容实质,概括出能最恰当地代表主题概念的检索词。同时注意用词的通用性、准确性和规范性。挖掘隐含问题与隐含概念的方法有以下几种。

(1) 工具书、CNKI 知识元搜索、超星的读秀搜索等辅助工具了解背景知识。

(2) 阅读初查文献,从篇名、关键词、摘要、原文、参考文献中挖掘隐性词。

(3) 利用自己的专业知识和平时积累的知识或与导师、同学进行交流,挖掘隐性词。

【案例 3-17】"知识产权"一词隐含着"专利权""版权""著作权""商标权"等概念;"垃圾处理"这个题目中,在"处理"这个检索概念上,就要考虑增加"再生""回收""循环"等字面后隐藏的同义词;"煤灰利用"在"利用"这个检索概念上,就要考虑增加"砖""水泥""混凝土""路基"。如果想查找关于"新能源"方面的文献信息,检索词要考虑"新能源""风能""海洋能""地热能""太阳能""氢能""核能"等。

3. 英文检索词的选择

在检索英文文献时,英文检索词选取不准确将直接影响查准率和查全率。下面介绍几种选取英文检索词的方法和技巧供参考。

(1) 从检出的中文文献的英文标题、关键词、摘要、文后的英文参考文献中选词。

(2) 如果知道中文关键词,可以利用百度翻译、Google 翻译或利用一些专门的翻译工具如有道桌面词典、金山电子词典等进行翻译。

(3) 利用 CNKI 工具书及知识元搜索的翻译助手和学术定义功能选词或从中国专利反查英文词;先在国家知识产权局的数据库检索需要翻译的检索词专利,再用检索到的专利"公开号"去检索欧洲专利,就会找到这条专利的英文翻译。自然也就知道检索词的翻译了。

(4) 利用网上百科(维基、百度百科)查词。

需要注意的是，中英文翻译时不一定都能按字面对译。在选择检索词时有些中英文之间可以一一对应，但有很多词却不是一一对应的。

【案例3-18】例如，"网络资源"一词，很多人在检索外文数据库时就选择Net Resources。其实，对于网络资源这个概念，Internet、World Wide Web、Web Resources、Networked Resources、Network-based Resources、Virtual Resources、Online Resources等都可以用来检索这个概念。

4. 采用截词符或截短处理

对于英文词尾的规则性变换或词形的变化，恰当地应用截词检索也是建立检索式时需要充分考虑的策略之一，有时可以得到四两拨千斤的检索效果。中文没有词尾的变换，但却有大量的仅变化修饰性定语的词类，如刺绣、苏绣、湘绣、蜀绣等。如果要查全上位类的刺绣方面的文献，可以把修饰性的定语全部省略。这在特性检索的主题体系当中，可以在一定程度上弥补分类的不足。

【案例3-19】"网络数据库的安全性研究"，其"安全性"包括"安全机制""安全措施""安全模型""安全系统"等，所以在选择检索词时，只需选择"安全"即可。

5. 如果词汇涉及面太广，难以一一枚举，最好用分类号

【案例3-20】检索"工农业废水循环利用"，用中国图书馆分类号表达工业(T)、农业(S)才能保证查全率。而"废水"是比较专指的检索词，也没有形成学科，所以直接作为关键词，不用分类号表达。同时，检索式前面排列范围比较狭窄的检索项如"废水""利用"，后面连接范围较宽的检索项如工农业的分类号，可以提高速度。若用《中文科技期刊数据库》检索，参考检索式为：M=废水*利用*循环* C=(T+S)。

6. 在检索中逐渐优化检索词

选择检索词不是一蹴而就的，从较少的关键字开始检索，尽量简明扼要地描述要查找的内容。在检索过程中，如果没有找到需要的结果，那么所显示的结果很可能会提供有效的提示，可根据提示，反复修正检索词。

7. 在不同的检索环境选用不同的检索词

一些口语化的词在搜索引擎中可以使用，但在数据库中尽量使用规范词与标准词，即注意想要的检索工具中作者的用词习惯。

【案例3-21】检索词在不同检索系统的对比(激光治疗近视隐患方面的知识检索)。

本案例是要通过检索，获取激光治疗近视隐患方面的一般性知识，使用常用的搜索引擎检索，其结果往往是相关公司的广告、新闻等，可靠性、专业性都不强。这时不妨考虑使用图书馆主页的数据库，去了解权威的专家学者的观点，看看他们如何从学术的角度来评判激光治疗近视的安全性的，以便更加全面地了解这方面的信息。但不同的检索策略在不同的系统中效果不同，见表3-14，搜索引擎中"激光*近视*隐患"检索式还可以检索到很多内容，但在数据库中检索不到，因为"隐患"一词不是医学领域标准用语。

表3-14 同样的检索词在各不同检索系统中检索结果的比较

检索式	CNKI检索结果	Google检索结果
激光*近视*隐患	0(篇名途径)	236000
激光*近视*并发症	16(篇名途径)	1070000

3.5 信息检索的需求分析

在生活、学习和工作中，每个人都会产生对各种信息的渴求，这种渴求称为信息需求。只有对信息需求真正了解，才能获得正确的检索结果。需求分析是在问题及其最终解决方案之间架设桥梁的第一步。分析清楚需求间的逻辑关系包括因果关系、依赖关系、主次关系等，需求优先级的排列，就能探索出描述这些需求的多种解决方案，否则对需求内容的任何改进，都将导致信息查询上的大量返工。

3.5.1 信息需求所涉及的通用问题

分析课题是检索的准备阶段，是为了确立查询需求，是整个查询全过程的出发点，包括对课题类型、背景知识、概念及知识体系的分析，并提出拟解决的问题。信息需求的特征及其解决方案如表 3-15 所示。

表 3-15 信息需求的特征及其解决方案

需求特征	解决方案
检索目的	申报课题、开题报告、学术论文、成果查新以及其他需求类型等
所需信息的学科范围	某一学科还是多学科，需找出课题核心内容的主题概念或分类号
结果形式，这是什么类型的文章	简要分析、说明、正式报告、研究论文、口头报告
结果数量，需要多少信息	是一本书、一些文章和书籍，还是一个网站，或者更大量的信息
需要什么样的信息	数据、事实、评论、论文、科技报告、图书、专利、标准、网站
需要出版的哪些类型的信息	学术期刊、杂志、网站、书籍
需要哪一个时间段的信息	当前的消息来源、旧文章还是某一特定时期的信息
所需信息的语种	除了查询中英文文献，是否还需要查询一些小语种的文献
对信息质量有何要求	准确、可靠、完整、全面的信息，还是模糊、零散、片面的信息

3.5.2 用户特征所导致信息需求差异

每个人的知识结构、所处环境和面临的问题都有所不同，由此而产生的信息需求也千差万别。即使面对同一课题，不同身份的人需求的内容也不相同。用户特征及其信息需求差异如表 3-16 所示。

表 3-16 用户特征及其信息需求差异

人员类型	解决的主要问题	需要信息的主要类型	需要信息的主要特点
科学研究人员	"是什么"和"为什么"的问题	理论性较强的原始文献	新颖性、连续性和系统性
管理决策人员	"做什么"的问题	需要少而精、经过浓缩加工的信息	简明性、完整性、客观性
工程技术人员	"怎么做"的问题	专利、标准、技术报告、工程图纸、产品样本及各种实用手册等	要求实用性和准确性
市场营销人员	"怎么办"的问题	竞争对手、时事政策、经济形势	新颖性、准确性、可靠性

3.5.3 不同阶段的信息需求差异

在学术研究过程中,研究人员在课题设计、课题实验(试验)、成果发表、论文写作等不同阶段的信息需求也会不同,如表 3-17 所示。

表 3-17 不同阶段的信息需求差异

阶段	课题设计	课题实验、试验	成果发表、论文写作
需求特征	基本知识、信息背景、论证信息	特定信息、知识点跟踪	全面论证、分析信息与研究
需求内容	通过概览性资料了解背景知识、明确信息需求;可通过查询网页、报道、论坛、博客、百科全书、专著、综述等获得	需求准确信息;可通过查询标准、专利、文摘数据库、全文数据库等获得	需求全面信息与权威信息;可通过查询引文数据库、文摘数据库、全文数据库等获得

3.5.4 信息需求类型和文献类型的对应关系

在对课题进行主题分析后,可以从课题的性质和需要确定所需信息的文献类型。不同类型的信息需求及其对应的文献类型如表 3-18 所示。

表 3-18 信息需求类型及其对应的文献类型

信息需求的类型	解决需求的文献类型
大众化、常识性	报纸、杂志、搜索引擎
新闻、娱乐、财经	各种门户网站
尖端技术	科技报告
基础理论性探讨	期刊论文、会议论文
技术革新	专利文献
产品定型设计	标准文献及产品样本

3.5.5 信息需求与信息检索的对应关系

一般情况下,大部分的信息需求,最后会转化为信息检索的行为。信息检索人员认识到的信息需求不同于客观信息需求。由于主观因素、专业知识、认识能力等的差异,检索人员有可能对信息需求产生错误的或片面的认识,或者是对认识到的问题存在表达障碍。也就是说,有时候用户能够正确地表达出来的信息需求,与其客观信息需求之间存在着相当大的差距。这些因素都会导致信息检索策略的不准确或检索结果的失败。信息需求及其对应的信息检索类型如表 3-19 所示。

表 3-19 信息需求及其对应的信息检索类型

检索类型	需求特点	检索特点	适用类型	重点文献
普查型	需要全面收集某一主题的文献资料	需求带有普查、追溯的特点，要求高的查全率	立项、综述、申请发明、编写教材、进行基础理论研究的用户	专利、期刊及会议论文、科技报告、各类综述等
攻关型	需要收集有关特定方面的文献资料	具有专指性的特点，要求尽量高的查准率	科研、生产中需要解决某一关键问题的用户	专利、期刊和会议论文、产品说明书、标准
探索型	需要了解和掌握某一领域的最新研究动向或研究成果	信息需求具有及时的特点，要求检索结果尽可能"新"	研究、开发和应用新技术、新理论的用户	期刊及会议论文

3.5.6 特定信息的需求

在信息需求中，有时会存在需要某特定信息的情况，包括：①某一特定内容（如某一历史事件、某一分子结构、某一数据等）；②某一特定作者发表的文献；③某一特定文献类型（如图书、专利或科学期刊中的综述、科技报告或者政府发表的白皮书等）；④涉及某特定国家、地区、机构的人物或事物；⑤某一特定论文或者专利。对于特定需求，可以采用特定的检索手段，如以需要某一特定论文为例，只要依据文献的著者（作者、编者、译者、专利权人）或题名（书名、刊名、篇名）等典型的已知文献特征或线索，通过"责任者"或"题名"等途径检索查找出该文献，就能够满足该信息需求。

特别提示：大学生的信息需求。

由于我们的培养体制，大学生的主动信息需求不强烈，其实大学生除了考研、求职、毕业设计等常规信息需求，更加应该主动关注自身的信息需求，注意自身能力、视野的培养，首先是能力的培养（图 3-10），如创新能力、团队合作能力、解决复杂问题的能力、全球化素养等这些方面，应该去看一些专业的文章，了解培养这些能力的方法和途径，主动训练，变被动学习为主动学习；其次是关注与自身生活相关的内容，如恋爱或美容，可以查看恋爱的调查统计文章，看看大学生恋爱的影响因素和成功率，便于自己选择；最后是经常追踪自己所属行业的热点问题，看看发展过程和解决方案。

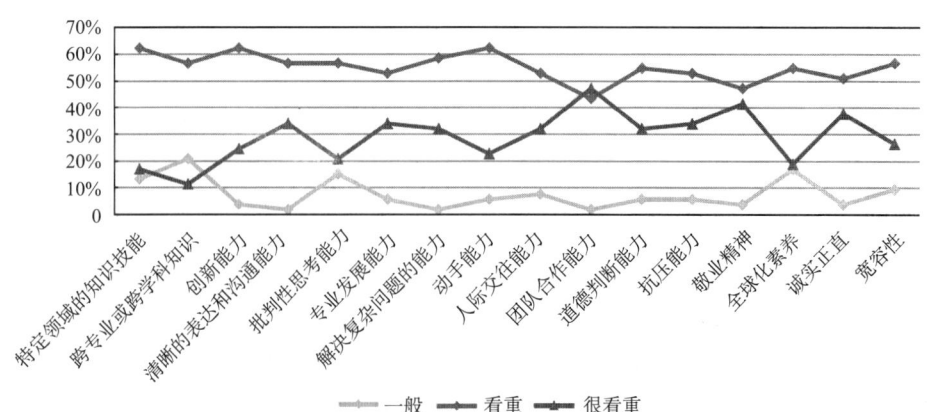

图 3-10 某大学调研用人单位对应聘者各项能力的关注程度

3.6 检 索 流 程

检索流程是从确立信息需求到信息需求满足的全过程。对于不同的检索系统、不同的课题、不同的用户来说,其具体检索流程有所不同。通用信息检索流程一般包括:分析检索课题、选择检索工具、确定检索策略、调整检索策略及获取原始文献等流程,见图3-11。

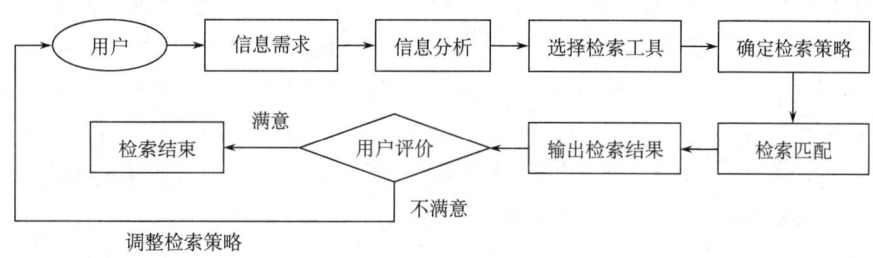

图 3-11 检索通用流程图

3.6.1 分析检索课题,进行信息需求分析

检索开始一定要弄清楚课题的背景,包括对课题类型、背景知识、概念及知识体系的分析,并提出拟解决的问题,以明确课题所包含的概念成分及其相互关系。

3.6.2 选择检索工具

在全面分析检索课题的基础上,对用户要求得到的信息类型、时间范围、课题检索经费支持等因素综合考虑后,从以下几个方面考虑选择检索工具。

(1)可获得性。检索受到可利用的检索工具收藏情况的限制。目前全世界有上千种检索工具;但大部分机构和图书馆收藏的检索工具都相当有限,如果可利用的检索工具不足,则可以利用开放获取资源,如果还是不能满足需求,就必须向其他的文献服务机构申请代检代查。

(2)针对性。选择的检索工具要与检索课题的学科一致,并且尽量选用该学科的权威性检索工具。尤其是在课题鉴定、论文开题、科技查新、专利申请等方面,必须检索该领域公认的权威工具才有效。

(3)全面性。了解检索工具收录的范围,包括时间跨度、语种、类型以及更新周期等是否满足要求;还要考虑区分其不同的版本、覆盖的范围、年限、权限(在收费的资源中,很多生产商会根据用户支付费用的不同,而开放不同的使用年限与权限。因此有时尽管选择的检索工具是正确的,但却不能检索到预期的结果,很可能是使用权限受到了限制)等。

(4)方便性。即所提供的检索途径、检索功能和服务方式是否便利。

(5)完整性。大部分课题使用一种检索工具就可以达到要求,但对于重要的信息收集,如毕业设计(论文)、产品开发、科研项目申报、论文写作,则要多种检索工具综合运用。

3.6.3 确定检索策略

根据待查课题的已知条件、课题检索的深度,以及检索工具本身可能提供的检索途径,选择检索途径、建立检索式并实施检索。

3.6.4 调整检索策略

检索调整的基本目的,就是提高检索结果与用户需求的一致度(这里的需求既可以是用户开始检索时明确表达的需求,也可以是检索过程中的动态需求)。如果检索结果过多或者过少甚至为零,就需要根据命中文献量的多少、命中文献的切题情况等,来决定是扩大检索范围还是缩小检索范围。

提示:一般的检索系统都是按相关度大小显示检索结果的,即把相关度大的排前面,如果最前面的30条结果都不符合要求,则应考虑试用不同的检索词或更换检索系统。

1. 检索结果不理想的原因

调整检索策略之前,首先要分析结果不理想的原因。

若是检索结果输出的篇数过多,其原因可能是:选用了多个多义性的检索词;截词截得过短;输入的检索词太少;应该使用 AND 却用了 OR;优先运算符用错。

若是检索结果输出的篇数过少,其原因可能是:错选数据库;检索词概念错误或拼写错误;检索词过于冷僻或者具体;没有使用截词符;位置算符与字段算符用得过多;使用过多的 AND 算符。选用了不规范的主题词或某些产品的俗称、商品名作为检索词;同义词、近义词或隐含概念没有得到充分考虑,上位概念或下位概念没有得到完整运用等。

2. 扩大检索范围的方法

(1)降低检索词的专指度,可选一些上位词或相关词补充到检索式中。

(2)减少检索词,删去某个不甚重要的检索词。

(3)进行族性检索,可用分类号或采用一组近义词、同义词或相关词并用 OR 连接。

(4)进行截词检索,可以采用后截断、前截断、前后截断等方法。

(5)增加检索途径,如将主题途径与非主题途径结合起来使用。

(6)取消限制过严的前后缀符、限制符。

3. 缩小检索范围的方法

(1)提高检索式的专指度,增加或换用下位词或子概念或专指度较强的自由词。

(2)逐步缩小检索途径的检索范围:全文→主题→文摘→关键词→题名。

(3)有些数据库还能限定期刊范围:全部期刊→重要期刊→核心期刊。

(4)用 AND 连接一些进一步限定主题概念的相关检索项。

(5)用位置算符控制检索词的词间顺序与位置。

(6)增加检索途径如文献类型、语种、地理范围、年代范围、作者或号码作为限定。

(7)利用 NOT 限制不相关的文献的输出。

(8)使用精确运算符"",或选择精确匹配(中文库)。

3.6.5 获取原始文献

(1) 在本地全文电子期刊数据库中获取。检索本校或就近图书馆的馆藏目录或者相应数据库。例如，已经确定所需要的文献所在的数据库，是全文数据库就可以直接检索并下载；是文摘数据库则看其是否收录文献的全文链接，如 Ei Compendex Web、国际博硕士论文数据库(PQDD)等都提供原文服务，可向数据库商提出购买原文申请；如果书目能够查到线索则可手工检索到纸本原文；如检索到图书馆收藏有某一刊物并收藏在某一书库就可直接去复印。

(2) 获得文献著作者的联系方式，直接向原文的作者索取。MEDLINE、SCI 等文摘型数据库均提供作者的 E-mail 地址。

(3) 通过搜索引擎，输入文献标题或出版物的名称，直接找到原文；或者发现文献出处信息，方法是直接输入论文题名(适用于所有文献类型)并把文献格式限定为 PDF。目前很多全文数据库都可以通过搜索引擎直接检索文摘。例如，国内的万方、维普，国外的 SDOL、Springer，直接输入文献名称(期刊名、书名、会议录名称、科技报告名称)，可以直接定位期刊所在库并链接到相应网站，进而浏览原文文摘并决定是否购买。

(4) 利用联合目录，通过文献传递的方式获取。可以利用馆际互借与文献传递系统获取，许多图书馆的 OPAC 检索系统都是开放并可以免费检索的，因此用户在利用本馆的 OPAC 检索系统检索不到所需文献全文时，可以利用他馆的 OPAC 检索系统或中国高等教育数字图书馆的联合目录检索所需文献，在确定文献收藏单位后，再向其提交文献借阅、复印请求，即馆际互借或文献传递请求。

(5) 通过文献检索论坛得到全文，如师生联盟 http://www.sslm2008.com/?fromuid=877。

3.7 检索效果评价

信息检索效果是利用检索系统进行检索所产生的有效结果。检索效果评价是根据一定指标，对实施信息检索活动所取得的成果进行客观科学的评价，以进一步完善检索工作的过程。

3.7.1 检索系统的检索效果

克兰弗登提出了 6 项对检索系统的检索效果指标，包括收录范围、查全率、查准率、响应时间、用户负担及输出形式。其中两个主要的衡量指标是查全率和查准率。这些指标不仅可进行定性的，也可进行定量的评价。

查全率=被检出的相关文献篇数/数据库中的相关文献篇数×100%

查准率=被检出的相关文献篇数/被检出的文献的总篇数×100%

造成检索系统的检索效果不佳的原因主要有以下两点。

(1) 网络环境下信息检索方法主要是关键词检索，其主要考虑的是关键词出现的位置和频率。此方法有两个缺陷：一是检索结果多是在字面上符合用户的要求，实际内容往往偏离用户的实际需要；二是用户输入的检索词稍有偏差，检索系统就无法确定用户的真正需要，因而无法提交正确的结果。

(2) 无法发掘隐性信息，由于一些隐性信息的存在，用户不能及时准确地从繁杂的检索系统中找到自己所需的信息。

3.7.2 用户的检索效果

从用户的角度考虑，可以从检索到的文献的相关性、适用性、新颖性三个方面判断检索效果是否满意。

(1) 相关性。即用户判断检索到的文献信息与实际信息需求之间关系的标准。现实的信息系统是回答用检索式表达后的信息提问。虽然检出的是与信息提问相关的 信息，但不一定是真正切题的信息，用户只有在阅读文献信息后才能对其切题性作出判断。

(2) 适用性。即检索到的文献对用户的实际需要的满足程度或能够给用户带来的效果和产生的效益。

(3) 新颖性。即对用户而言，从检索系统中检出来的、含有新颖信息的文献数与文档中总相关文献数之比。

由于用户的因素而导致检索不满意或者检索效果不佳的主要原因有以下几点。

1. 信息检索思维方法的缺陷

(1) 在自身信息需求的分析上，从始至终都是一个需求，不懂得通过变换检索词、采用相关词或同义词来提出更多需求。

(2) 在具体检索时，以短句为单位，不能很好地切分关键词，找出关键词之间的关系。

(3) 在选择信息来源的时候，习惯采用通用搜索引擎进行检索，对专业数据库检索平台没有主动或优先选择。

2. 对检索工具的选择缺陷

(1) 检索工具倾向搜索引擎，网络上的资源与专业的网络数据库相比，无论是质量还是数量都有很大的差距，仅以搜索引擎来查找文章是非常不可取的。

(2) 忽略摘要数据库，过度依赖全文数据库。虽然检索摘要数据库不能马上得到全文，但是摘要数据库的数据量大、范围广，是查找文章线索极好的检索工具。

3. 信息检索操作方法的缺陷

(1) 在使用具体检索平台的时候，只使用初级检索功能，而没有发现检索平台的高级检索功能和检索限制选项。

(2) 在检索结果的利用上，不善于利用检索系统对检索结果进行分类、分析及对检索策略进行优化调整。

(3) 没有对检索词进行限制，包括字段限制、时间限制、分类限制等；主题概念不够具体或具有多义性导致误检；对所选的检索词截词截得过短。

课堂讨论与活动：信息检索的本质

(1) 规定学生在 10 分钟内用表述特征的关键词填好表 3-20，每一张相当于一条记录(表格的字段可以根据情况设计，但最好不要有姓名字段，以免熟悉的同学对号入座)。

表 3-20　关键词

学号	
性格	形象气质、心理素质、身体素质、性格特点
兴趣与爱好	运动、音乐、冒险、旅游、美食、文体特长
能力	逻辑或形象、创新或创业、团队合作能力、科研能力、沟通能力、协调能力、实践能力、国际视野
阅历或经历	实习和实践经历、社团和学生工作经历、获奖情况、社会义工
规划	工作类型、职业发展

(2) 老师或者活动组织者将所有表格收集起来，再随机分配给每个人一张表，学生拿到的表最好不是自己填好的表。所有表格相当于组成了一个数据库。

(3) 进行检索。每个同学看着拿到的表格，如果检索人提出的词汇和内容在表格中出现，该同学必须站起来，每个检索最多只能在三个栏以内选择，所提词汇必须和表格里的词汇严格匹配，不能按意思理解。例如，要选一个信息检索课代表，要求在"性格"栏里填有"开朗"（填"活泼""外向"等词不能被选中），"能力"栏里填有"组织"，"阅历或经历"栏里填有"干部"（填"班长""团支书"等词不能被选中）；如果检索结果为零，可以调整为："兴趣与爱好"栏里填有"网络"（填"上网""程序"等词不能被选中），"阅历或经历"栏里填有"干部"；选到持有符合该条件表格的同学可以读出该表格所填的学号，拥有这个学号的同学就是符合条件的记录。每个感兴趣的同学都可以进行检索，如检索一个你愿意交往的人，帮同学检索一个朋友，帮某企业招聘人才等。

(4) 评论与讨论。检索的本质是匹配，检索的目标是交流与理解。一是被检索的对象需要被检索人查到，那么他的特征表述必须规范、明确、能够被别人理解、容易识别。扩展思考一下，如果想使简历、论文可以被别人轻易检索到，用词、表述就应该好好斟酌一下；二是检索人在检索时，也要思考检索的目标应该具有的特征以及这种特征的规范表述；三是有的检索无法显示时，不是因为检索本身，而是检索范围的问题。即检索范围太小或检索范围不正确。

(5) 上述提到的这些要点，也是人才招聘和招生考试选拔关注的内容，大家要有目的、有意识去培养这些能力和增加这些阅历，在以后的简历和面试中能够准确表达这些内容。

把这个过程理解清楚，就能领会到检索信息与创造发布信息是一体两面，它们本质上是相通的，以写论文为例，检索论文是为了利用别人论文作为参考创作自己的论文，自己创作论文又是为了给别人提供参考。所以一个优秀的信息检索者也是一个优秀的信息发布者，一个检索论文的高手也会是一个写论文的高手。明白这个道理，就应该把信息检索与信息利用和创造结合起来，起到事半功倍的效果。

第 4 章 搜索引擎

网络就是一个巨大的信息资源库，但要从这个信息海洋中准确、迅速地找到并获取自己所需的信息，却往往比较困难。为了解决这个难题，从 20 世纪 80 年代起，人们就开发了各种网络信息检索工具。搜索引擎(Search Engine)就是网络信息资源检索与利用的核心工具。搜索引擎的出现，逐渐改变着我们的生活习惯和思维方式，很多问题只要"搜一下，你就知道"；很多信息资源只要"搜一下，就可获取"。

4.1 搜索引擎原理与分类

搜索引擎是指根据一定的策略、运用特定的计算机程序从互联网上搜集信息，在对信息进行组织和处理后，为用户提供检索服务，将与用户检索相关的信息展示给用户的系统。

4.1.1 工作原理

搜索引擎作为检索和利用 Internet 上信息资源的中介，其工作原理仍然符合计算机信息检索的工作原理——对信息集合和需求集合进行匹配，它一方面需要从 WWW 信息资源中采集信息，另一方面需要构建与主题搜索相关的索引数据库，提供检索接口，反馈用户所需信息。一个搜索引擎由搜索器、索引器、检索器和用户接口 4 个部分组成，其工作原理如图 4-1 所示。

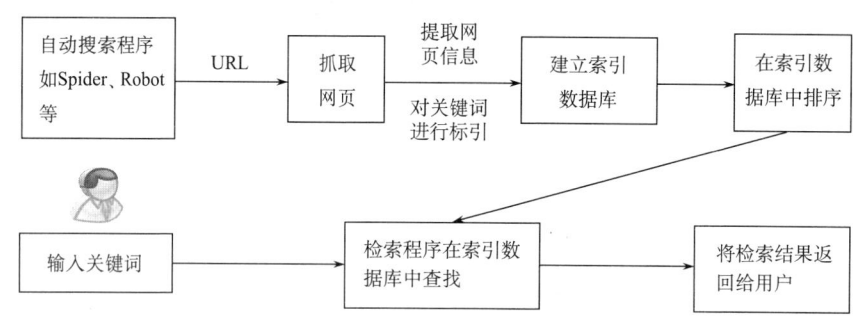

图 4-1 搜索引擎工作原理

搜索器的功能是在互联网上漫游，发现和搜索信息。搜索引擎的自动信息收集功能分为两种：一种是定期搜索，即每隔一段时间，搜索引擎主动派出 Spider 程序，对一定 IP 地址范围内的互联网站进行检索，一旦发现新的网站，将会自动提取网站的信息和网址加入自己的数据库；另一种是提交网站搜索，即网站拥有者主动向搜索引擎提交网址，搜索引擎在一定时间内向其网站派出 Spider 程序，扫描其网站并将有关信息存入数据库，以备用户查询。

索引器的功能是理解搜索器所搜索的信息，从中取出索引项，用于表示文档以及生成文档库的索引表。

检索器的功能是根据用户的查询在索引库中进行匹配，快速检出文档，进行文档与查询的相关度评价，对将输出的结果进行排序，并实现某种用户相关性反馈机制。目前搜索引擎一般使用两种技术来实现信息检索。一种为网站分类技术，即依据主题分类法、学科分类法或者大型的图书分类法建立一个网络分类目录，将收集的相关网站，归入相应级别的类目下，并对每个站点进行简要描述，形成一个树状的分类结构，即总目—子类目—链接—文本，如雅虎之类的网络资源指南就采取这种方法。另一种是网页全文检索技术。通过计算机程序自动遍历因特网，将相关网页收集起来，并扫描网页中的每一个词，建立从字(词)到整个网页的倒排索引。在此基础上，用户使用关键词进行查询，系统将反馈包含该关键词的网页。全文检索技术是关键词式搜索引擎的核心支撑技术。

用户接口的功能是输入用户查询内容、显示查询结果、提供用户相关性反馈机制。主要目的是方便用户使用搜索引擎，高效率、多方式地从搜索引擎中得到有效、及时的信息，用户接口的设计和实现使用人机交互的理论和方法，以充分适应人类的思维习惯。

综上所述，搜索引擎的工作程序可分为四个步骤：信息的采集和存储→索引数据库的建立→检索界面的建立→检索结果的相关性处理。

搜索引擎其实也就是一个数据库，继承了传统文献信息检索技术的精髓，在搜索引擎中很多检索技术依然适用。搜索引擎与其他文献数据库相比，其中一个最重要的不同是搜索引擎通过计算机自动完成信息资源的发现、标引和入库。

但是目前的搜索引擎普遍存在以下缺点：①搜索结果中广告、垃圾网站和死链比较多；②没有统一的网络信息分类标准，令网络用户无所适从，而且网络信息分类难以与传统的文献分类融合，与常见的学科和知识体系之间缺乏必要的内在联系，使得网络信息的分类体系对知识面或学科的覆盖率达不到要求，对专业性较强的深度信息的查全率较低；③对资源不具有选择和价值判断的能力，排序结果不理想，难以搜索动态网页，查全率下降；④与学术型数据库接口少，搜索出的有效学术信息大部分只能浏览目录信息，不能下载全文。

搜索引擎的好坏评判标准除了索引的网页数量，另一个重要的方面是搜索结果的相关性。此外，还可以从查询速度、维护更新、界面是否简单易用等方面进行评判。

4.1.2 根据数据检索内容划分的搜索引擎类型

1) 综合型

综合型搜索引擎在采集标引信息资源时不限制资源的主题范围和数据类型，又称为通用型检索工具。例如，常见的 Google、百度、搜狗，搜索信息种类繁多。

2) 专题型

专题型搜索引擎专门采集某一主题范围的信息资源或某一类型信息，并用更为详细和专业的方法对信息资源进行标引描述。例如，对历史的搜索引擎。专题型检出结果虽可能较综合搜索引擎少，但检出结果重复率低、相关性强、查准率高，适用于较具体而针对性强的检索要求。目前已经涉及购物、旅游、汽车、工作、房产、交友等行业。

(1) 比价购物搜索引擎：http://s.manmanbuy.com。

(2) 微博搜索引擎：http://s.weibo.com。
(3) 旅行搜索引擎：http://www.tripadvisor.com。
(4) 生意定向搜索引擎：http://www.business.com。

3）特殊型

特殊型检索工具是指那些专门用来检索图像、声音等特殊类型信息和数据的检索工具，如查询地图及图像的检索工具等。

(1) CCsearch 无版权素材图片搜索引擎：https://ccsearch.creativecommons.org。
(2) SOOGIF 中文动图搜索网站：http://www.soogif.com。

4.1.3 根据数据类型划分的搜索引擎类型

1）全文搜索引擎

全文搜索引擎是目前广泛应用的主流搜索引擎，国外代表有 Google，国内则有著名的百度。根据搜索结果来源的不同，全文搜索引擎可分为两类：一类拥有自己的检索程序，能自建网页数据库，搜索结果直接从自身的数据库中调用，如 Google 和百度；另一类则是租用其他搜索引擎的数据库，并按自定的格式排列搜索结果，如 Lycos。

2）目录索引

目录索引，顾名思义就是将网站分门别类地存放在相应的目录中。因此用户在查询信息时，可选择关键词搜索，也可按分类目录逐层查找。

目前，搜索引擎与目录索引有相互融合渗透的趋势。原来一些纯粹的全文搜索引擎现在也提供目录搜索，如 Google 就借用 Open Directory 目录提供分类查询。而像雅虎这些老牌目录索引则通过与 Google 等搜索引擎合作扩大搜索范围。在默认搜索模式下，一些目录类搜索引擎首先返回的是自己目录中匹配的网站，如中国的搜狐、新浪、网易等；而另外一些则默认的是网页搜索，如雅虎。这种引擎的特点是搜索的准确率较高。

3）元搜索引擎

元搜索引擎是一种与传统不同的独立搜索引擎，其本身没有搜索引擎的网页搜寻机制，也没有自身独立的索引数据库，而只是定制统一的检索界面，通过调用其他搜索引擎的检索功能来实现网络资源的查询。著名的元搜索引擎有 WebCrawler、Dogpile 等。

搜索引擎使用技巧

4.2 搜索引擎的使用技巧

无论选择哪种搜索引擎，都会涉及一些搜索方法。想在网上快速、有效地获取信息，就要充分了解和利用搜索引擎提供的检索方法与技巧。其中，最主要的就是多使用高级搜索与按类别搜索功能。

4.2.1 使用高级搜索和个性化设置

如果对搜索引擎各种查询语法不熟悉，建议使用集成的高级搜索界面，如百度的高级搜索可以非常便利地进行各种搜索查询(图 4-2)。常用高级搜索栏目包括检索词间组配与检索限制，采用高级检索能使检索目标更清晰，检索结果更符合要求。

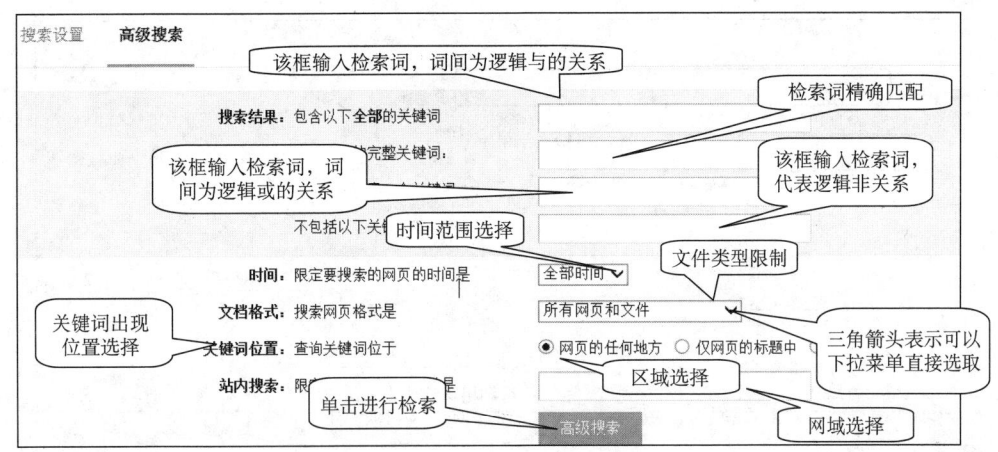

图 4-2　百度高级搜索界面

图片搜索

4.2.2　使用类别搜索

许多搜索引擎都显示类别，一般都将常用类别（如新闻、网页、贴吧、知道、MP3、图片、视频、地图等）列在搜索框的上方或下方，而单击搜索类别后面的"更多"按钮就可以查看非常用类别，如搜狗的"更多"类别（图4-3）。

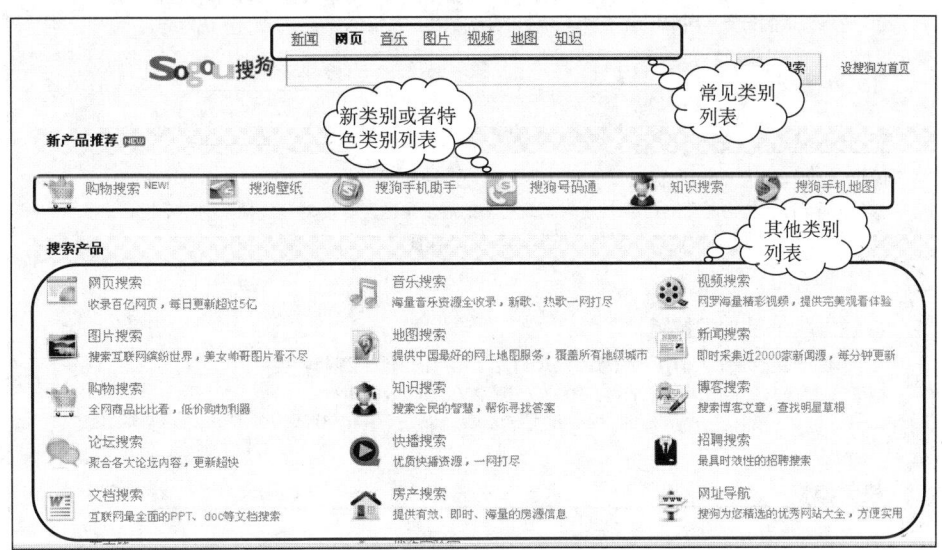

图 4-3　搜狗的网页目录

一般而言，在一个特定类别下进行主题词搜索，所耗费的时间较少，而且能够避免大量无关的 Web 站点出现在检索结果中。

4.2.3　注意搜索返回的结果

搜索结果页面除了搜索到网页或者文件的链接与说明，还有很多有价值的参考信息，如图4-4所示，如果搜索结果不佳，通过对搜索结果页面进行分析，可以进一步修正检索策略。

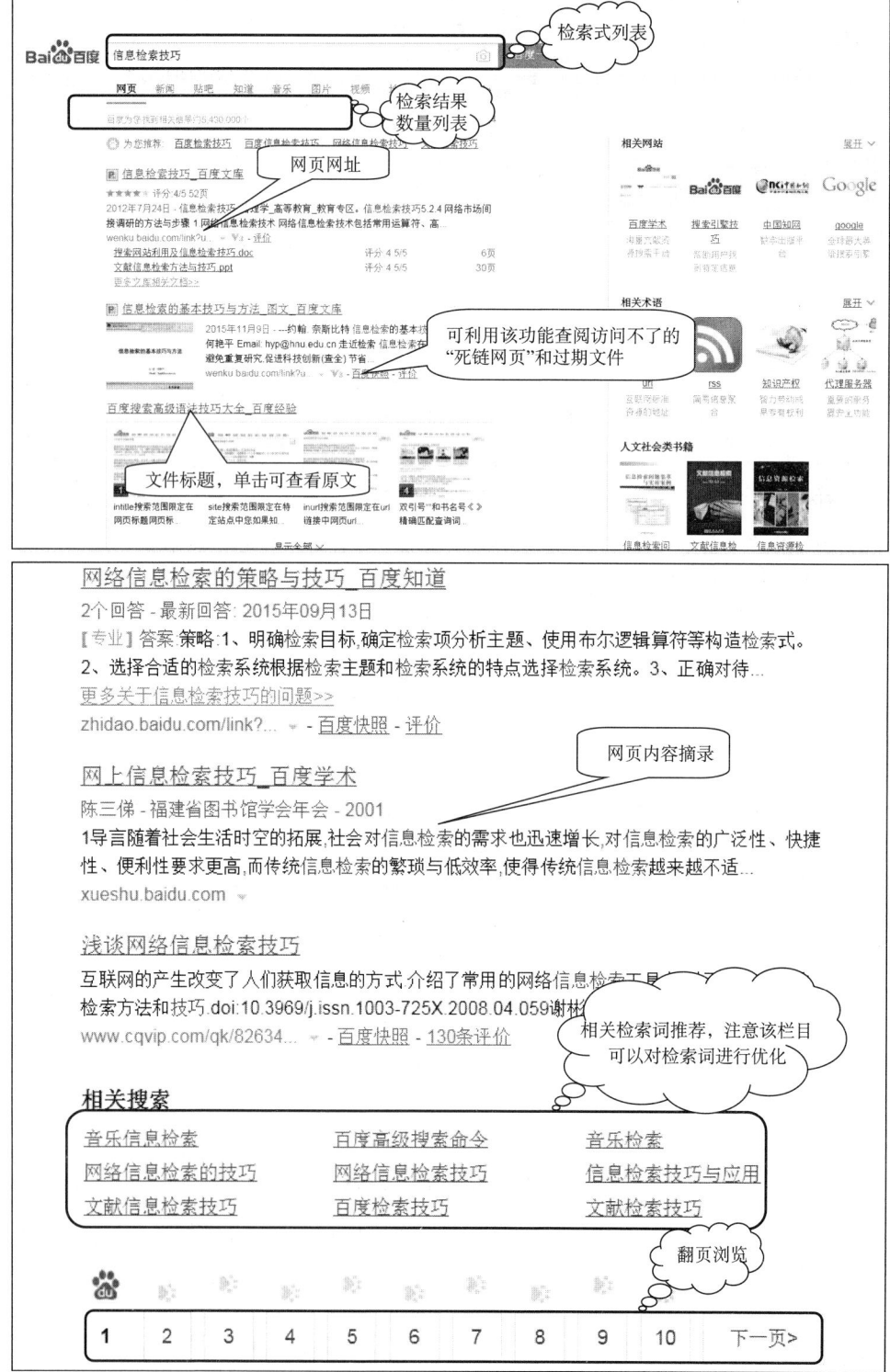

图4-4 百度检索结果界面

4.2.4 注意检索策略的使用

搜索引擎本质上也是一种数据库检索。因此针对数据库的检索策略，对搜索引擎几乎都可以使用，如逻辑组配、条件限制、精确匹配、通配符等。如果检索熟练，可以直接使用表 4-1 的检索策略；如果不熟练，建议多采用高级检索，因为高级检索选项本身就是检索策略的体现。

表 4-1 搜索引擎检索策略组配方式

要 求	策 略	实现方式
组配关系	逻辑与	AND、+ 或者空格
	逻辑或	OR 或者 |
	逻辑非	NOT 或者 -
	精确匹配	用 " " 如 "搜索引擎的基本原理"
文件限制	文件类型	"filetype:" 文件类型，如 filetype:pdf
词的位置	标题搜索	"title:"
	网站搜索	"site:" 或者 "link:" 针对选定网站进行搜索
	网页搜索	"url:" 检索地址中带有某个关键词的网页
词的变化	通配符	用 "*" 和 "?" 代替字符，如输入 "gene*" 可检索出 "gene" "genes"

注意：组配关系符号和通配符各种搜索引擎略有差异，可以看搜索引擎的帮助或者使用系统说明。

4.2.5 注意检索词的选用

目前，搜索引擎不具备智能识别能力，只能针对查询词在现成的数据库中机械地搜寻与之相匹配的搜索词。因此，要准确、高效地查询信息，最关键之处就是要选择合适的查询关键词。选择搜索词是一种经验积累，但在一定程度上也是有章可循的。

1. 反映信息特征

选择搜索词的原则是，首先确定自己所要达到的目标，在头脑中要有一个比较清晰的概念，即我要找的到底是什么？是资料性的文档？还是某种产品或服务？抑或其他？然后再分析这些信息之间的共性，以及区别于其他同类信息的内涵特性；最后从这些方向性的概念中提炼出此类信息最具代表性的关键词。

【案例 4-1】如果想搜索某些期刊的投稿电子信箱，通常的策略是在搜索框内输入 "×××杂志编辑部" 或 "×××杂志电子信箱"，在检索无果的情况下，尤其对一些知名度不高的期刊而言，可以尝试 "×××杂志 email" 或 "×××杂志@" 进行检索。因为任何电子信箱中均有 "@"，"@" 成了查找电子信箱的关键特性。

2. 表达信息要准确

一般而言，搜索词越具体，搜索引擎返回无关信息的可能性就越小。因此，搜索词表述准确是获得良好搜索结果的一个重要元素。常见的表述欠准确的情况是，查询词与主题不相关或者相关但不够简练。与此同时，描述同一信息内容的主题关键字越多，定位目标信息越准确，搜索引擎返回的结果就越精确。

【案例 4-2】想查一些关于山顶洞人的资料，直接输入"查找关于山顶洞人的资料"。这个查询词看似很完整地体现了搜索者的搜索意图，但效果并不好。因为"查找""关于""资料"等都是没有关系、重复或没有实质意义的词，应该去掉。因此，最好的查询词，应该是"山顶洞人 历史"。

因此，提供的词组越精确，检索的结果就越好。所以在提交搜索请求时，应当输入尽可能多的描述信息内容主题的词或词组，并且力求相对精确。

【案例 4-3】如想查找国外有关期货投资基金方面的资料，输入"Funds"无异于大海捞针；"Investment Funds"范围就小一些，当然最好是键入"Futures Investment Funds"，返回的结果会精确得多。

3. 表述信息要多元

有时候，要想使检索结果更加符合自己的需要，可以通过使用多个同义、近义和关联关键字等手段来扩大搜索范围。尤其对于一些非热门信息来说，仅用单个常用查询词搜索，可能返回的结果条目太少。这时就需要增加使用同义、近义关键词和关联关键词来检索，才能达到较为全面而满意的搜索结果。

【案例 4-4】如想查阅申报课题的技巧时可用"申报课题技巧""申报项目技巧""课题申报经验""课题申报指南"等关键词进行检索。再如查找"加热设备"，同时也应把"温度调整设备"一并纳入关键词。

4. 考虑要查找的网页将以什么方式编写，避免使用自然语言

在使用关键词进行检索时，尽量不要用自然语言，即我们平时说话的语言和口气，而要从自然语言中提炼关键词，从而达到搜索目的。一般情况下，只要对问题进行适当的描述，在网上基本上就可以找到解决对策。

【案例 4-5】如要获得相关专业或职业的求职简历，在网上搜索选择关键词时，至少应该出现"专业/职业""简历／求职书"等内容描述。如"英语专业 求职简历""注册会计师 求职书"等。又如不要使用"我的头很痛怎样治疗"，而应使用"头痛 治疗"，因为这才是医疗网页会使用的字词。

4.2.6 其他一些技巧

1. 多个搜索引擎交替使用

面对一些重要搜索时，或者当一个搜索对象在一个搜索引擎没有出现相关结果时，可以采用多个搜索引擎进行搜索。因为每一个搜索引擎只能搜到其网页索引数据库里储存的内容，而各个搜索引擎的能力和偏好不同，所以抓取的网页和排序算法都各不相同。即使一个储存了互联网上几亿至几十亿的网页索引的大型搜索引擎数据库，也只能占互联网上普通网页的 30%以下，不同搜索引擎之间的网页数据重叠率一般在 70%以下。

2. 需要查询经典的翻译时，可以同时使用中外文搜索词

当需要翻译菜单或者名著名段时，只要知道其中一个字或词的准确翻译，就可以搜索出其完整翻译。

【案例 4-6】搜《红楼梦》里"好了歌"的翻译，见图 4-5。

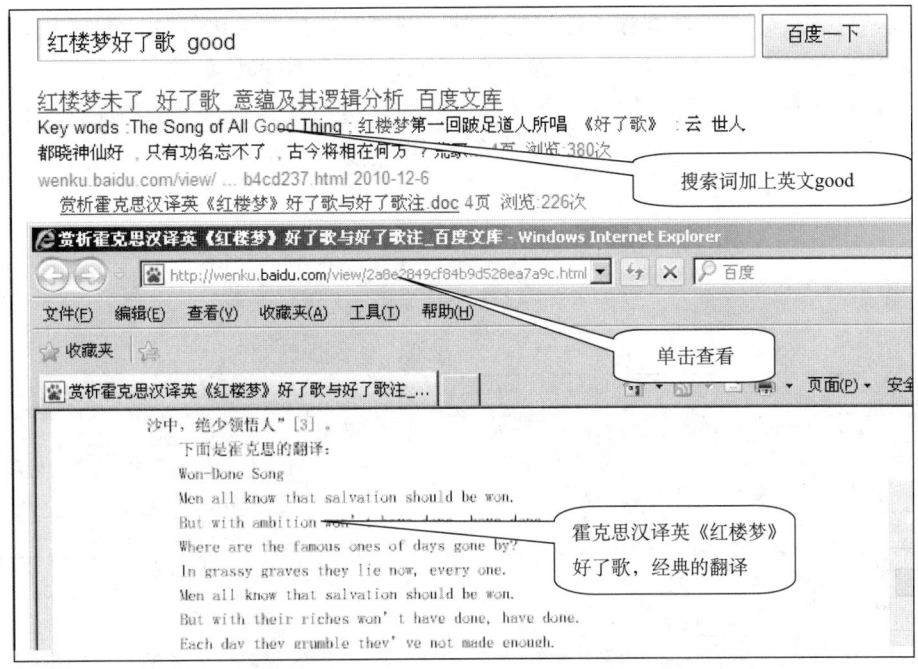

图 4-5　搜索引擎百度 "好了歌" 翻译

【案例 4-7】想将 "土豆烧牛肉" 翻译为英文，只要知道土豆的英文，输入自由词 "土豆烧牛肉 potato"，找到含有土豆烧牛肉的英文翻译的网页即可。

3. 实用信息可直接用搜索引擎解决

网民经常查询的主要实用信息项，包括万年历查询、机票查询、火车票查询、IP 地址查询、手机号查询、星座、天气等，几乎各种搜索引擎都可以直接提供答案或提供链接。

提示：不是互联网上所有的信息都能被搜索引擎搜集。搜索引擎对动态内容，如论坛、数据库内容，以及带框架结构（Frame）的网页检索能力较弱，所以这类信息也不适合用搜索引擎搜索，而是应该去相关的网站寻找，当然，可以用搜索引擎寻找相关网站。

4.3　主要搜索引擎的介绍

百度搜索技巧

4.3.1　百度

百度（http://www.baidu.com）是全球最大的中文搜索引擎。2000 年 1 月由李彦宏、徐勇两人创立于北京中关村，致力于向人们提供 "简单，可依赖" 的信息获取方式。搜索范围涵盖了中国、新加坡等华语地区以及北美、欧洲的部分站点。

(1) 百度翻译提供即时免费的多语种文本翻译和网页翻译服务，支持中、英、日、韩、泰、法、西、德等 28 种常见语言互译，覆盖 756 个翻译方向。用好该功能，就可以检索和阅读世界上大部分网站。方式是：①先用百度翻译将检索词翻译成目标语言的词；②用该词进行检索；③在检索结果页面中找到合适网页并打开；④将该网页网址复制到百度翻译框，对该网页进行翻译。百度翻译还可同时对该网页的链接网页进行翻译。

（2）百度学术搜索，是一个提供海量中英文文献检索的学术资源搜索平台，涵盖了各类学术期刊、会议论文，旨在为国内外学者提供科研体验。具有高级搜索功能，搜索结果可以进行分类筛选。

百度的特色功能简介如表 4-2 所示。

表 4-2　百度的特色功能简介

功　能	介　绍
百度百科	内容开放、自由的网络百科全书，涵盖所有领域的中文知识性百科全书
百度知道	全球最大的中文互动问答平台，通过对回答的沉淀和组织形成新的信息库，其中信息可被用户进一步检索利用
法律搜索	提供了中华人民共和国成立以来中央和地方的各项法律法规条文、法律词语解释等信息，为查找相关法律资料提供便利
学术搜索	是一个提供海量中英文文献检索的学术资源搜索平台，涵盖了各类学术期刊、会议论文
百度贴吧	以兴趣主题聚合网友的互动平台，主题涵盖明星、影视、地区、动漫、游戏等
Flash 搜索	可搜索约五万个 Flash，只需输入关键词，就可以搜到各种版本的相关 Flash
百度数据研究中心	提供汽车、网游、化妆品、房地产、家电、PC、手机、旅游、饮料、银行、基金、教育培训在内的十多个行业的数据分析和数据研究报告
地图搜索	可以查询街道、商场、楼盘的地理位置，也可找到最近的所有餐馆、学校、银行、公园等

4.3.2　360 搜索

2012 年 8 月 16 日，奇虎 360 推出综合搜索，360 搜索（http://www.so.com）主要包括新闻搜索、网页搜索、微博搜索、视频搜索、MP3 搜索、图片搜索、地图搜索、问答搜索、购物搜索，通过互联网信息的及时获取和主动呈现，为广大用户提供实用和便利的搜索服务。特色是软件搜索和良医搜索，如表 4-3 所示。

表 4-3　360 搜索的特色功能简介

功　能	介　绍
软件搜索	360 软件搜索提供数十类超过十万款的软件资源下载。最新发布的软件及版本也将被实时收录和更新。打开 360 软件搜索主页，在搜索框中输入想要查询的内容，然后单击搜索按钮，就可以查看下载的软件
良医搜索	帮助网民在搜索医疗医药信息的时候，不受到虚假医疗广告、虚假医疗信息的侵扰，保障网民放心看病、放心就医。网民还可在搜索结果中直接进行挂号

4.3.3　搜狗搜索引擎

搜狐创立于 1998 年，是中国首家大型分类查询搜索引擎，其采用人工分类技术对所搜集的站点进行分类，并在目录下建立目录树体系，形成独具特色的分层目录系统。搜狗搜索引擎的特色功能简介如表 4-4 所示。

表 4-4　搜狗搜索引擎的特色功能简介

功能	介绍
英文搜索	引入微软必应的搜索技术，为用户提供权威、全面、精准的英文搜索体验。此项搜索服务将对接全球范围内多达万亿的英文信息，为用户找到最精准的英文网页信息及英文学术数据。英文搜索频道提供自动翻译功能，用户可以直接输入中文词语搜索出英文结果
识图搜索	可以帮助用户识别图片中人物，还可能根据用户提供的图搜出它的套图；可以帮用户知道剧照出自哪部电影或电视剧；帮用户辨别网络中流传图片的真伪
微信搜索	微信公众平台搜索引擎是由搜狗推出的针对微信平台的搜索引擎平台，相比那些自动抓取微信公众号文章导航站，搜狗微信搜索更权威，让喜欢关注公众平台账号的用户快速找到自己喜欢的内容
购物搜索	提供商品的检索与分类查找功能，在检索结果中列出品牌、优缺点、评论及其在各个网络商城的价格

4.4　特色搜索引擎介绍

每个搜索引擎都有优缺点，根据不同的需要，应该使用相应的搜索引擎。如果要搜索英文内容，有网友推荐如下：上网随便逛逛就用 DMOZ，平时搜索就用 Google，有问题就问 Ask，要进行特定的主题搜索就用 Search.com。下面是一些国外知名搜索引擎及其特点（表 4-5）。

表 4-5　国外知名搜索引擎介绍

搜索引擎名称	优　点	缺　点
Google (https://www.google.com)	全球最大的搜索引擎，它的学术搜索、图书搜索、翻译、地图搜索都很有特色	国内无法登录
Yahoo (https://www.yahoo.com)	雅虎是最老的"分类目录"搜索数据库，也是最重要的搜索服务网站之一。所收录的网站全部被人工编辑按照类目分类	死链率较高，而且缺少一些应有的高级搜索功能
微软必应搜索 (http://cn.bing.com)	国际领先的搜索引擎，为中国用户提供网页、图片、视频、词典、翻译、资讯、地图等全球信息搜索服务	搜索结果精度、相关度比 Google 稍差
Lycos (www.lycos.com)	提供类目、网站、图像及声音文件等多种检索功能。目录分类规范细致，类目设置较好，网站归类较准确，提要简明扼要。搜索图像和声音功能很强	速度有些慢，在支持逻辑搜索和高级搜索功能方面较弱
Excite (www.excite.com)	搜索结果简明扼要，单击每一摘要旁的图标即可得到类似的相互参考的网页，索引规模大。在搜索结果中，重要的词用高亮度区突出，让人一看便知	搜索出来的结果不能指明其格式或以兆字节数来告知文件的大小
WebCrawler (www.webcrawler.com)	提供分好类的 19 个主题，实现了基于主题的搜索。支持"自然语言搜索"，它抛弃了无意义的词，对其余的词进行模糊的 AND 搜索	它对搜索到的条目不显示文本内容摘要，用户只能看到网页题目和排名
Ask (www.ask.com)	支持自然提问搜索，它的数据库里储存了超过 1000 万个问题的答案，只要用英文直接输入一个问题，它就会给出问题答案	对于主观型问题，不一定能得到较好的答案
Search (https://www.search.com)	适合特定主题搜索，它收集了 800 多种专业搜索引擎和数据库，共分为 15 个大主题	搜出内容以网站为主，需要进一步查看具体内容
知乎 (https://www.zhihu.com)	一个真实的网络问答社区，帮助你寻找答案，分享知识	搜索问题无法按热度排序，没有按时间显示功能

谷歌学术

4.5 学术搜索引擎介绍

(1) Google 学术搜索(Google Scholar)(http://scholar.google.com)。Google 学术搜索包括了世界上绝大部分出版的学术期刊,是可广泛搜索学术文献的简便方法。大多数开放获取论文都可以通过 Google 学术搜索获取。

(2) 百度学术 (http://xueshu.baidu.com/)。提供中英文文献检索的学术资源搜索平台,涵盖了各类学术期刊、会议论文。可检索到收费和免费的学术论文,并通过时间筛选、标题、关键字、摘要、作者、出版物、文献类型、被引用次数等细化指标提高检索的精准性。

(3) Free PDF Search(http://pdf-downloads.net)。它是一个专门的 PDF 格式文档搜索引擎,支持多语言,输入想找的 PDF 文档,单击搜索按钮即可。在搜索的结果中,单击文件名即可下载原文。

(4) FindArticles(http://www.findarticles.com)。Information FindArticles 提供多种顶级刊物的上千万篇论文,涵盖艺术与娱乐、汽车、商业与金融、计算机与技术、健康与健身、新闻与社会、科学教育、体育等各个方面的内容,大部分为免费全文资料,检索操作简单。

(5) CNKI 知识搜索(http://search.cnki.net)。数据涵盖各个学科。可以进行翻译、学术定义、学术趋势搜索。

(6) 万方数据知识服务平台知识脉络分析(http://trend.wanfangdata.com.cn)。以上千万条数据为基础,以主题词为核心,统计分析所发表论文的知识点和知识点的共现关系,并提供多个知识点的对比分析。发现知识点之间交叉、融合的演变关系及新的研究方向、趋势和热点。

(7) cnpLINKer(http://cnplinker.cnpeak.com)。中图公司组织开发了 cnpLINKer(cnpiec LINK service)在线数据库检索系统,即"中图链接服务",目前主要提供约 3600 种国外期刊的目次和文摘的查询检索、电子全文链接及期刊国内馆藏查询功能,并时时与国外出版社保持数据内容的一致性和最新性。

(8) Ebookee 免费电子书搜索引擎(https://ebookee.org)。

(9) SemanticScholar 免费学术搜索引擎(https://www.semanticscholar.org)。

【案例 4-8】查询"宋美龄在美国国会的演讲稿"。

在使用搜索引擎的过程中,首先应该根据检索的目标选择检索工具和检索词。例如,在本案例中,检索内容"宋美龄在美国国会的演讲稿"虽然用中文表述,但演讲稿内容是英文,因此检索词应该选用英文,检索工具也应该选择适合英文搜索的工具。如果需要里面有英汉对照或者文章既涉及英文(如作者名称)又涉及中文,检索词最好既有中文又有英文。如果对检索内容背景不熟悉,可以先搜集一些背景材料。

如果想要直接查找英文原稿、原版等资料信息,最好选择 Google、必应,而且直接键入英文的关键词。通常情况下,对于中国人的姓名,外国人并非使用汉语拼音,而是按照他们自己的习惯拼写,因此先尝试使用"Song Meilin Speech 1943"作为关键词进行检索,在查询的检索结果中可以了解到:宋美龄的英文表述使用的是"Soong Mei-ling"。因而,我们需要调整检索的策略,通过修正检索词,重新检索,输入"Soong Mei-ling 1943 speech"进行再次检索(图 4-6),前面两条结果都可以查找到所需的演讲稿。

图 4-6　必应英文原稿检索结果界面

【案例 4-9】旅游检索案例。

近年来，随着社会经济的整体发展和人民生活水平的提高以及节假日的集中调休，参与旅游的个人与家庭越来越多，利用信息检索进行行程规划与信息收集可以有效提高旅游的满意度，下面是国庆期间，组织四川康定旅游的检索案例。

外出旅游，各方面信息要做好充分的准备，如未来一段时间的天气情况、旅游装备、注意事项，旅游的景点、路线、门票、附近的住宿、行程规划等。这些信息可以选择搜索引擎作为查询工具。

首先了解康定为什么值得去看。只要利用百度搜索引擎，输入检索"康定 简介"，就会查询到有关信息或者用图片搜索输入检索"康定"；了解康定住宿，输入检索"康定 宾馆"；了解特色餐饮，输入检索"康定 小吃"或"康定 餐饮"；如果为了省钱或者方便，还可以找附近的农家乐，输入检索"康定 农家乐"；想到周边去玩，输入检索"康定 周边"或"康定 旅游攻略"。

其次要了解未来国庆放假期间四川康定天气情况如何，可通过手机订制天气预报服务获取信息，也可以通过百度或其他搜索引擎查询获取，如输入"康定 天气预报"，得到相关信息，或直接访问天气网——四川旅游天气预报获得康定天气情况，为出行做好衣物方面的装备准备。

最后要确定旅游时间、机票(或车票)、宾馆预订，可以通过携程网(http://www.ctrip.com)、去哪儿网(http://www.qunar.com)等进行规划，国庆期间，出行人多，一定要提前预订宾馆、机票。

提示：检索有关旅游方面的信息，搜索引擎是最直接、最快捷、最简单的方法，而且信息量大，既全面又准确。也可利用一些专门的旅游网站如"驴妈妈旅游网"或是各地旅行社网站如"成都中国青年旅行社"等查询旅游信息，甚至可以加入各种旅游团的 QQ 群或利用各种论坛、博客、空间了解更为具体、细致、实用的信息。检索方法是将需求或目标细化后作为检索词。

移动搜索与移动阅读

第 5 章 网络信息检索

Internet 拥有极为丰富的信息资源，号称是世界上最大的信息超级市场。然而由于网络信息资源浩如烟海，又具有动态性、分布性、多元性和无序性等特点，网络上存在大量重复的表层信息，给人们查询、检索网络信息带来困难。下面对同学经常利用网络来获取学习及课程信息资料、与朋友交流、在线购物、使用网络参考工具书等方面进行介绍和引导。

5.1 网络上学习考试类信息检索

当前是一个数字化、网络化的学习时代，图书馆和网络上的学习资料数量大、种类多；有的费用昂贵，有的却免费。如何进行高效而有针对性的学习，选取学习资源非常重要。

5.1.1 学习考试类信息选择的关键因素——权威性

公共考试、竞赛的权威信息一般来自官方网站。通过官方网站，可以了解考试的政策、时间、命题原则与范围、历年真题等。许多考试信息网站栏目设置雷同，对一些热点考试信息争相发布，存在明显的重复现象。因此，考生应以公布考试信息的官方网站为准。

学习方面的网络资源权威信息，一般是参考该领域的领先者提供的资源。例如，专业学习，可以参考自身所在专业国内排名前十位的大学，进入排名靠前专业所在院系的网站，查看对方学习内容、培养方式、学生活动、毕业分配等；又如课程信息，则可以通过国家精品课程网，查找该门课程的国家级精品课程。

思考与检索：根据自己学习的专业，先搜索专业排名(检索词(以管理工程为例：管理工程 专业排名))，找出排名靠前的几所大学，先进入大学，再进入专业所在院系的网站，对比他们的学习环境与内容和自己所在学校的不同。

5.1.2 学习考试类信息选择的主要类型与途径

1) 学习考试类信息主办方网站或官网

【案例 5-1】如四六级考试委员会网站(www.cet.edu.cn)是全国大学英语四六级考试委员会官方网站。

2) 四大门户网站的相关专题栏目

由于几大门户网站财力雄厚，技术实力强，所以对各种学习、考试资料的收集比较齐全，整理比较规范，可信度也比较高。

【案例 5-2】四大门户网站学习考试栏目列表。

新浪教育：http://edu.sina.com.cn(高考、考研、自考、公务员、成考、司考、会计、托福、雅思、四六级、GRE、出国、留学、移民、外语、公开课、考研调剂试题库等)。

搜狐教育：http://learning.sohu.com(高考、考研、公务员、在职硕士、会计考试、司法考试、英语考试、出国留学、商学院、远程教育、外语培训、IT 培训)。

腾讯教育：http://edu.qq.com（高考、考研、公务员、中小学、自考、司考、成考、财考、留学、外语、商学院、IT、远程、职业培训）。

网易教育：http://edu.163.com（留学、公开课、高考、考研、公务员、外语、就业、论坛、博客、排行、手机版）。

3）相关中介辅导与培训机构

为了吸引读者，更为了在市场竞争中站稳脚跟，考试中介与辅导机构必然会投入人力与物力对考试信息、命题、模拟题进行收集、加工与发布，并且把其中的部分内容放在网上。尤其是在考试前几天，可以搜索最新发布的模拟题，因为几乎每年都有一些考试网站公开炫耀其押题成功。

4）相关论坛

许多考试网站为考生提供了论坛、博客等网上互动交流空间，考生在论坛里围绕考试主题自由发帖，共同探讨复习考试方法，互相解答疑难问题。

【案例 5-3】如大家论坛（http://club.topsage.com），设置了几十种考试论坛，在普通考研专栏里设置了考研信息、政治、英语、数学、考研医学、经验交流等十多个子论坛。

5）导航网站的相关栏目

265 上网导航（www.265.com）、hao123 网址之家（www.hao123.com）、9495 网站导航（www.9495.com）、114 啦（www.114la.com）等网站上都有专门的学习、考试、留学分类网站，单击该类别可查看主要网站，一般把点击量大和知名度高的网站排在前面。

【案例 5-4】在 265 上网导航网站上单击"考试"标签呈现的考试网站导航页面，见图 5-1。

6）排名搜索

要找到最佳的学习、考试网站，除了采用导航网站，还可以搜索各类网站的排名，一般在排名列表上都会给出简要理由供使用者参考选择。

【案例 5-5】以考研为例，检索词可用以下几组：考研 网站 排名；十大 考研 网站；常用 考研网站。

5.1.3 学习考试资源的利用特点

(1)使用人数越多的信息资源，免费获取的可能性就越大；而使用人数越少的信息资源，获取时付出的成本就越高。以考研为例，考研的公共课，无论是历年真题还是最新辅导材料、考试大纲，均可在网络上免费获取；而专业课获取就较困难，一般应到报考院校的研究生招生办询问和购买。

(2)搜集网上学习考试信息要注意阶段性。网上学习考试信息的时效性比较强，因此要在不同时期重点搜集不同的信息。例如，搜集考研信息，考生在报考前主要是搜集各单位的招生简章、专业目录、参考教材；确定报考后专门获取考试复习资料；公布考试成绩之后，上线的考生要关注复试信息及录取调剂信息。

(3)网上查找仅是获取学习考试信息的渠道之一，人们获取考试信息的渠道应该多样化，除了上网查找信息，还可以通过与老师交流、打电话、上门咨询、信件咨询或找熟人打听等多途径进行搜集。

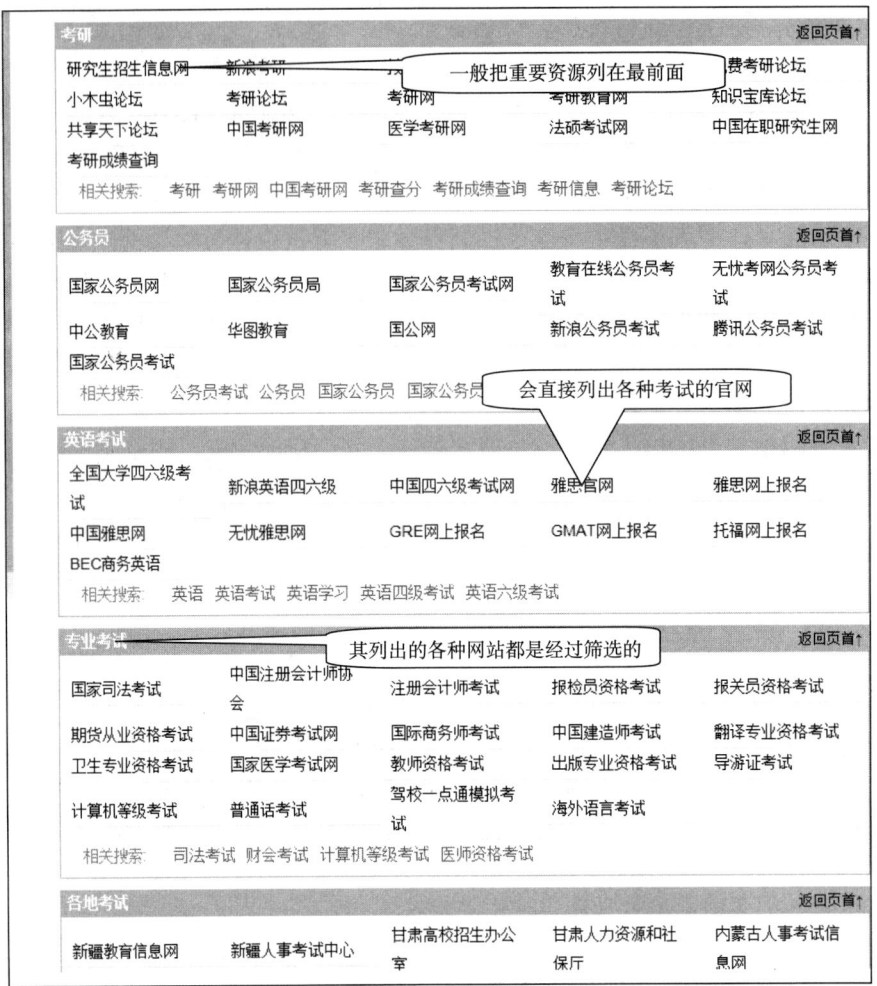

图 5-1 265 上网导航网站上的考试网站导航页面

思考与检索：利用某一学习考试平台或四六级考试网站，检索并比较最近两年四六级考试在考核内容、考试形式等方面有何不同，并找出一套真题进行模拟测试。

5.2 课程信息检索与利用

课程学习除了本校的课程内容，还可以关注同类课程的国家精品课程以及国外名牌大学的公开课程，学习借鉴别人的讲稿、课程要求与阅读材料、授课视频、作业与考试，使学习目标向国内外一流水平看齐。

5.2.1 如何利用图书馆查找同类课程资源

要学好一门课程，除了上课认真听讲、掌握教科书和老师课堂讲授的内容，还需要阅读一些相关参考资料，方能融会贯通。这类参考资料除了到书店购买，还可以通过图书馆和网络获得。

每个大学都有自己的图书馆,作为学校教学科研的服务单位,图书馆拥有丰富的文献信息资源,这些资源能够为学生提供相应课程的学习参考。除了传统的教学辅导书、习题集和同类教材,图书馆还订购了相应电子资源,包括期刊、论文、图书、讲座视频等。纸本类型参考资料的获得比较简单,利用图书馆的书目查询系统,找到该资料的馆藏地址和索书号后,到馆借阅即可;电子参考资料则要通过图书馆购买的期刊论文数据库或电子图书检索获得。

【案例 5-6】如汽车运用工程专业的学生,想要查找"汽车诊断与检测"这门课的参考资料,一方面可以在 CNKI、SDOS、ARL 等数据库中检索一些汽车诊断与检测方面的期刊论文和学位论文;另一方面则可以在超星的检索框里输入检索词"汽车诊断与检测",检索一些同类课程的电子图书作为参考。

5.2.2 如何查找网络上的免费课程资源

网络众多的免费课程资源称为开放课程资源。开放课程内容包括:课程大纲、课程情况、教师情况、考试情况、讲义、作业、课件(PPT)、教学视频、教学资料(教材、阅读材料、相关网站等)、教学进度、成绩评定标准等。这些资源能够为学生的自主学习和拓展学习提供课程资料。以下是一些开放课程资源的网址。

1. 国内精品课程——爱课程

目前,教育部大力倡导全国高校精品课程共建共享服务,从而使网络上出现大量的精品课程。爱课程(http://www.icourses.cn)网站集中展示"中国大学视频公开课""中国大学资源共享课""在线开放课程"。在查找这些课程的课件时,可以按课程名称、主讲人、学校进行查找;也可以分类浏览。

2. 国外开放课程——MeTeL

MeTeL(http://www.metel.cn)现已收录美、英、加、澳等国 300 余所著名高校,1 万余教师或教学小组讲授的 2.3 万余门课程、20 万余课节、95 万余个教学资源;涵盖 13 大学科门类,100 个一级学科,300 个二级学科,涉及计算机科学技术、数学、经济学、生物学、化学、法学、管理学、物理学、医学、心理学、农学、文学、电子科学技术、地理学、哲学等,与教育部的学位授予和人才培养学科目录(2011 年)一致。每门课程包括课程介绍、课程须知、课程表、教学大纲、参考教材、教材评价、任课教师等;每个课节可能有如讲义、课件、音频、视频、教学图片、教学案例、阅读材料、作业、习题答案、试卷等几类课节资源;部分课节为独立的专题研讨会(Seminar)、实验实习、外出考察、演讲讲座、培训讲座等;个别课节会有相关的程序代码、工具软件、数据等资源(图 5-2)。

目前欧美大学修完本科学业的平均课程门数在 32～36 门,国内在 70～85 门。中国国内大学的课程门数比国外多,但学习质量却普遍低于国外,是何原因?这点或许可以从学生正在学习的一门课程与同类的欧美名牌大学开放课程(尤其是参考读物、作业、小组讨论)的对比中,找出差距。未来竞争是全球化的竞争,只有目标盯住世界最好的大学、最好的老师和最好的课程,我们才能得到最大的进步。这些固然需要老师引导,但更重要的是学生本人要有境界与气度,并能够不断坚持向一流看齐。

图 5-2　MIT 制造工艺和系统(Fall 2016)开放式课件

思考与训练： 从麻省理工学院开放课程中找出一门自己正在学习或者感兴趣的课程，看有哪些内容和方法可以借鉴，并与现有的学习内容与方法进行比较。

3. 网络视频学习资源

最近几年，网络上国内外知名大学名师的教学视频不断增多，如哈佛大学公开课 Sandel 教授的"Justice"，甚至有热心网友为其提供中文字幕。在搜索引擎的视频搜索类别下，或者在优酷、土豆等专门的视频网站，输入大学名称或者课程名称，就能搜出众多课程教学视频。其中几大门户网站也提供了丰富的视频课程资源，并配有中文字幕。

(1) 网易公开课：http://open.163.com。
(2) 新浪公开课：http://open.sina.com.cn。

4. 其他开放课程列表

开放课程资源列表如表 5-1 所示。

表 5-1　开放课程资源列表

序　号	机　构	网　址
1	国际开放课程联盟	http://www.oeconsortium.org
2	英国开放大学	http://openlearn.open.ac.uk
3	日本开放课程联盟	http://www.jocw.jp
4	麻省理工学院	https://ocw.mit.edu/index.htm
5	台湾交通大学	http://ocw.nctu.edu.tw

思考与检索：找一门自己正在学习的感兴趣的课程，搜索一下国内有没有这门课程的国家或省级精品课程，国外有没有同类的开放课程？能找到课程章节内容的讲稿吗？有没有网络教材？有没有讲课视频？将找到的内容进行参考与比较，并融入课程学习中。

5.3 网络购物信息检索

随着电子商务的发展，网络营销、网上购物正在成为一种趋势与时尚。作为消费者，购物成功的关键是对产品信息与卖家信息的了解。查找产品信息与卖家信息的途径主要有搜索引擎、购物网站、买家评议等。

5.3.1 网络购物信息的检索途径

网上购物，就是通过互联网检索商品信息，并通过电子订购单发出购物请求，然后填写私人支票账号或信用卡的号码，由厂商通过邮递方式发货，或是通过快递公司送货上门。网上购物信息的检索方法很多，其中比较方便、实用的通常有以下几种。

1）利用普通搜索引擎搜索购物信息

【案例 5-7】以百度搜索引擎为例，进入百度搜索引擎主页，在搜索栏中键入检索词"智能手机"，单击"百度一下"按钮，百度搜索引擎就搜索到与"智能手机"相关的网页四千多万个，搜索到的这些网页中，有智能手机介绍、智能手机排名和各个商城报价等。

2）利用购物搜索引擎搜索购物信息

另外，伴随着网络购物的兴起，专门的购物搜索引擎诞生了。它与一般的网页搜索引擎相比，主要区别在于：除了搜索产品、了解商品说明等基本信息，通常还可以进行商品价格比较，并且可以对产品和在线商店进行评级。

(1) 搜狗购物搜索：http://gouwu.sogou.com。
(2) 智购网：http://www.zhigou.com。
(3) 慢慢买网：http://www.manmanbuy.com。既可以比价，还可以查价格走势。
(4) 惠惠网：http://www.huihui.cn。全网比价，可以购物返现、获取优惠信息。

慢慢买

3）利用专业性门户网站来搜索产品的信息

【案例 5-8】如直接进入百安居(http://www.bnq.com.cn)、华润万家(http://www.crv.com.cn)等经营家居装饰装修产品的商业连锁集团网站，通过浏览和查询所需商品，并在该网上购物。

4）利用购物网站搜索商品信息

为了查找商品信息，使用者也可以先找一些著名的购物网站，然后在站内进行搜索。找这类购物网站比较简单，就是用类似"购物"这样的查询词进行搜索。目前中国的电子商务已经发展得相当成熟，购物网站也如雨后春笋般冒出，对于如何选择自己喜欢又比较实惠的购物网站，大家面临着困惑。下面列出国内外比较流行的购物网站。

【案例 5-9】国外较大的购物网站如下。

(1) eBay：www.ebay.com。
(2) Amazon.com：www.amazon.com。
(3) StartSampling：www.startsampling.com。

(4) Wal-Mart：www.walmart.com。

(5) BestBuy：www.bestbuy.com。

国内较大的购物网站如下。

(1) 图书和音像制品：卓越网(www.amazon.cn)和当当网(www.dangdang.com)。

(2) 服装服饰：凡客诚品(www.vancl.com)。

(3) 计算机数码：京东商城(https://www.jd.com)、新蛋网(www.newegg.cn)。

(4) 综合购物平台：淘宝(www.taobao.com)、唯品会(http://www.vip.com)。

5) 利用团购网搜索产品信息

团购网是团购的网络组织平台，就是互不认识的消费者，借助互联网的"网聚人的力量"来聚集资金，加大与商家的谈判能力，以求得最优的价格。根据薄利多销、量大价优的原理，商家可以给出低于零售价格的团购折扣和单独购买得不到的优质服务。较大的团购网站有：拉手网(www.lashou.com)、美团网(www.meituan.com)、糯米网(www.nuomi.com)、大众点评网(www.dianping.com)、聚划算(ju.taobao.com)。

6) 利用贴吧、论坛、博客搜索产品评价信息

要购买产品，首先要了解该产品的性能、质量。这可以从两个方面入手：一是产品的自身介绍；二是其他人对它的评价。这些信息可以到相关的贴吧、论坛、博客搜索。

【案例5-10】例如，想要买一款智能手机，但不知道哪个品牌较好，这时就可以在百度贴吧、百度知道中输入检索词"智能手机"，得到的检索结果中不仅有不同品牌手机价格、性能的比较，还有像"三星和苹果选哪一个？""2000元以下有什么好的手机？"这样针对不同用途和需求的系列、型号推荐；同样也可以去一些专门的数码产品论坛或购物论坛、与数码产品有关的博客去搜集这些信息。通过产品的贴吧、论坛和博客就可以获得对产品的全面了解，避免作出错误的购买决定。

5.3.2 网络购物信息的检索技巧

网络购物信息的范畴相当广泛，对于日常生活中普通商品的购买而言，搜索引擎是最常用的工具。利用搜索引擎，购买者可以对产品规格、市场行情、别人对产品的评价等，进行一个细致的调查研究，通过对比，择优而购。因此，本节将重点谈一谈利用搜索引擎获取产品信息的技巧。

1) 到制造商的官方网站上找第一手产品资料

对于高价值的产品，制造商通常会有详细而且权威的规格说明书。很多公司不但提供网页介绍，还把规格书做成PDF文件供人下载。利用前面章节谈到的企业网站查找办法，通过搜索引擎找到目标网站，然后利用site语法，直接在该网站范围内查找需要的产品资料。例如，智能平板 site:Samsung.com.cn。

2) 正确选择搜索词

搜索词应该是查询者要查找的商品的核心词，输入的词太多或者太少都不便于选择。搜索的关键，在于如何把自己的需求用简练的语言描述出来。其中，输入的要查找的物品的名称或描述性词，称为"关键字"或"搜索词"。通过搜索引擎检索产品信息时，可以包括产品名称、产品型号、产品价格、生产厂商、产品品牌等方面的关键词。这些词可以按以下方式组合。

(1) 品牌词+特征性词，如"长虹电视 专柜正品"。
(2) 商品词+功能性词，如"电视 高清"。
(3) 需求性词+商品词，如"海尔手机 特价"。
(4) 品牌词+商品词，如"索尼 相机"。

【案例 5-11】有时候，购买者可能非常关注特定产品的某个特性。举例来说，购车者想了解一下奇瑞QQ 的发动机 SQR372 性能。就直接可以用产品型号 SQR372 这个特征词，搜索媒体或者其他用户对这个产品的这个特性的评价，如"SQR372 动力性"。

3) 找一些综述性评论文章

和上面的两种需求刚好颠倒过来，有时候购买者先有了特定的需求，然后想找一些能满足自己需求的产品进行对比研究。遇到这类问题，可以借助于业内的行家评论，即所谓的综述性评论文章，如媒体经常出现的"暑期购计算机指南""数码相机选购全攻略"等文章。如果购买者对某类希望购买的产品一无所知，最好先找一些这方面的综合性评论作为参考。这类综合评述文章通常有个特点，就是标题常常出现"选购指南""综合评测""从入门到精通"等特征性词汇，当然，这些特征性词汇，需要购买者在平时生活和学习中多做积累。购买者用产品名称加上这类特征词汇作为查询词，就可以轻松搜到类似文章，如"MP5 播放器选购指南"。

4) 准确使用检索策略

当不确定自己的查找目的时，适当使用空格能够取得更多的搜索结果，从而使自己有更多的选择空间。例如，想购买一款包，希望是特价，此时输入"特价 包包"就比输入"特价包包"有了更宽泛的挑选空间。

搜索框提示是确定搜索关键字的好帮手。无论是中文、拼音还是英文，搜索框提示都会为搜索者提供最佳的联想输入，并且推荐的词都是用户最关注的热门词。"你是不是要找"，系统会自动分析用户的需求，提供最相关的商品推荐，省去了搜索时无法确定用词的苦恼，让搜索更轻松。例如，输入搜索词"礼物"，在"你是不是要找"会出现"结婚礼物""生日礼物"等，方便搜索者根据自己的需要更精确地淘到相关商品。

网络购物提示：在网上购物，要善于使用具有详细的商品规格数据和参数化搜索功能的购物搜索引擎比较商品的性能规格，然后在那些在线销售该商品的卖家中比较他们的销售价格，除了比较价格，还应当比较这些商家在服务方面所提供的承诺，如支持的支付手段、提供的配送方式、售后的承诺等。有时价格最低的商家提供的服务可能并不能满足用户的要求，所以要综合地比较多个方面。一般的购物网站单击查看过的感兴趣的商品之后，网站还会自动保存曾经浏览过的商品，单击"对比"选项，系统还会针对各项主要的指标进行对比，方便最后作出选择。

【案例 5-12】如何选购一件如意商品，现代商品的性能、规格、品牌和价格多种多样，一般人都很难对某一产品有全面的了解，这个时候可以通过大型购物网站先进行产品名称检索，再对结果中排列的要素进行选择，让自己的需求能够得到完整体现。例如，在天猫(http://www.tmall.com)上买笔记本电脑，在搜索框中输入"笔记本电脑"后，结果页面如图 5-3 所示，在结果页面中，可以按品牌、CPU、屏幕尺寸、内存、硬盘等多种要素进行选择，并可以按价格、人气和销量进行排序，快速找到自己满意的商品。

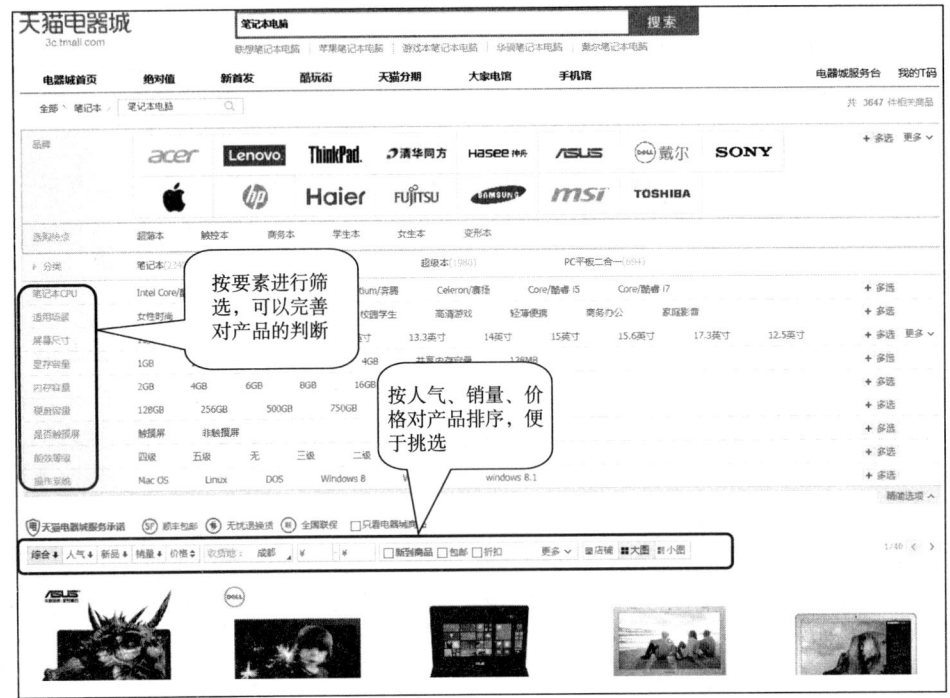

图 5-3 天猫商城检索到"笔记本电脑"结果页面

案例提示：①尽量用大型购物网站进行某商品的要素查看；②选择商品时先按要素进行选择，当所需要素表达完后，再用浏览方式进行选择；③通过阿里指数（http://index.1688.com）了解产品属性、流行趋势。

5.4 网络参考工具书

参考工具书是指根据人们的需要，把某一范围的知识或资料加以分析、综合和浓缩，并按一定的排检方法编排，以备查阅、参考，用以解决有关事实和数据方面的图书（表5-2）。主要包括词典、百科全书、年鉴、手册、名录、表谱、图录等，按出版方式分为印刷型与电子型。

表 5-2 不同检索需求应选用的参考工具书类型

检索需求	所用参考工具书类型
查询字词	字典、词典
查询各类知识	百科全书、类书
了解人物生平	传记、年谱
查询地理资讯	地图、方志、旅游集
发现古今事实	年鉴、年表、大事记
查询人物与组织	名录、机构
查询数据	统计、年鉴

续表

检索需求	所用参考工具书类型
查机构资料、人名、地名	辞海、名录、黄页、百页、百科全书
查询历代典章制度	政书
查询法令规章	法规

5.4.1 参考工具书与传统检索工具比较

二者的相同点在于：两者都是高度浓缩前人知识；正文和辅助部分的组织都遵循选定的编排规则；编排的目的都是为人们遇到的疑难问题提供参考和检索而非系统阅读。

二者的不同点如表 5-3 所示。

表 5-3 参考工具书与检索工具的不同点

	传统检索工具	参考工具书
文献类型	二次文献	三次文献
出版形式	期刊	图书
正文编排方式	以分类为主	以字顺为主
结果	文献的线索	具体答案
检索途径	多	相对较少
反映新信息	快	慢

参考工具书最主要的缺陷是不能查找某些止在发展中的最新数据和事实。

5.4.2 字、词典

字典(Dictionary)是汇集单字，主要解释字的形体、读音、含义及其用法，并按照一定方法编排以便查阅的工具书。

词典(Lexicon)是汇集词语，解释概念、词义和用法，并按一定方式编排供查检的参考工具。

字、词典的分类如表 5-4 所示。

(1) 在线汉语字典(http://xh.5156edu.com)：该字典是最大、最全的在线汉语字典，包括汉语字典、汉语词典、成语词典等，收录超过 2 万个汉字、52 万个词语。可以找到相应汉字的拼音、部首、笔画、注解、出处及详细解释。

(2) OneLook Dictionaries(在线语义词典)(http://www.onelook.com)，见图 5-4：可查词语的英文解释，搜集了世界各地各种语言，包括英语、法语、德语、意大利语等语言的 900 多本词典的在线词典，可以免费检索与使用。

选择 Find definitions 选项，可得到含有该词定义的在线通用词典及专业词典列表；选择 Find translations 选项，可得到含有该词译文(其他语言)的在线通用词典及专业词典列表；选择 Search all dictionaries 选项，可得到含有该词定义的所有在线通用词典及专业词典列表。支持通配符"*"和"?"。

表 5-4　字、词典的分类

字(词)典			概念	举例
按所收内容分	语文性字(词)典	综合性字(词)典	对字的音、形、义和词汇的意义、用法加以全面解释	《新华字典》、《汉语大字典》、Oxford of English Language 等
		专门性字(词)典	只收某一类的字、词，或只解释字或词形、音、义的某个方面	《成语词典》《汉语虚词词典》《简明同义词典》《中国民间方言词典》
	知识性词典	百科词典	汇集各学科重要的术语和概念加以解释，提供最基本的知识	《辞海》《中国百科大辞典》等
		专科词典	收录某学科或专门领域的术语、概念加以解释，反映专业知识的概要	《哲学大辞典》《中国艺术家辞典》《中国古今地名大辞典》等
按语种分	单语词典		只有一种语种的词典	《汉语成语大词典》《中华大字典》
	多语词典		两种及以上语种间的对译词典	《英汉大词典》《汉英科技大词典》

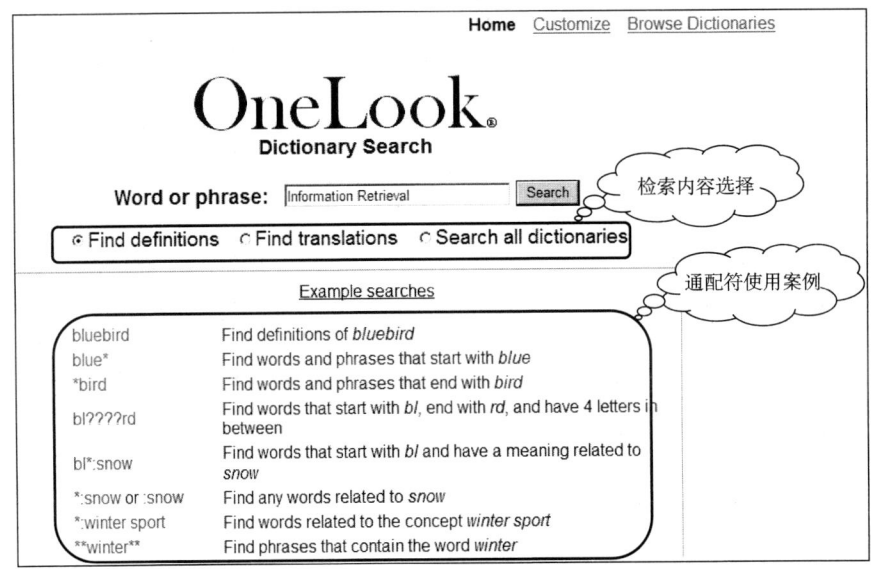

图 5-4　OneLook 的检索首页

(3) Dictionary.com (http://dictionary.reference.com)，见图 5-5：被誉为最佳在线综合性语文词典。每条款目中提供的内容包括：读音、释义、词形、例证、词源、变化形式、用法、同义词、反义词等。

(4) Webster (韦氏大学词典) (http://www.merriam-webster.com)：该词典是美国最具权威的英语词典，网络版韦氏在线词典提供 47 万余个词条的详细解释及单词的在线发音。

(5) 爱词霸英语 (http://www.iciba.com)，见图 5-6：金山公司开发的网站，提供在线词典、在线翻译、在线测试、金山词霸下载等服务，有英语句库、情景会话、英语学习资料等资源，爱词霸英语含有 150 余本词典，数百万词条，覆盖几十个专业领域。

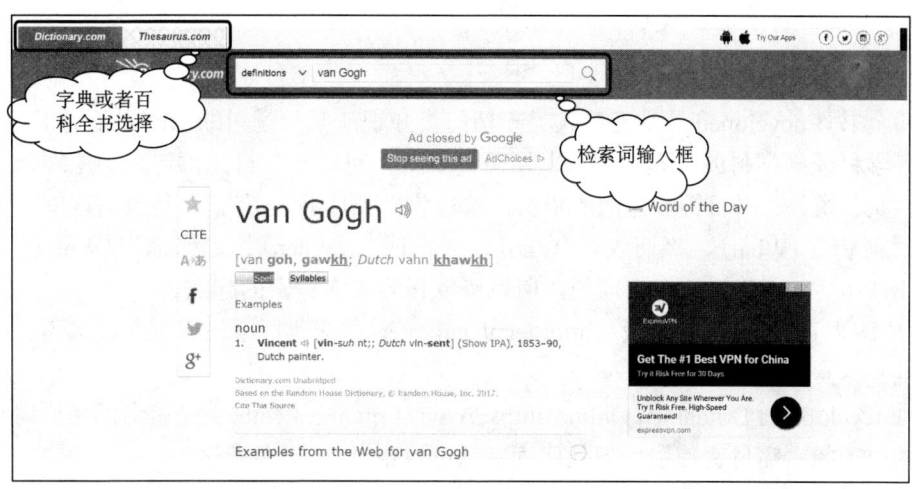

图 5-5　以 van Gogh 为查询词的检索结果页面

图 5-6　以 goodness 为查询词的检索结果页面

(6) 海词(http://dict.cn)：为外语学习者提供在线英语、韩语、日语词典，英语、韩语、日语在线翻译和权威学习资料，是新时代的学习型在线词典。

(7) 有道词典和翻译(http://www.youdao.com)：网易旗下的有道翻译提供即时免费的中、英、日、韩、法、俄、西班牙文全文翻译、网页翻译服务。有道词典独创的"网络释义"功能，为用户提供较佳的翻译结果。有道词典 Android 版可为手机用户提供服务。

(8) FOLDOC 在线计算机词典(http://foldoc.org)：免费在线计算机词典，由英国伦敦皇家学院计算机系制作，可查计算机方面的名词术语等。

5.4.3 百科全书

百科全书(Encyclopedia)是荟萃人类一切门类知识或某一学科知识的完备的工具书，内容包括各学科或某学科的基本知识和重要研究成果，对每一学科提供定义、原理、方法、历史和现状、统计、书目等多方面的资料，被誉为"工具书之王"。百科全书能够不同程度地回答"何物"(What)、"何人"(Who)、"何时"(When)、"何地"(Where)、"为何"(Why)和"如何"(How)等问题，所以可以作为事实检索的起点。

(1) 中国大百科全书(网络版)(http://ecph.cnki.net)：注册后可进行概念、术语、人物的网上查询。

(2) Encyclopedia Britannica Online(https://www.britannica.com)：是著名的《不列颠百科全书》的电子版，需付费使用，但任何读者都可以申请 30 天免费试用。

(3) Encyclopedia.com(http://www.encyclopedia.com)，见图 5-7：是因特网上最优秀的百科全书网站之一，以美国《简明哥伦比亚百科全书》为基础的免费电子百科全书检索网站。

图 5-7 以 China 为查询词的检索结果页面

(4) Bartleby.com(http://www.bartleby.com)：网上优秀的免费参考工具，包括《简明哥伦比亚百科全书》第六版。

(5) World Factbook(https://www.cia.gov/library/publications/the-world-factbook)：CIA 提供世界上 267 个国家或地区的经济、地理、政治等背景知识，还可下载当年及往年的版本。

5.4.4 年鉴

年鉴(Almanac, Annual, Yearbook)是系统汇集一年内的主要时事文献、学科进展情况、研究成果及有关统计资料，提供详尽事实、数据和统计数字，反映近期政治、经济发展动向及科学文化进步的年度出版物。主要依据当年的政府公报和文件，以及国家重要报刊的报道和统计资料。年鉴选材严格、可靠，内容具有一定权威性，其分类和特点见表 5-5。

表 5-5　年鉴的类型

类型	概念	举例
综合性年鉴	汇集世界、某地区、各国的概况、人物、事件、活动、统计资料，反映其政治、经济、文化、科技发展动态和成果的一种年鉴	《中国百科年鉴》《中国年鉴》《世界知识年鉴》《世界年鉴》《惠特克年鉴》《欧罗巴年鉴》
专科性年鉴	反映某一专业范围年度性的基本信息和文献的一种年鉴	《中国经济年鉴》《中国工业年鉴》《中国农业年鉴》《中国乡镇企业年鉴》
统计性年鉴	专门汇集统计资料的年鉴	《中国统计年鉴》《联合国统计年鉴》
地方性年鉴	反映特定区域范围内的全面或某一方面年度信息的年鉴	《广东年鉴》《中国经济特区年鉴》《广州经济年鉴》

(1) 国家统计局(http://www.stats.gov.cn)：见图 5-8，由中华人民共和国国家统计局和中国统计信息网共同建立。该网站提供免费查找、下载《中国统计年鉴》的功能。如果需要最新宏观经济数据，可以参考月度数据系统。它还提供了《国际统计年鉴》和《中国统计年鉴》的年度数据、普查数据、经济快讯、地方统计数据、统计法规、统计制度、统计标准、统计指标等信息，该站点也提供链接和检索功能。

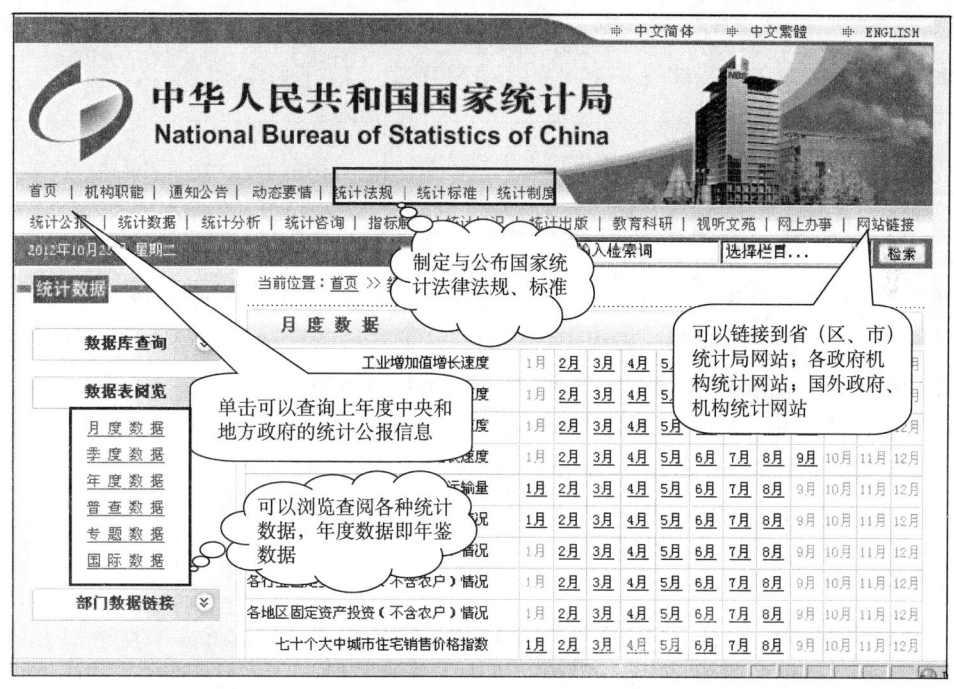

图 5-8　国家统计局统计数据栏目页面

(2) 中国年鉴网(http://www.yearbook.cn)：该网站是由中国出版工作者协会年鉴研究会主办的年鉴门户网站，主要用于国内年鉴行业的信息发布，罗列了全国各地各种年鉴的网址链接，可作为查找国内年鉴信息的起点。

(3) InfoPlease(http://www.infoplease.com)：该网站主要提供年鉴、传记数据库、百科知

识、韦氏大学词典、地图集等。

（4）地方统计信息网与地方各部门统计信息：地方统计信息网包括两类，一是各省、市统计局建立的统计信息网，如四川统计信息网、上海统计网、成都市统计网等；二是各省、市的行政部门提供的统计信息，如四川省交通厅提供的四川交通统计信息，成都市卫生局提供的成都医疗卫生统计信息。所以要查地方统计信息，需要知道该信息所属的地区与部门。

（5）联合国统计司（https://unstats.un.org）。

（6）经济合作与发展组织（OECD）（http://www.oecd.org/statsportal）。

网络数据查询

5.4.5 手册

手册（Handbook、Manual）是汇集某一方面经常需要参考的文献、数据资料或专业知识的工具书。手册的名称很多，如指南、便览、一览、大全等。收录内容多为分式、数据、规格、条例、图表。手册的分类和特点见表5-6。

表5-6 手册的类型

类型	概念	举例
综合性手册	汇集所有学科或多个学科的专业知识、常用文献、基本数据、定义公式等利用频率较高的资料，供人们随时查检	《各国概况》《吉尼斯世界纪录大全》《中华人民共和国资料手册》
专门性手册	反映内容仅涉及某一专门领域知识的手册	《外贸知识手册》《学校教务工作实用手册》《经济工作手册》《工程手册》
常识性手册	以介绍人类日常生活实用知识为主要内容的手册	《家庭日用大全》《育儿手册》

相对于专业性的百科全书来说，手册、指南更实用，它们更偏向于回答"如何做"的问题。很多手册在相关政府部门或组织机构的网站上都可以找到。

《各国概况》：http://www.fmprc.gov.cn/web/gjhdq_676201。

《外贸指南》：http://www.100trade.com/trade_index/index.asp?classid=4。

《吉尼斯世界纪录》：http://www.guinnessworldrecords.cn。

《育儿手册》：http://www.91bbw.net/yuer。

5.4.6 名录概述

名录（Directory）是一种简要介绍人物、团体、物品或地域情况等事实材料的工具书，提供机构名称、地址、概况（职能、组织、人士、活动、财力、产品、服务、出版物）。根据报道对象分为人名录、地名录、机构名录，如表5-7所示。

（1）黄页（Yellow Page）、白页（White Page）和蓝页（Blue Page）。黄页实际上就是电话簿，因其通常采用黄色纸张印刷而得名。中国的第一册黄页是1987年在上海诞生的。黄页在世界上被称为与报纸、电视、广告和互联网并驾齐驱的"第五广告媒体"，在美国、日本、澳大利亚等一些国家已形成产业。

表 5-7 名录的类型

类 型	概 念	举 例
人名录	汇集一定范围人物的姓名及简况的名录。主要收录某一地域、时代或专业有关人物的姓名、简历、专业方向、学术成就、社会职务、通信地址、电话号码等信息。在编排上多以人名为目、简介为文、字顺为序来组织内容	《世界名人录》《美国名人录》《中国当代名人录》《中国林业专家大辞典》
地名录	汇集一定范围地名及简况的名录。其特点是收录地名数量大，但只提供地理位置、所属国别、经纬度等简单资料	《世界地名录》《中国地名录》
机构名录	汇集一定范围的组织、机构、企业、单位的名称及简介类资料的名录，又称"组织机构指南"。内容一般包括机构全称(简称)、简况、业务类型及范围、人员情况、负责人、单位地址、电话号码、邮政编码等	《世界大学名录》《中国企事业名录大全》《中国工商名录》

黄页电话簿按业务分类列有许多公司的电话，主要是商业用途；白页电话簿是私人电话和按公司名称排序的电话；蓝页电话簿是有关政府各部门的电话，分门别类列在其中。网络上的资源如下。

① 全球黄页：http://www.21page.net。
② 中国电信黄页网：http://www.yellowpage.com.cn。

（2）Zaba Search（http://www.zabasearch.com）：包括免费和收费两种服务，免费服务主要用来查询美国的人名、E-mail、地名、人口统计数据等。

（3）全球高校名录（http://univ.cc）：这是根据联合国教科文组织 1997 年的全球高校名单开发出来的一个在线数据库，由国际高校协会提供，查询结果是世界各高校的网站。

（4）Peterson's Guide（彼得森研究生指南）（http://www.petersons.com）：这是由彼得森公司出版的美国、加拿大的大学和研究生院名录。

（5）各国企业名录（https://www.mingluji.com）：包含数千万条企业名录、供求信息，由众多子网站构成，内容涉及几十个大行业分类、数千个小领域分类，覆盖到 200 多个国家和地区。

5.4.7 表谱

表谱是以表格、谱系、编年等形式反映历史人物、事件、年代的工具书。它主要用于查考时间对照、人物、史实基本情况、地理等资料，将表列事件化繁为简，便于说明与事件的纵横相关的问题，使人能够一目了然。它是按事物类别或系统编制的反映时间和历史概念的表册工具书，是年表、历表和其他历史表谱的总称。

中国历史朝代：http://www.521yy.com/lisi。
中国历史上发生的大事：http://www.521yy.com/tools/lsds.htm。
古今地名对照表：http://www.521yy.com/lisi/dimingduizhao。

5.4.8 类书

类书是摘录、汇集多种文献中的原文，按类目或按韵部编排而成的工具书。类书是采辑若干古籍中有关事物的记载，将其按类或韵编排组织，以备检索文章掌故事实，是我国特有的百科性工具书。例如,《北堂书钞》《艺文类聚》《册府元龟》《永乐大典》《古今图书集成》等。类书的功用：查考事物起源、查检史实典故渊源、查找诗词文句出处、检索参考资料、辑录散佚残缺古书佚文、校勘考证古籍等。

古今图书集成：http://gjtsjc.gxu.edu.cn。

太平御览：http://www.uus8.org/c/94/011/index.html。

5.4.9 政书

政书是记述历代或某一朝代的典章制度的沿革及政治、经济、军事、文化制度等方面史料的工具书。其中最具代表性的是十通,它系统完整地记录了中国历代典章制度沿革发展,是《通典》《通志》《文献通考》《续通典》《续通志》《续文献通考》《清朝通典》《清朝通志》《清朝文献通考》《清朝续文献通考》这十部政书的总称。

通典：http://www.guoxue123.com/shibu/0101/01tdf/index.htm。

文献通考：http://www.wenxue100.com/book_LiShi/47.thtml。

5.4.10 图录

图录又称图谱,是用绘画、摄影等方式反映事物或人物形象的工具书。类型主要有历史图录、人物图录、艺术图录、文物图录、科技图录、地图。其功能主要是提供文字以外的形象和直观资料。

坐车网：http://www.zuoche.com。

历史地图：http://lishi.zhuixue.net/ditu。

5.4.11 物化数据

物化数据可用于查找物质的物理化学特性及参数,如密度、黏度、热容、熔点、沸点、汽化热、生成热、导热系数等。

(1)化学元素特性(http://www.webelements.com)：提供化学元素周期表及各元素的物化特性数据。

(2)物理学参考数据(http://physics.nist.gov/PhysRefData)：由美国国家科技信息中心提供,包括物质基本物理属性、原子和分子光谱数据、核物理属性、射线及放射属性、凝聚态物质属性等。

(3)医药药品信息(https://medlineplus.gov)：由美国国家医学图书馆提供,包括药品信息、医学百科、医学专业字典和医疗人员、机构名录等栏目。

5.4.12 法规

法律法规,指中华人民共和国现行有效的法律、行政法规、司法解释、地方法规、地方规章、部门规章及其他规范性文件以及对于该等法律法规的不时修改和补充。其中,法律有广义、狭义两种理解。广义上讲,法律泛指一切规范性文件；狭义上讲,仅指全国人大及其常委会制定的规范性文件。法规则主要指行政法规、地方性法规、民族自治法规及经济特区法规等。

法律法规查询——中国法院网：http://www.chinacourt.org/law.shtml；中国法院网是世界最大的法律网站、法律新闻网站，为社会提供最丰富的法律资讯、最权威的法院信息、最快捷的案件报道。

法律法规全文检索系统：http://search.chinalaw.gov.cn。

法律之星官网——法规检索：http://law1.law-star.com。

法律图书馆：http://www.law-lib.com；提供法律法规数据库、法学论文、裁判文书、律师黄页、法治动态、司法考试资料、法律图书、法律书刊、法律书摘。

法律法规政策查询库——法律教育网：http://www.chinalawedu.com/falvfagui；提供新法律法规速递，政策法规、行政法规、财经法规、交通法规、各省市地方性法规、司法解释的在线法律法规查询服务。

北大法宝——法律法规检索系统：http://www.pkulaw.cn/law；1985年诞生于北京大学法律系，经过20多年的不断改进与完善，是目前国内成熟、专业、先进的法律法规检索系统。北大法宝收录自1949年起至今的全部法律法规，包括中央法规司法解释、地方法规规章、合同与文书范本、港澳台法律法规、中外条约、法律动态等。

提示：①许多工具书可以通过搜索引擎获得，尤其是提供公用数据和常识性知识的工具书基本上是全免费的，有些是直接提供网站搜索，有些是印刷版本的电子版本(PDF)；②注意提供在线工具书的网站的权威性(如看版权项或自我介绍以及在网络上的影响程度)，若所得数据用于重要用途，最好能和其他来源的数据进行比对或选取印本参考书比对；③许多参考工具向数据库方向发展，如一些门户网站也提供一些数据的检索，还有一些学科信息门户网站也提供该学科的部分事实数据。

中外免费电子书搜索与下载

网络免费文学网站

网络资源推荐

上机训练题2

第 6 章　数据库检索

由于每个数据库提供商的资源和检索思路不同，各个检索系统从界面到内容、从功能到结果输出都会有所不同。同时，检索系统的界面和功能也在不断发展和变化。但各个检索系统的目标却是一致的，都是揭示资源内容为用户服务，因此总结规律，可以找到使用检索系统的通用技术。

6.1　检索系统的认识与链接

使用检索系统的过程，包括检索实施过程和检索结果处理过程。检索实施过程是通过各种途径发现、查找所需信息的过程；检索结果处理过程主要包括对结果进行浏览、排序、聚类分析、选择、题录导出、下载全文等内容。其发展趋势是检索过程越来越趋向于统一与简单，检索结果的处理分析功能与知识元链接功能则越来越强。

6.1.1　如何认识一个数据库或者检索系统

1. 数据库的认识——数据库导航

一般在图书馆尤其是高校图书馆的主页上，都会有数据库或电子资源栏目。进入后可以看到数据库的简要介绍与使用链接。由于学科、规模和经费的原因，各个图书馆拥有的数据库类别与数量差异很大。如果想对国内数据库有个整体了解，包括各学科、各种文献类型常用数据库、数据库内容介绍、网址链接等信息，建议参考以下几个图书馆的数据库导航。

(1) 浙江大学图书馆数据库导航：http://210.32.137.90/s/lib/libtb。
(2) 清华大学图书馆数据库导航：http://nav.lib.tsinghua.edu.cn/xport/dbdh.htm。
(3) 中国人民大学图书馆数据库：http://www.lib.ruc.edu.cn/webs/res_resWeb.action。

思考与训练：你所在学校图书馆订购了多少数据库，找出与你所学专业相关的数据库，并指出其资源类型（中文还是外文？全文还是文摘？期刊还是图书或其他？）。

2. 检索系统的认识——系统的帮助文件

在检索系统的主页中，一般都有"帮助"(Help)或者"检索指南"(Tips、Search Tips)栏目。单击进入，可以看到关于该系统的适用范围、使用方法与功能。一般是说明文字配与相应操作过程的静态图片，通俗易懂，便于用户学习掌握。通过这些说明文字，就可以知道自己该选用什么样的工具及学会基本的检索方法。另外，也可以通过图书馆或数据库商等发布数据库时提供的使用帮助或者通过搜索引擎搜索获得。搜索方法如输入"filetype:ppt SDOS"，即可得到外文数据库 SDOS 的使用帮助，文件格式为 ppt。

6.1.2 检索系统的访问与连接

1. 检索系统存放地点

数据库的存放地点一般有主站和镜像站两种方式。主站检索速度可能较慢,但内容更新较快;镜像站则相反,检索速度可能较快,但内容更新较慢。

主站:数据库供应商建立的服务器,由数据库商直接管理,提供服务,如万方、Elsevier。

镜像站:将主站点的资料复制到本馆或某地服务器上,向读者提供服务,如维普、超星。

2. 代理服务器的设置

在局域网内,访问由单位订购的数据库或检索系统是不需要设置代理服务器的。若在外地访问本单位的电子资源,通常需要设置代理服务器才能成功访问。

3. 并发用户数与超时退出

并发用户数:允许在同一时间使用数据库的最大用户数量。超出用户数的其他用户无法使用数据库。但有的数据库在并发用户数已满的状态下,仍然可以进行基本目录信息的检索,包括文摘,只是无法下载全文。

【案例 6-1】IEL 数据库,其并发用户数已满的提示界面如图 6-1 所示。

> All Online Seats Are Currently Occupied.
> Inactive users will be signed out after 15 minutes. Please try again in a few minutes. You can continue to browse and search abstracts at this time.

图 6-1 IEL 数据库并发用户数已满的提示界面

超时退出:如果用户进入数据库后,在一段时间内不进行任何操作,数据库会自动将该用户退出,用户需重新登录后方可继续检索。在检索完成后,应当及时退出。

提示:检索系统连接不上或者打不开的原因:①没有订购或者使用到期;②计算机使用了代理服务器或者计算机的 IP 地址不在本校的范围内;③没有按要求输入用户名和密码;④部分全文数据库需要国际权限;⑤超过用户数限制或者过量的访问请求;⑥操作过于频繁被退出。

6.1.3 数据库合法使用

数据库厂商一般都实行每天 24 小时不间断对用户使用情况进行监控,当一个 IP 在一分钟内发出下载请求超过 45 次/篇时,将被监控系统视为使用了自动下载工具进行违规操作。根据订购协议,违规使用的后果是数据库商大幅度涨价或者诉诸法律,停止违规 IP 的使用权,或者停止订购单位所有 IP 的使用权。对于图书馆用户来说,违规使用包括以下几种。

1. 恶意下载

(1)对文摘索引数据库中某一时间段、某一学科领域或某一类型的数据记录批量下载。

(2)对全文数据库中某种期刊(或会议录)或其一期或者多期的全部文章进行下载,一个账户连续不断下载同一数据库中的全文不能超过 30 篇。确有需要,可以分次分时下载。

(3)利用下载工具对网络数据库进行自动检索和批量下载。一般全文网络数据库的使用许可协议书明文规定,严格禁止使用任何自动下载软件、智能机器人下载工具(如 NetAnts、

FlashGet（JetCar）、DLExpert、GetRight 等）。

2. 恶意传播

(1)用于个人研究或学习的资料以公共方式提供给非授权用户使用。

(2)设置代理服务器为非授权用户提供服务。

(3)在使用用户名和口令的情况下，有意将自己的用户名和口令在相关人员中散发或通过公共途径公布。

3. 谋取利益

(1)直接利用网络数据库对非授权单位提供系统的服务。

(2)直接利用网络数据库进行商业服务或支持商业服务。

(3)直接利用网络数据库内容汇编生成二次产品，提供公共或商业服务。

6.2 使用检索系统的常用流程

6.2.1 检索系统的检索界面

当链接到一个数据库的检索平台后，可看到其检索主页面。通常，外文检索平台的主页和检索主页面有所不同，如 OCLC。如果在校园网内，建议使用图书馆提供的数据库链接地址，一般图书馆的链接都是直接到数据库检索平台的检索主页面。对于某一个特定数据库的检索主页面，可以从以下几方面去认识与熟悉。

特别提示：目前大多数外文数据库都提供中文检索界面，有的打开主页直接就是中文检索界面，有的需要在主页上"语言"下拉菜单中选取"简体中文"转换检索界面。初学者容易犯的错误是看到中文检索界面就用中文检索词。

1. 可用资源列表与选择

目前，一般的检索系统都提供多个数据库，涵盖多种文献类型或者多学科。在检索主页面，若用户不进行选择，系统通常默认是对全部可以使用资源（一般是单位订购的资源）进行检索。根据需要，用户可进行如下选择。

(1)直接选择某一学科领域或单一资源或数据库组合。

(2)查看学科领域（Subject Areas）列表或数据库（Databases），查看出版物列表及查看资源的相关详情，以便更好地了解内容范围、涵盖的日期范围、涵盖的刊名数以及当前的记录总数，了解概况后选取。

(3)通过基本检索，查看检索结果的分类列表，再进行筛选或者更改数据库选择（Change Database Selection）。

特别提示：在同一检索平台上，选取不同的资源或者数据库，其检索字段、检索界面及检索限制条件都有可能不同。

【案例6-2】CNKI 主页面提供的资源列表，见图6-2。

2. 了解检索与浏览模式

在检索系统的首页，一般会提供快速或简单检索框、各种检索与浏览方式的链接等。大多数检索系统都包括基本检索、高级检索、专业检索、分类检索、特色检索（如词表检索、索引检索)、按主题(学科)浏览、按出版物字顺浏览等。

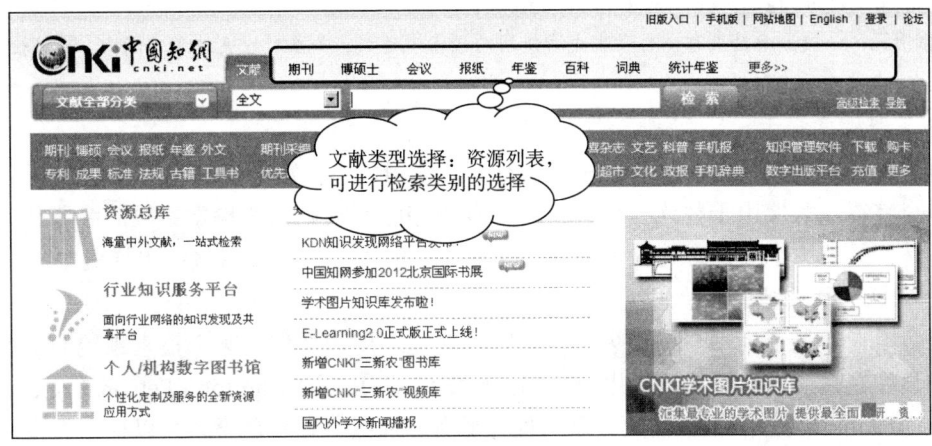

图 6-2　CNKI 的主页面

(1) 浏览检索(导航)通常包括学科分类浏览和出版物(期刊)名称浏览两项功能。一般将浏览与检索结合起来,能快速检索到相关论文,如按期刊名称浏览,在进入期刊名称浏览页面后,输入要查询期刊的名称或者名称包含的关键词,就能快速找到该期刊。要浏览该刊文章可直接在选定刊名中检索。

(2) 如果检索目标较为明确或检索表达较为复杂,应选择高级检索(Advanced Search)。它可以借助多个查询框创建更复杂的检索;并可选择检索字段,还可以设定如时间范围、来源类型、文档类型、语言等限制(Limit to)选项;还可对检索结果页面的显示选项,如排序标准、每页显示项数等进行预先设定。

【案例 6-3】EI(Engineering Village)主页面上提供的检索方式,见图 6-3。

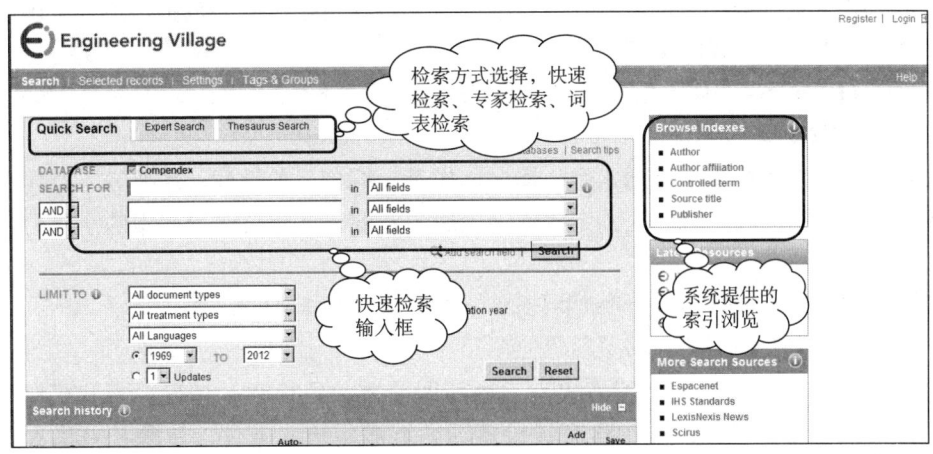

图 6-3　Engineering Village 的主页面

(3) 对于一些检索平台提供的特色检索，要学会尝试使用。因为它将揭示该数据库的特色功能，如 EI 的词表检索、SCI 的引文检索。

特别提示：一般检索结果都会自动生成所使用的检索表达式，如果对检索结果不满意，可将检索表达式复制到检索框直接进行修改。

3. 了解检索提示

检索提示通常包括：①通配符和截词符如何使用，外文数据库中"*"通常用于替代零个或多个字符，"?"用于替代一个字符；②有哪些匹配规则；③检索字段的字段代码，字段代码是否区分大小写，有的检索系统会在检索框的上面或旁边直接给出样例。

4. 了解个性化功能的使用

很多检索系统都为用户提供了个性化服务功能。用户要使用某个检索系统的个性化功能，必须首先在该检索系统进行用户名和密码的注册(Registering for a Personal Account)拥有账号(Account)，然后根据需要定制个性化服务。通过个性化服务，可以保留搜索习惯和结果，提高工作效率，最重要的是能及时得到自身关注领域的最新科研信息。

5. 了解如何进行检索设置

进行检索设置包括检索范围选择和检索结果显示等内容。检索范围选择一般包括时间、语种、学科、文献类型；检索结果显示一般包括排序方式、每页显示数目等。

6. 查看是否需要安装专门阅读工具

检索平台如有自身专用的阅读工具，一般都会在检索首页提供下载安装地址。如果没有安装，则会在查看全文时提示用户进行安装。外文数据库几乎都是使用 PDF 和 HTML 格式(Ebrary 除外)，安装 PDF 阅读器后就可直接打开。

6.2.2 检索系统的检索过程

1. 设定检索范围

通常在检索系统中，用户可以选择设置的检索范围包括：学科范围、期刊范围、时间范围、语言范围、地域或国家范围等。

【案例 6-4】 ProQuest 高级检索中检索范围的选择，包括文献类型、时间、其他限定等，见图 6-4。

2. 限定检索字段

检索系统提供的检索字段通常有：篇名、作者、机构、关键词、摘要等。有的在"字段"下拉列表框中选取，有的在固定检索字段后面选取，选定要进行检索的字段后，以下的检索将在选中的字段中进行。

【案例 6-5】 CNKI 高级检索页面的检索字段选择与匹配方式选择，见图 6-5。

3. 输入检索词，选择匹配方式

检索系统常见的检索词匹配方式有三种，即前方一致检索、精确检索和模糊检索。

前方一致检索，即最前端中含有该检索词的就满足检索条件，如题名中输入"计算机"，则可检出"计算机会计学""计算机原理与系统结构"等(通常用在书目或浏览检索中)。

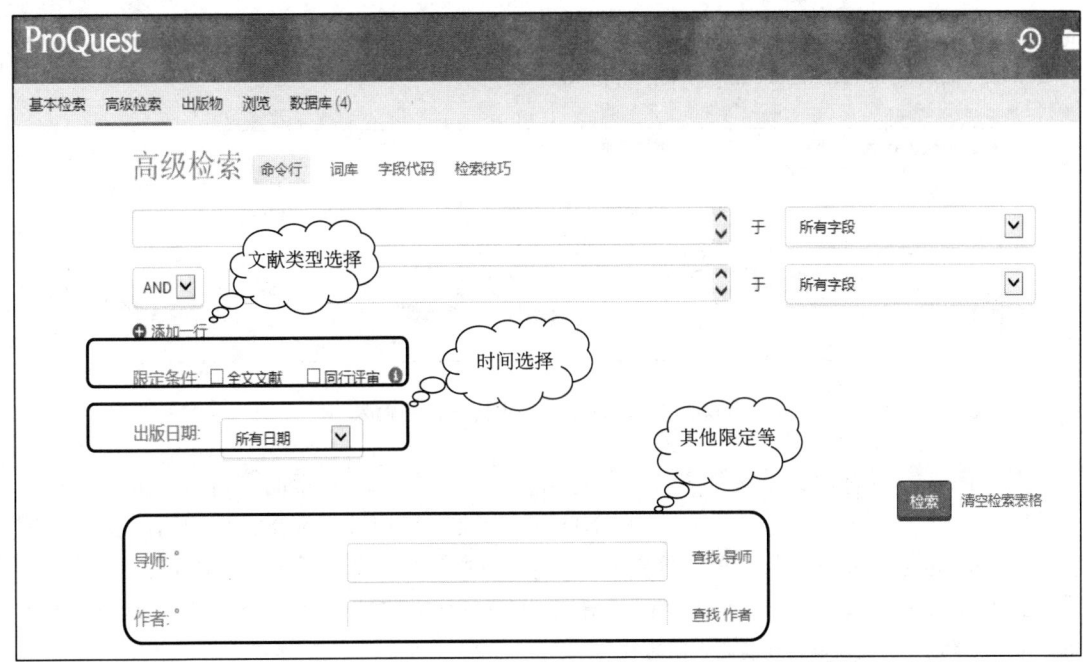

图 6-4　ProQuest 的高级检索页面

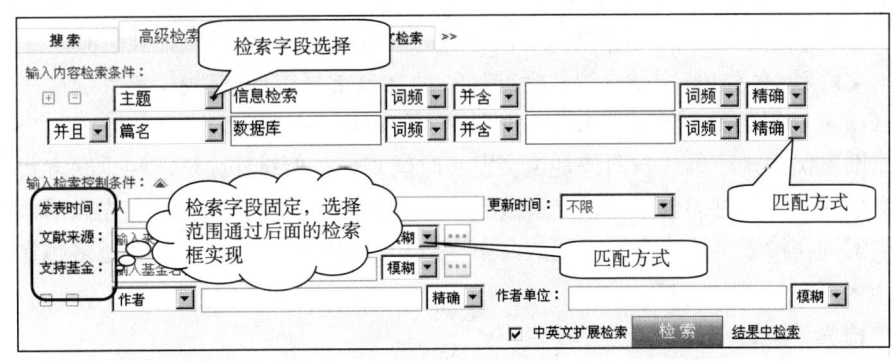

图 6-5　CNKI 的高级检索页面的检索字段选择

精确检索，又叫完全一致检索，即只有与检索词完全相同的才能满足检索条件。

模糊检索，又叫部分一致检索，即只要含有该检索词的就满足检索条件。

提示：目前部分检索系统如中文的 CNKI、万方，英文的 IEL、SpringerLink 具有检索词智能推荐功能，即只要输入一个字或词，系统就会在下方列出最相关的词组，可以直接选取列出的词组。

4．选择检索词间的逻辑组配关系

在主要检索界面中，检索系统一般会提供 2～3 个检索输入框，有的还可以根据需要增加或者减少检索框。检索框由检索字段选择框、检索词输入框、检索逻辑关系选择框等组成，有些系统还提供词频选择框和"精确""模糊"等匹配方式选择框。

【案例 6-6】 如 EI Village 平台中，在检索框输入的检索词如图 6-6 所示，形成的检索策略如下：(((((CW interference and (recognition or suppression)) WN TI) OR ((PN code and slip correlation) WN KY)) OR ((jamming blanking or racking accompanying flight) WN KY))。

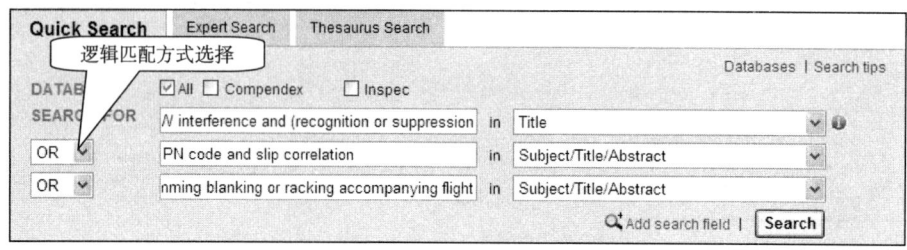

图 6-6　EI Village 平台中检索词的输入

一般而言，所有检索系统都支持布尔逻辑检索。布尔逻辑检索的逻辑组配框一般有三个选项：并含、或含、不含，即英文的 AND/OR/NOT，使用非常简单。用户可根据前后逻辑框输入词的逻辑关系随意匹配。系统在执行检索时会优先操作括号内的内容。

注意：有的数据库系统中，每个逻辑框内同样可以用逻辑组配，但检索系统会把单个检索框内的检索组配词优先考虑，再进行各个逻辑框之间的组配。

5. 选择检索结果的排序方式

合理、多样的排序方式能帮助用户快速查找检索结果。检索系统提供的排序(Rank by、Order By)方式通常有相关度(Relevance)、时间(Date)、重要性(如被引频次、下载频次、经典论文)或者名称(特别是会议、标准等特种文献常采用)。有些检索系统是在执行检索之前选择检索结果的排序方式，如 EI；有些则是在执行检索后选择，如 CNKI、SCI。

数据库设置优先排序方式前两位是论文发表时间和相关度排序。这两种排序方式最符合用户查询文献的习惯。时间排序是以更新数据日期排列，最新更新的记录优先显示，相关度一般是以检索词在检索字段内容里出现的命中次数和出现的位置排序，次数越多越靠前。

6. 进行检索

单击"检索"(Search)按钮进行检索。

6.2.3　检索结果的处理

当单击"检索"按钮执行检索后，就转到检索结果显示页面。在此页面可以对检索结果进行处理，主要任务是通过检索系统提供的功能对结果进行浏览，并选取符合要求的记录进行阅读或者下载。

1. 显示格式选择

一条命中记录通常有三种显示格式，即题录格式(Citation)、文摘格式(Abstract)和全记录格式。一般题录格式是系统默认的格式，单击标题可以查看全记录格式，单击记录下方的文摘格式可以查看文摘等。

(1) 题录格式：通常显示内容包括篇名、著者姓名、原文出处及语种。

(2) 文摘格式：除题录外还有文摘。

(3) 全记录格式：通常除了显示记录的所有字段内容，文摘数据库一般会提供全文链接，全文数据库会提供参考文献、引证文献、相关文献等链接。

一般来说,题录格式是检索结果的直接呈现模式;文摘格式是在检索结果页面上每条记录下方的选择显示模式;全记录格式是单击选中记录标题呈现的模式。

2. 检索结果挑选,采用聚类分析

检索结果聚类通常包括:学科类别、文献类型、文献作者、作者单位、文献出版来源、发表年度、来源数据库等,单击检索结果列表的分类名称,分类栏目会按照该分类类型展开具体内容,通常符合条件最多的会排在最前面,分类排序会达到分析与信息跟踪的功能。

【案例6-7】万方检索平台检索结果的分类排序,见图6-7。

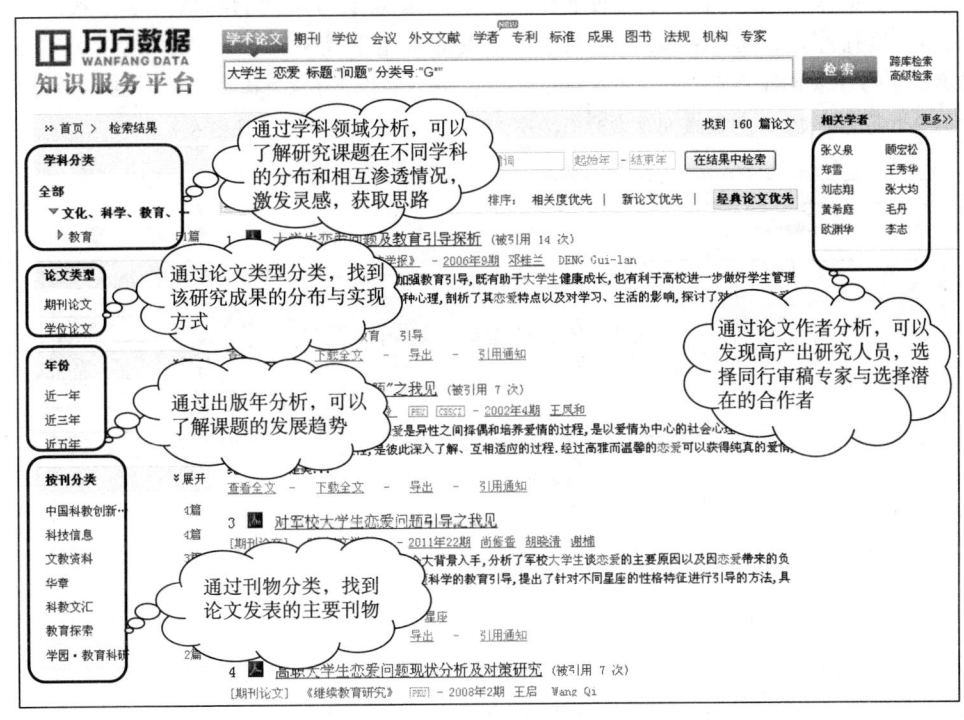

图6-7　万方检索平台检索"大学生恋爱问题"结果的分类排序

3. 结果不理想,可进行二次检索

一次检索后可能会有很多记录是用户所不期望的文献,这时可在第一次检索的基础上进行二次检索。也就是说二次检索是在上次检索结果的范围内再进行检索,可以多次进行,使检索结果越来越靠近用户需求的结果。在外文数据库中二次检索通常表示为 Narrow results by、Search within results、Refine results、Refine your search。

【案例6-8】维普的二次检索,见图6-8。

二次检索输入框通常设在页面右侧前次检索结果显示的上方,在检索词输入框里输入新的关键词,并在字段下拉框中选择二次检索的字段,二次检索通常有限制(Limit to)或者排除(Exclude)两种选择方式,单击"二次检索""在结果中检索"按钮即可。

图 6-8 维普的二次检索页面

4. 排序方式

在检索前如果不进行排序方式的选择，检索结果就采用系统的默认排序方式，一般是时间或相关度排序，在检索结果页面上，可根据需求重新调整排序方式。

【案例 6-9】在 CNKI 检索"大学生创新能力培养"课题的检索结果页面中，采用被引频次排序，可以找到影响力高的论文，也可以改用发表时间排序，找到最新发表的论文，见图 6-9。

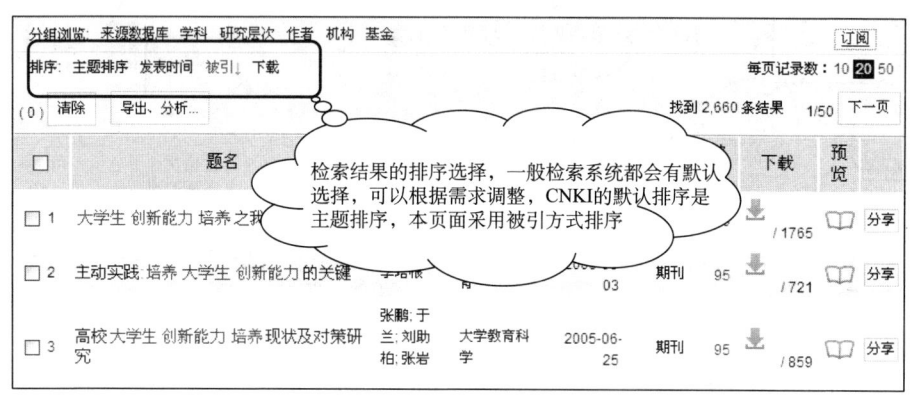

图 6-9 CNKI 的检索结果排序选择页面

5. 记录的选择与标记

对于初步浏览中意的记录，可以在每个单独记录框旁边的复选框做标记；也可以在中文数据库单击"全选"，在外文数据库单击 Select all on page 链接，选中一页中的所有记录进行标记。对标记后的记录可以进行统一下载，但通常数据库对标记记录的数量和可用性都有限制，如万方、维普、CNKI 和 EBSCO 可导出的标记记录最大值是 50 条；SDOS 提供的标记记录不超过 50 条；Springer 甚至不提供标记记录的服务。选择标记后，用户可以查看选定的记录（View Selected Records）或直接下载（Download）。

6. 输出格式选择

输出格式通常有详细格式、引文格式和自定义格式。输出格式是否完整，关系到检索结果的数据导入书目管理系统是否完整和方便。详细格式是数据库选择最多的输出格式，符合普通用户利用信息的习惯。例如，CNKI、VIP 和 EBSCO 提供全部 3 种输出格式，万方仅提供自定义输出格式。

7. 下载方式选择

下载方式包括 E-mail、打印、保存和在线浏览等 4 种方式。外文数据库如 EBSCO、Springer 一般提供全部 4 种下载方式；国内的万方、维普、CNKI 均未提供 E-mail 下载方式。

8. 对节点文献链接的查看

单篇文献（即节点文献）相关信息的链接，有助于用户发现和学习新知识，从而达到扩展知识的目的。链接通常包括引文网络图、作者、机构、分类号、关键词、参考文献和引证文献、共引和同被引文献、相似文献、文献分类导航等。

检索结果与其他资源之间的链接，能够为用户提供查找到其他资源的捷径。它是指文摘数据库检索记录与全文的链接，全文数据库检索记录与三次文献和 SFX 链接。

【案例 6-10】如 CNKI 的检索结果单篇文献浏览页面上（图 6-10），对引文、作者、机构、刊名、关键词等都提供了链接。

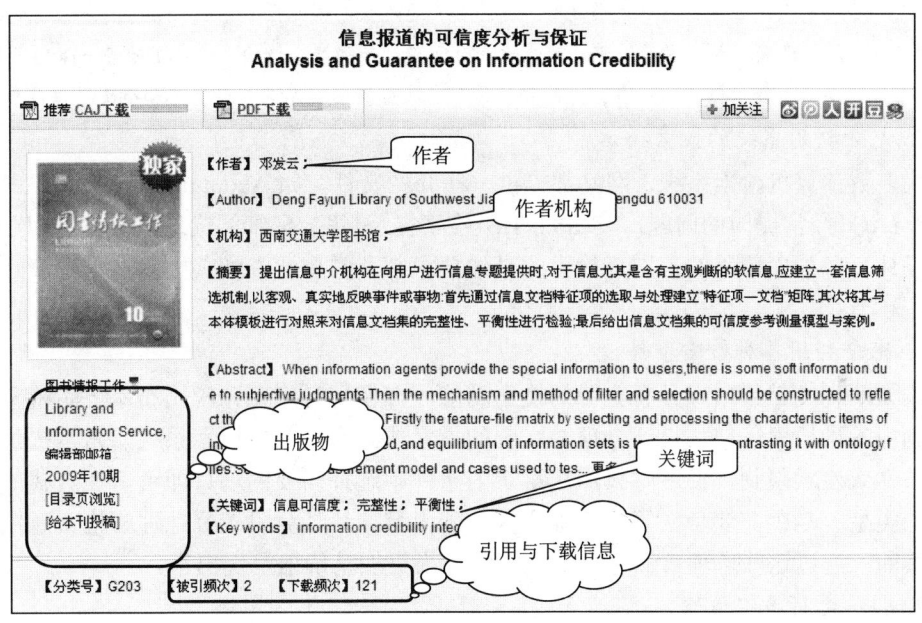

图 6-10　CNKI 的检索结果单篇文献浏览页面

6.2.4　检索系统的使用技巧

1. 恰当选用检索系统

对于信息检索而言，重要的是在检索前选择正确的数据资源，既包括对不同检索系统和数据库的选择，也包括在同一个检索系统或数据库中学科范围、文献类型、语种、时间等的选择。只有如此，才能在一定程度上保证最终检索结果的查全率、查准率。正确地了解、认识、熟悉各类检索系统，是恰当选用数据库的前提，如表 6-1 所示。

表 6-1 检索工具的选择原因

工具选择	选择原因	发挥的作用
综合检索系统	数据库多，文献量大，能系统、全面地获取课题相关文献	有助于发现交叉学科的文献
专题检索系统	专指性强，专业文献收录全，能获取高相关度的论文	查找学科专业领域的新进展；关联型知识（文献数据库）
全文数据库	能直接下载全文，补充核心系统和专业库未收录的资源	一次性获取所需文献，高效、方便
事实、数值数据库、搜索引擎	能检索具体数值、特征、事实信息(名词解释、统计数据等)，或通过专业机构网站了解课题背景信息和动态	查找特征型知识、背景知识，如查找某些事物的数值及量化指标

提示：一般根据检索目的选择，如：①对某一问题进行大致了解，可选事实、数值数据库或搜索引擎；②了解某一专题的最新研究动态及发展趋势，可选更新速度快的专题检索系统；③对某一课题进行全面的调查研究，了解该课题的整个发展过程，可选收录时间跨度长的综合检索系统；④对某一课题进行深入的研究，并在此基础上提出创新的观点，可选相关学科的权威的文摘题录型数据库和全文数据库。

2. 充分利用系统的检索提示

大多数计算机检索系统、网站都提供一些介绍文件，如 About us（关于我们）、Help（帮助）和 FAQ（经常提问的问题）、Search Tip（检索提示）等。仔细阅读这些文件，对于了解系统的设计、数据库覆盖的范围、检索的具体要求都非常重要。切莫因为追求检索速度而忽视这些环节。

3. 充分利用各种检索条件

大型期刊文献数据库具有完善的检索功能，在使用时应充分应用布尔逻辑检索方法，选择利用各种检索入口，设计合理、完善的检索式。有些信息检索系统，常常提供检索的表达条件或检索限制，使用时只需从给定的条件中选择需要的项目即可，如查找的年代、资料的类型、是否需要全文等。正确选择各项内容，让计算机较好地理解检索意图，是十分必要的。通过这些选项，计算机会把检索结果更加精确地呈现出来。

4. 尝试进行多次试检

由于网络数据库的多样性，各个检索系统所包含的范围、检索提问式不尽相同。因此，当一次检索失败后，不要轻易放弃。可以对检索词进行新的排列组合，添加或删除检索词，添加或改变检索逻辑符，或用同义词、近义词代替，再次进行查找，一般会得到较好的检索结果。另外，还可以尝试更换不同的数据库，运用不同的搜索引擎。

提示：不能期望每一次查找，一次检索就成功，因为检索是一个逐渐逼近的过程；不能期望在一个数据库里检索到所需的全部信息，因为数据资源无法被完全整合；也不能指望一次检索就可一劳永逸，因为新的信息还在不断公布。信息检索是一个渐进的过程，期望一个检索语句的一次检索就能得到十分全面而确切的结果是不现实的。正确的方法是先用较少但最反映主题概念的词进行检索，并尽量少用限制条件，通过对检索结果进行分析逐步修改检索词与增加限制条件达到检索目标。

5. 有效地把检索目标、检索策略与检索结果分析结合起来

在检索中要有效地把检索目标、检索策略与检索结果分析结合起来，有效结合就能快

速达到检索目标,因为它们三者本来就是三位一体的。例如,要检索某人发表的最新文章,在检索中选择作者字段,在检索结果中采用时间排序,就能立刻找到所需答案;再如要查询某一课题的主要研究人物与研究机构并进行跟踪,可采用课题的关键词在题名或关键词字段检索,在检索结果中利用聚类分析模块查看排在最前面的作者和作者机构,再采用个性化服务中的定制功能就能快速达到上述要求。

6.2.5 数据库与搜索引擎的检索特点比较

数据库与搜索引擎作为当前主流的检索工具,在网络信息检索中起着不可替代的作用。从搜索方式上看,搜索引擎使用起来简单、易用,只需要输入关键词就可搜索,而且大多搜索引擎是免费的,人人皆可使用,而专业数据库则恰好相反。但从搜索结果来看,搜索引擎能够搜索到的文章量大,但相关性和权威性较差;专业数据库的相关性、权威性则明显高于搜索引擎。二者在检索方面也都有着各自的特点,如表 6-2 所示。

表 6-2 数据库与搜索引擎的检索特点比较

	数据库特点	搜索引擎特点
信息处理	搜集、加工、组织、存储,记录往往经过标准化处理	分类、建立索引
检索功能	检索功能强大,有自己的检索语言和字段标示,可以指定在文献的特定字段检索	默认为在全文中查找,查准率弱,采用受控词检索,检索功能相对较弱
检索字段	供检索字段比较多,除题目、作者、文摘、关键词、主题外,还有受控词、文献类型、时间等检索途径	可以指定在网页的特殊位置如题目、正文、链接(外表特征)查找
检索结果的处理	多种排序方式(如相关度、时间、被引等),而且可以保存、导出、加入文献管理软件	无法调整排序方式,检索结果一般无法导出和管理,只能直接下载或者复制
个性化服务	大部分提供个性化定制和推送服务	极少提供个性化定制和推送服务
适用范围	数据库的内容大多数是印刷资料的电子版,具有严谨性、规范性和连续性。可以满足特定检索需要,达到准确定位的目标	搜索引擎使用简单、直接、方便,尤其适合大众化信息、隐形资源包括预印本、个人博客、技术报告、白皮书(White Paper)

特别提示:检索常见问题。

(1)如果检索到 PDF 全文,但又不能正常显示 PDF 全文,有可能因为 Acrobat Reader 版本太低,建议安装高版本阅读器。

(2)很多外文数据库禁止设置代理,而一些浏览器常会自动设置代理,致使无法正常访问数据库,因此检索外文数据库最好使用 IE 浏览器。

(3)一般全文数据库都可以免费检索,但下载需要付费或者只能在单位订购部分中下载,所以有的全文不能下载可能是因为图书馆虽然订购了该数据库,但可能没有订购需要的专集。例如,西南交通大学订购了中国期刊全文数据库(CNKI),但没有订购其中的农学部分。

(4)在检索中操作过于频繁,或者下载数量过大,被数据库提供商认为非法或者恶意下载,将会终止该 IP 地址的使用权,使其无法下载。

(5)图书馆电子资源的免费使用是建立在图书馆统一付费的基础上的,而电子资源订购的费用主要是根据校园网内用户在该电子资源前一年度的浏览、下载总量来决定,所以为了节省费用,不要无谓下载和使用信息推送。

6.3 检索系统的个性化服务

个性化服务是指在特定的检索系统中，根据用户的需求和检索目标设定需求内容、表达形式，从而选取特定的系统服务。大多数检索系统都具有个性化定制功能。

6.3.1 创建个人账户

在一个检索平台首页右上角，一般都有登录（Login）与注册（Register）提示。单击注册标记，然后填写表单，就可以创建个人账户。在注册表单的末尾都有"已经阅读××即用户服务协议""I have read and understood the Registered User Agreement"等条件，必须勾选后才能注册。创建该账户时需要提供用户名、密码、名字、姓氏和电邮地址。所有字段都必须填写。个人账户的优点在于可以通过它保存、标记、组织以及与他人共享检索结果。每次显示登录画面时，都会同时提供一个用于创建账户的链接。创建个人账户后，每次使用此账户的收藏夹资源时，都可使用该账户的用户名和密码登录。

6.3.2 个性化服务的主要功能

1. 定制服务

所谓定制服务，是指用户可以根据自己的爱好、关注的学科领域、研究主题对数据库的资源、界面等进行定制。定制服务是提高数据库提供的信息与每个用户之间相关性的重要途径。定制服务分为界面定制和资源定制两种形式。界面定制是指用户根据自己的想法对数据库的个性化服务界面进行定制，即定制用户个性化的首页、个性化显示风格等。资源定制是指用户根据自己的需求选择所关注的学科领域及研究主题，不用将数据库提供的全部资源进行显示，使用户能够快速获取所需信息。资源定制是数据库个性化定制服务的主要内容。用户可以定制并随时修改个性化定制要求。

2. 推送服务

所谓推送服务，是指数据库根据用户预先的定制，在一定的时间内自动并持续地把符合用户要求的信息按用户定制要求的方式推送给用户，使用户能及时地获取所需的最新信息。

推送服务包括邮件推送和 RSS 订阅两种方式。邮件推送是数据库以邮件的方式定期向用户发送按用户要求定制的最新信息；RSS 订阅推送是指用户通过 RSS 阅读器随时随地查看在数据库中定制的相应信息。推送服务体现了个性化服务主动性的基本原则，是数据库信息被用户及时获知的有效途径。

【案例 6-11】SDOS 数据库提供的推送服务，见图 6-11。

3. 存储服务

【案例 6-12】SDOS 数据库提供的检索提醒和 RSS Feed 功能，见图 6-12。

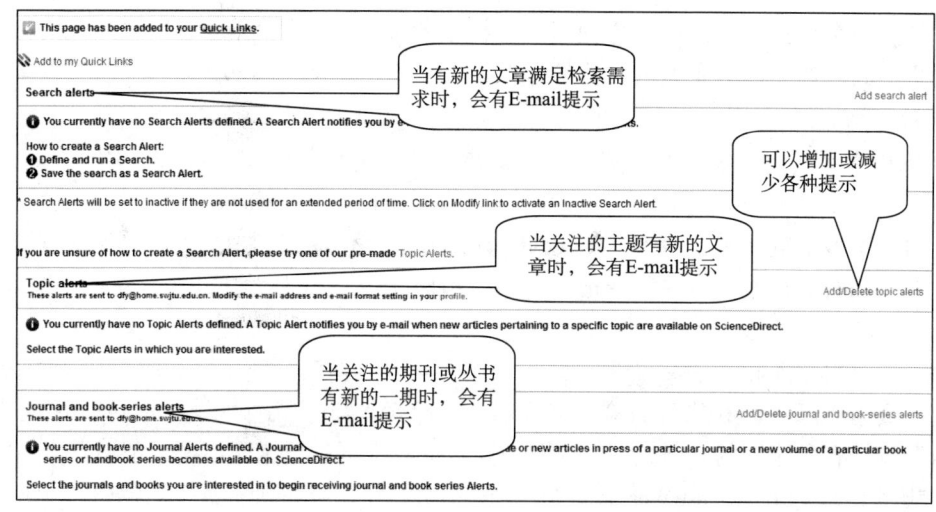

图 6-11　SDOS 数据库提供的检索提醒、主题提醒和期刊/图书提醒服务

图 6-12　SDOS 数据库提供的检索提醒和 RSS Feed 功能

所谓存储服务，是指用户可以在数据库服务器上开辟个人的存储空间，为存储、检索信息提供方便，并能对其进行管理。存储服务的内容包括检索策略存储、检索结果存储和常用资源存储。存储服务提供暂时保存和永久保存两种存储形式。

6.4　常用综合检索平台

通过一个综合的检索平台可同时检索多个数据库，这一方面节省了用户的检索时间，提高了效率；另一方面也使用户信息需求表达的完整性、检索结果的准确性受到挑战。本节将介绍几个目前主要的综合检索平台。

6.4.1　综合检索系统与跨库检索

当今是一个信息提供商整合壮大的时代，一些被收购，一些相互组成联盟，所以同一个检索系统中提供的数据库越来越多，一些信息服务商（如图书馆）也趋向于将多个检索系统集成到同一个检索平台。这一方面提高了检索的效率与方便性,但另一方面检索效果往往不理想。如何选择,下面提供一些参考。

1. 跨库检索

跨库检索系统提供统一的检索入口,支持用户一次对多个数据库同时进行检索,自动归并检索结果,以统一方式显示给用户。目前的跨库检索主要有两种,一种是在综合检索平台上的一次多个数据库的检索,如 CNKI、万方、ProQuest、EBSCO 等;另一种是一些机构把自己拥有的检索系统进行集成建立统一检索平台,如上海交通大学学术信息资源检索系统、NSTC 跨库集成检索系统。

由于每个数据库收录的文献范围、侧重点不同,数据库之间所能提供的检索字段不一样。选择数据库越多,其共有的检索字段越少,检索入口也就会越少。不同类型文献的常见检索字段是有所区别的。例如,如果要在同一个检索页面检索,系统只能取其共有字段。

【案例 6-13】在 EBSCOhost Web 上,当只选一个数据库时,可以利用的检索字段有十多个,当选择数据库超过两个以上时,可以利用的检索字段一般在 6 个左右,少了将近一半。

跨库检索经常遇到的问题是,检索失败或者和在源数据库中的检索结果不太一样。这主要是跨库检索系统把检索请求同时发送给不同的数据库,而在发送的过程中可能会碰到一些问题(如网络问题、并发用户限制、检索时间超时等),从而导致检索失败;或者由于在跨库里选择的字段和在各个数据库选择的检索字段不一致,如跨库里默认是"题名"检索,但有的数据库默认"所有字段"(如 Elsevier、IEEE),有的数据库默认"题名或关键词"(如维普),从而导致检索结果的数量差异。

2. 单库与多库的选择策略

跨库检索系统一般会默认选择全部可使用数据库,用户在进行检索之前应当看清楚,一定要有针对性地选择数据库。选择策略如下。

(1)当用户一次想查找多个数据库,或者要查找文献却又不太明确文献所在的数据库时,利用跨库检索系统可以快速了解所需文献信息,通过文献所在数据库的数量,逐渐摸索出适合自己研究课题方向的数据库,有选择地跟踪文献。

(2)当要求比较精确并且需求比较单一,如只是查找某一会议或者期刊的论文时,可以选择单库检索;当需求比较多样时,应该选择相关数据库逐个检索。

(3)当项目调研需要全面的信息或者想了解学科交叉部分的信息时可以采用跨库检索。

3. 利用跨库检索系统平台中数据库的链接与整合

在部分融合了多个数据库的检索平台中,经过数据库提供商在数据库彼此间进行链接,帮助用户获取更为详细、更为丰富的相关信息,有利于科研创新与发现。

在外文多数据库检索平台中,ISI 为扩展系统整合功能而特别建立的 ISI Links 即可满足这种要求。ISI Links 通过在不同数据库之间进行链接,将各种不同来源的数据库加以整合,使用户只需通过同一界面进行检索,即可迅速、高效地找到所需信息。

【案例 6-14】ISI Web of Knowledge 平台可在 ISI Web of Science、ISI Proceedings、CCC、JCR、BIOSIS Previews、ISI Chemistry、Derwent Innovation Index、NCBI GenBank 及 INSPEC 等数据库之间进行双向链接。例如,通过 ISI Chemistry 所进行的文献调研可以经由 Web of Science 获得更多的相关文献的资料,而

在 Web of Science 中所找到的文献又可通过 ISI Chemistry 获得更为详细的反应信息。在中文多数据库检索平台中，CNKI 知网节通过相似文献、读者推荐文献将期刊全文库、学位论文库、报纸库的相关资料链接在一起。

6.4.2 中国知网

中国知网(www.cnki.net)是中国学术期刊电子杂志社编辑出版的，以《中国学术期刊》全文数据库为核心的数据库，目前已经发展成为"CNKI 数字图书馆"。第一次使用 CNKI 的产品服务，需要下载并安装 CAJ 阅览器，才能看到文献全文。CNKI 的所有文献都提供 CAJ 文件格式，期刊、报纸、会议论文等文献还同时提供 PDF 文件格式。CAJ 阅览器针对学术文献的各种扩展功能比 Acrobat 浏览器更强。建议使用 CAJ 全文浏览器(在 CNKI 主页下载)。

1. 资源介绍

收录包括期刊、学位论文、会议论文、报纸等学术与专业资料；覆盖各个学科范围，数据每日更新，支持跨库检索。主要数据库如表 6-3 所示。

表 6-3 CNKI 主要数据库介绍

全文数据库	题录/文摘数据库
《中国期刊全文数据库》(1979 年至今)	《中国引文数据库》(1979 年至今)
《中国学术期刊网络出版总库》(1915 年至今)	《国家科技成果数据库》(1978 年至今)
《中国优秀硕士学位论文全文数据库》(1999 年至今)	《中国标准数据库》
《中国优秀硕士学位论文全文数据库_增刊》(2001 年至今)	《国外标准数据库》
《中国博士学位论文全文数据库》(1999 年至今)	《哈佛商业评论数据库》(2002 年至今)
《中国重要会议论文全文数据库》(1999 年至今)	
《中国专利数据库》(1985 年至今)	
《中国重要报纸全文数据库》(2000 年至今)	
《国家标准全文数据库》(1950 年至今)	
《中国行业标准全文数据库》(1950 年至今)	
《中国年鉴全文数据库》(1999 年至今)	
《中国工具书网络出版总库》	

其中，《中国期刊全文数据库》是目前世界上最大的、连续动态更新的中国期刊全文数据库，内容覆盖自然科学、工程技术、农业、哲学、医学、人文社会科学等各个领域。各数据库的具体介绍在其主页上均可查询。

2. 检索与浏览

CNKI 提供了多种检索与导航(浏览)方式。不同检索方式的功能与实现范围见表 6-4。快速检索类似于搜索引擎的检索方式，操作简单，用户只需输入检索词，单击"检索"按钮就能查找到相关文献。

表 6-4 CNKI 检索平台功能

功 能	实现方式
以文献的内容特征为检索对象	快速检索、高级检索、专业检索
以文献的外部特征为检索线索	引文检索、作者检索和科研基金检索
提供知识信息的事实检索	句子检索、知识元搜索
科研追踪、评价	被引频次、下载频次、引文检索；细览页面的知识元链接
结果分析	聚类分析、排序分析、链接分析

高级检索提供了多个检索输入框，用户可以方便地构造检索式，控制多个检索项和检索词，还可同时通过"发表时间""文献来源"缩小检索范围。单击检索项前的"+"号，可添加另一个文献内容特征作为检索项，最多控制 7 个检索条件行。高级检索页面如图 6-13 所示。

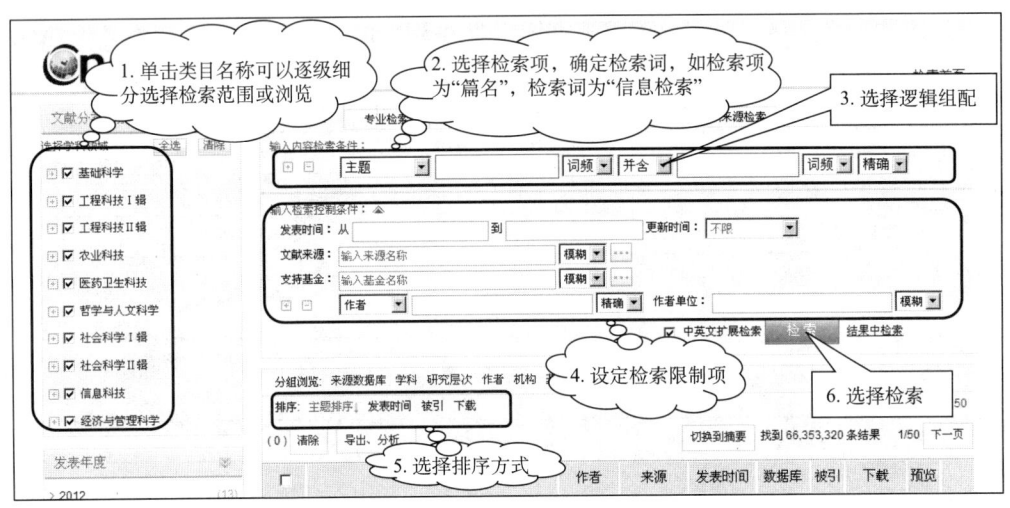

图 6-13 CNKI 高级检索页面

在检索结果页面(图 6-14)，可通过不同的分组方法进行精确分析和挖掘，还可通过 4 种不同的排序方法进行排序。单击检索出来的文献题名，即可进入下载知网节页面，查看该文献的参考文献及引证文献；直接单击相关文献题名，如单击参考文献中的一篇文章，则可直接链接到该文章，而不需要进行重新检索。知网节的浏览功能作为扩展检索，降低了检索的复杂度，节省了时间(表 6-5)。选择检索结果中的多篇文献，单击"查看引证文献"按钮，可同时获取多篇文献的引证文献。

其检索结果题录信息输出功能提供了"简单"、"详细"、"引文"、"自定义"、RefWorks、EndNote、NoteExpress、"查新" 8 种输出格式。

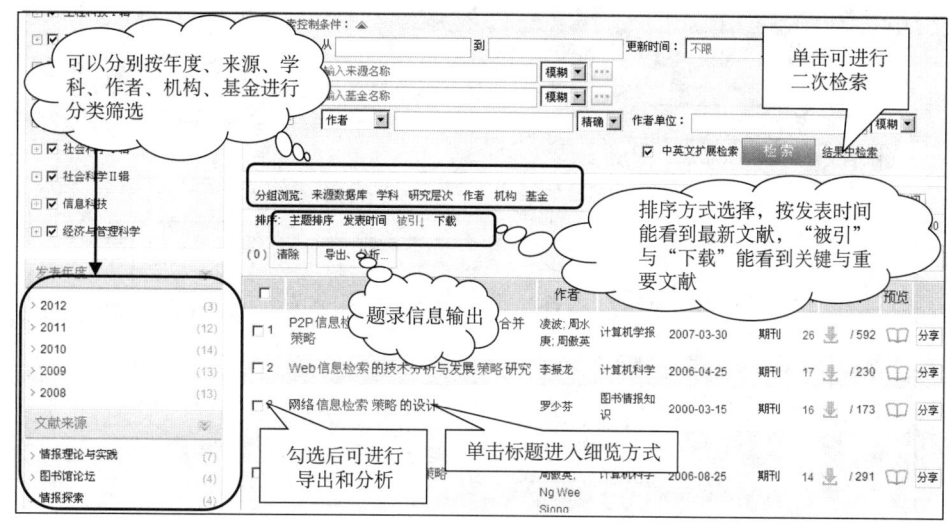

图 6-14 CNKI 检索结果页面

表 6-5 知网节的链接内容与作用

链接方式	链接内容	作用
参考文献	本文参考引用的文献	反映本文研究工作的背景和依据
引证文献	引用本文的文献	本文研究工作的继续、应用、发展或评价
共引文献	与本文有相同参考文献的文献	与本文有共同研究背景或依据，帮助用户找到具有共同研究历史和传承关系的论文
同被引文献	与本文同时作为参考文献被引用的文献	与本文共同作为进一步研究的基础，即谁与本文共同支持着未来的研究，共同被后继研究者参考引用
二级参考文献	本文参考文献的参考文献	进一步反映本文研究工作的背景和依据
二级引证文献	本文引证文献的引证文献	更进一步反映本文研究工作的继续、发展或评价
读者推荐文献	与本文同时被下载的文献	帮助用户找到具有相同研究内容，共同被用户使用的文献
相似文献	通过特殊算法计算出来的文献	帮助用户找到自己没有意识到但却极为重要的文献
知识元	文献中的名词概念、方法、事实、数据等	链接到知识元的解释和出处文献

3. CAJ 阅读器的使用

CAJ 阅读器(图 6-15)可以帮助用户方便快捷地进行文字、图像编辑、打印与部分文字及图表公式的保存，也可以直接阅读和编辑 CAJ 格式文件，如单击浏览器工具栏中的 图标，用鼠标选中所需要的文章内容，可直接复制、粘贴到文本编辑器(如 Word 等)。

如果浏览 CAJ 格式的全文时出现空白页，说明当前阅读器版本太低，需下载最新版的"CAJ 全文浏览器"重新进行安装。需要说明的是，CAJ 阅读器目前不支持 Vista 系统。

特别提示：①中国知网平台采用"IP 地址+账号密码"控制全文访问权限，最好通过图书馆主页上的链接登录；②如果检索出的文献全文下载按钮为灰色 ，说明该库最大用户数已满，或者未订购该专题部分；③有的读者还可通过邮件推送方式获取部分"原文禁止上网"的期刊文献；④中国知网的指数和学

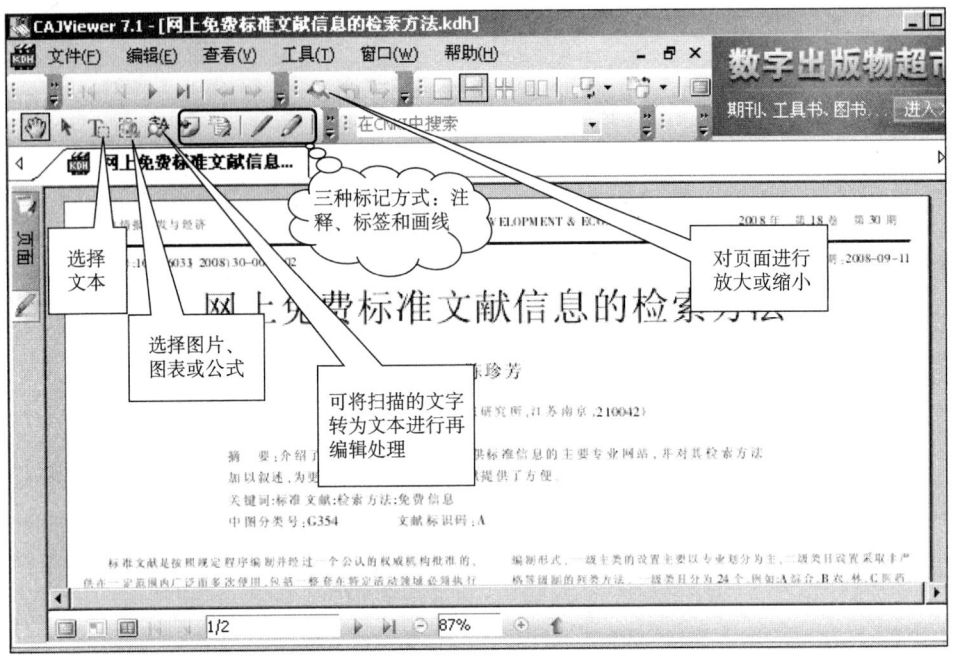

图 6-15 CAJ 阅读器打开"网上免费标准文献信息的检索方法.kdh"文件界面

术趋势搜索能够快速确定一个主题的相关文章;⑤在检索结果详细页面上,不同文献类型显示的相关文献不同,例如,专利文献的相关文献就显示申请机构/个人其他专利、发明人发表文献、申请机构(个人)发表文献、本专利研制背景、本专利应用动态、所涉核心技术研究动态等内容。

6.4.3 万方数据资源系统

万方数据资源系统(http://www.wanfangdata.com.cn)是建立在因特网上的大型科技、商务信息平台,内容涉及自然科学和社会科学的各个专业领域,具体资源介绍见表 6-6。

表 6-6 万方各子库的资源类型和收录范围

子库	资源类型及收录范围
学术期刊	全文资源。收录自 1998 年以来国内出版的各类期刊 6000 余种,其中核心期刊 2500 余种,论文总数量达两千万余篇,每年约增加 200 万篇,每周两次更新
学位论文	全文资源。收录自 1980 年以来我国自然科学领域各高等院校、研究生院以及研究所的硕士、博士以及博士后论文共计 136 万余篇。其中 211 高校论文收录量占总量的 70%以上
会议论文	收录了由中国科技信息研究所提供的,1985 年至今世界主要学会和协会主办的会议论文,以一级以上学会和协会主办的高质量会议论文为主。每年涉及近 3000 个重要的学术会议,总计 97 万余篇,每年增加约 18 万篇,每月更新
专利技术	收录了国内外的发明、实用新型及外观设计等专利 2400 万余项,其中中国专利 331 万余项,外国专利 2073 万余项。内容涉及自然科学各个学科领域,每年增加约 25 万条,每两周更新一次。大多数国内外专利可以直接下载 PDF 全文
中外标准	题录资源。综合了由国家技术监督局、建设部情报所、建材研究院等单位提供的相关行业的各类标准题录。包括中国标准、国际标准以及各国标准等 25 万多条记录

续表

子库	资源类型及收录范围
科技成果	题录资源。主要收录了国内的科技成果及国家级科技计划项目。总计 50 万余项,内容涉及自然科学的各个学科领域,每月更新
地方志	地方志书是由地方政府组织专门人员,按照统一体例编写,综合记载一定行政区域内,一定历史时期的政治、经济、文化及自然资源的综合著作。也有少数地方志是由地方单位或民间组织编纂的。万方数据地方志收集了 1949 年以后出版的中国地方志
政策法规	全文资源。收录自 1949 年中华人民共和国成立以来全国各种法律法规 28 万余条。内容不但包括国家法律法规、行政法规、地方法规,还包括国际条约及惯例、司法解释、案例分析等
机构	题录资源。始建于 1988 年,是国内最早商业化运作的企业信息库,收录了国内外各行业近 20 万家主要生产企业及大中型商贸公司的详细信息及科技研发信息,每月更新
科技专家	收录了七千余条国内自然科学技术领域的专家名人信息,介绍了各专家的基本信息、受教育情况及其在相关研究领域内的研究内容及其所取得的进展

在首页的下方有资源的列表,直接标出记录数和更新日期,单击名称可以查看详细内容。已购买全文文献的,检索后可以直接下载全文;未购买全文数据库的,即使检索到全文数据库的文献,也不能查看和下载全文,只能查看其简单信息或详细摘要信息。

万方(图 6-16)采用一框式检索+逐步限定的检索方式,符合用户的检索行为模式。通过检索→发现→调整→再检索的检索流程,以及聚类、相关词等功能不断启发用户。高级检索(图 6-17)在指定的范围内,通过增加检索条件满足用户更加复杂的要求,实现精准检索。

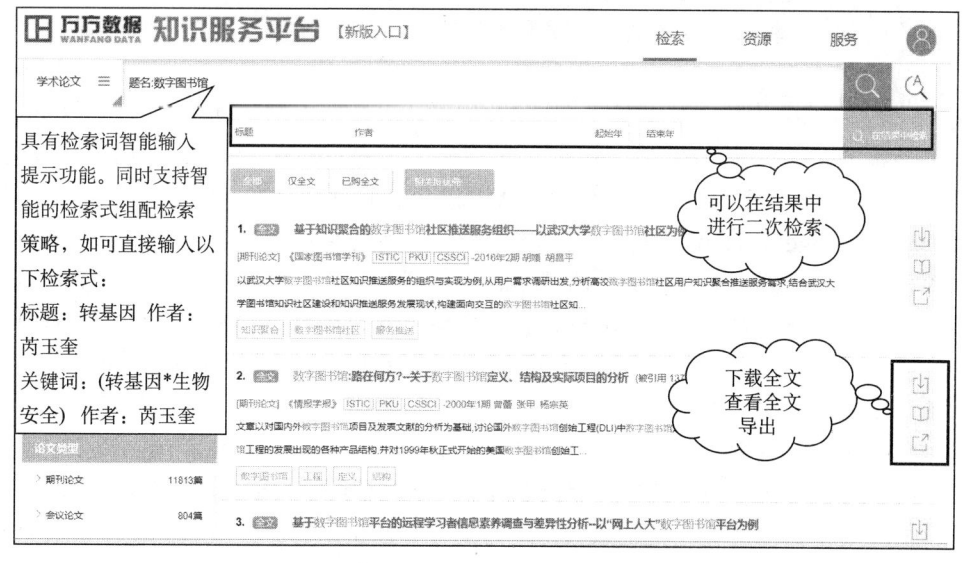

图 6-16　万方数据资源系统基本检索页面

在检索结果页面(图 6-17)提供了进一步缩小检索范围、学科分类数目提示,根据论文类型、发表年份等信息聚类分析的功能,检索框会列出上次检索使用的检索词,用户可以清空,重新填入新的检索词以及检索字段。系统还提供了二次检索功能,用户可以通过标题、作者、关键词、论文类型、发表年份、有无全文等条件再次检索,可以多指标智能排序。

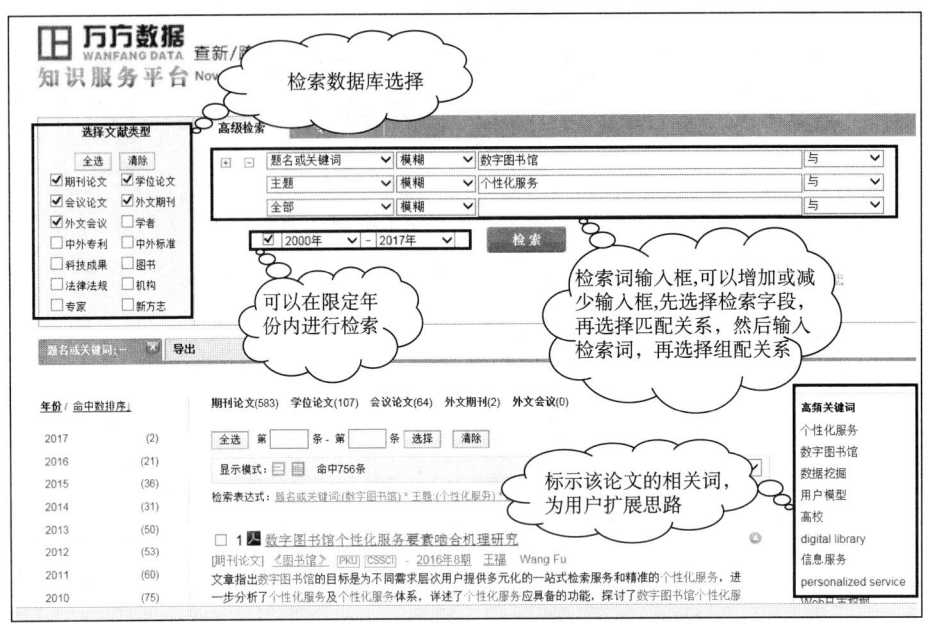

图 6-17　万方数据资源系统跨库检索页面

在详细信息页面，通过系统提供知识元链接，如参考文献、相似文献、引证文献、相关博文等线索，查找用户需要的文献资源。系统还提供了与检索词有关的专家、机构，通过它可以了解当前文献所涉及的研究人员和单位等。

6.4.4　ProQuest 平台

ProQuest Information and Learning 公司通过 ProQuest 平台（http://search.proquest.com）（图 6-18）提供 60 多个数据库，包含文摘题录信息和部分全文。自 2012 年起，原剑桥科学文摘（Cambridge Scientific Abstracts，CSA）平台的数据库全部合并到 ProQuest 平台。这些数据库涉及商业经济、人文社会、医药学、生命科学、水科学与海洋学、环境科学、土木工程、计算机科学、材料科学等领域，包含学位论文、期刊、报纸等多种文献类型。尤其值得一提的是著名商业经济数据库 ABI 和全球最大的学位论文数据库 PQDT，还有原 CSA 平台丰富的特色专业数据库。

国外博硕士论文数据库（ProQuest Dissertations and Theses，PQDT）收录 1861 年至今来自欧美 1000 多所大学的 270 万篇博、硕士学位论文的题录和文摘。近几年少量学位论文免费提供全文。美国国会图书馆指定该数据库为其博、硕士论文数字收藏单位。多数论文可以看到前 24 页的扫描图像。如需完整论文原文，可先查询 ProQuest 学位论文全文数据库，若没有再通过馆际互借获取。

ARL（ProQuest Academic Research Library）是一个综合性的数据库，共收录来自 1400 家商业出版社、学协会和大学出版社的 4000 多种综合性期刊和报纸。其中大部分是全文期刊。这个数据库中的优势资源包含 15 个重要主题领域，分别是经济、人文、法律、教育、心理学、科技、社科、儿童、妇女、国际问题等。40%以上的全文刊可获取 10 年以上的回溯信息。

第 6 章 数据库检索

图 6-18　ProQuest 系统检索首页

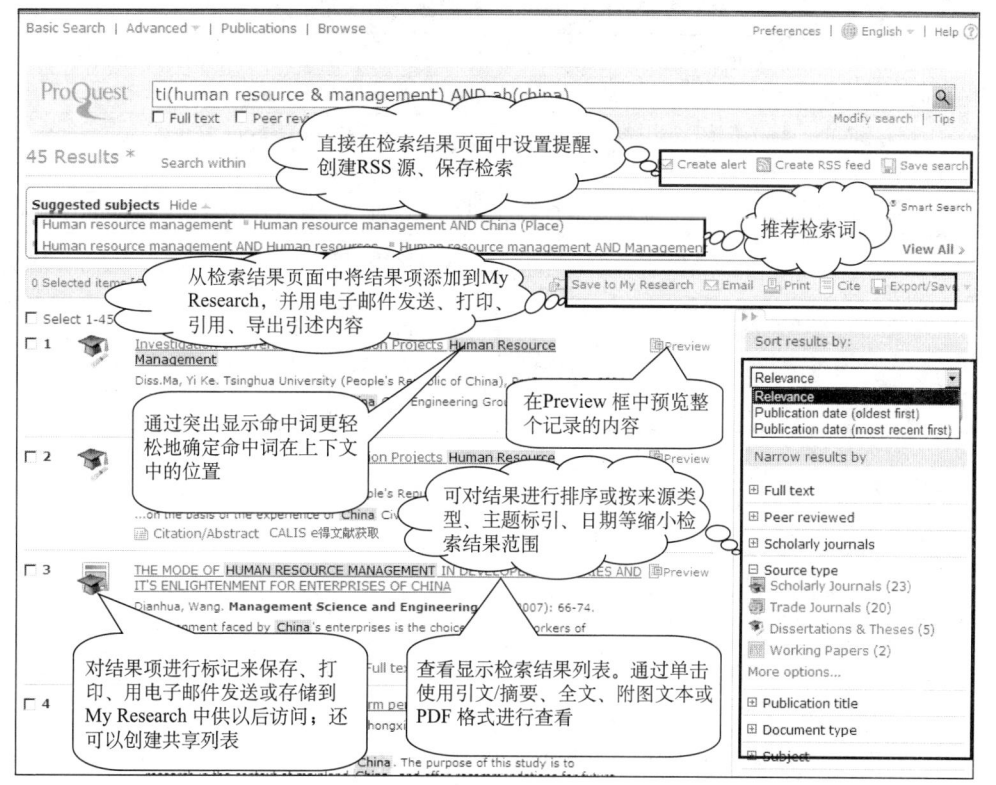

图 6-19　PQDT 检索结果页面

检索方式分为基本检索和高级检索,并提供学科分类检索功能和论文分类浏览功能。基本检索可以选择检索字段、输入检索词、选择布尔逻辑组配、选择检索年份,然后进行检索;高级检索可以在文本框里直接输入布尔检索表达式,利用组合输入框构建布尔检索式;在学科分类功能中,选择某学科,可显示该学科下的记录,然后可进行二次检索;论文分类浏览提供分类浏览的导航树,共分三级,可逐级打开,或进行二次检索。

检索结果处理见图 6-19,检索结果浏览除提供结果索引浏览格式外,还提供索引+文摘格式和 PDF 格式的全文浏览功能。对检索结果页面可使用文件菜单进行保存、打印、E-mail 发送等操作;对 PDF 格式显示的记录也可使用文件菜单进行打印、保存操作,但若要发送邮件,必须先保存后,再通过自己的信箱发送。

6.4.5 Web of Science

Web of Science(http://www.webofknowledge.com)是 Thomson Reuters 公司开发的信息检索平台。通过这个平台,用户可以检索关于自然科学、社会科学、艺术与人文等学科的文献信息,可以同时对多个数据库进行单库或跨库检索;可以使用分析工具;还可以利用书目信息管理软件,见表 6-7。

表 6-7 Web of Science 平台上的资源与工具

文献数据库	分析工具
BIOSIS Previews	Essential Science Indicators
Current Contents Connect	Journal Citation Reports
Derwent Innovations Index	InCites(独立平台)
INSPEC	免费网络资源
MEDLINE	BiologyBrowser
Web of Science	Index to Organism Names
中国科学引文数据库(CSCD)	ResearcherID.com
个人文献管理工具	Science Watch®
EndNote Web	Special Topics®

1. 资源介绍

Web of Science 包括 ISI 公司的三大引文数据库和两大会议录索引。

(1) SCIE(Science Citation Index Expanded):1899 年至今,涵盖 150 个学科的 7100 多种主要期刊。

(2) SSCI(Social Sciences Citation Index):1998 年至今,涵盖 50 个社会科学学科的 2100 多种期刊,以及 3500 种世界领先的科学和技术期刊。

(3) A&HCI(Arts & Humanities Citation Index):1998 年至今,包括 1200 种艺术与人文期刊,以及来自 6000 多种自然和社会科学期刊的精选内容。

(4) CPCI-S(Conference Proceedings Citation Index - Science):即原 ISTP,1998 年至今,专门收录世界各种重要的自然科学及技术方面的会议,包括一般性会议、座谈会、研究会、

第 6 章 数据库检索

讨论会、发表会等的会议文献，涉及学科基本与 SCI 相同。

（5）CPCI-SSH（Conference Proceedings Citation Index - Social Science & Humanities）：即原 ISSHP，1998 年至今，专门收录世界各种重要的社会科学及人文科学的会议。

2. 检索方式

通过网址 http://www.webofknowledge.com 可以访问 Web of Knowledges 平台，在 Web of Knowledges 页面中单击"选择一个数据库"，则可以看到所有可供检索的数据库，单击 Web of Science 链接即可进入。

"普通检索"用于检索特定的研究主题，检索某个作者发表的论文，检索某个机构发表的文献，检索特定期刊、特定年代发表的文献等。当手头只有一篇文章，一个专利号，一本书或者一篇会议论文，要了解该研究领域的最新进展，或者了解某位作者发表文献的被引用情况时，可采用"被引参考文献检索"和"作者检索"功能。

下面以检索 2002 年以来碳纳米管在飞机中运用的研究论文为例，说明检索过程，可以如此操作（图 6-20）。

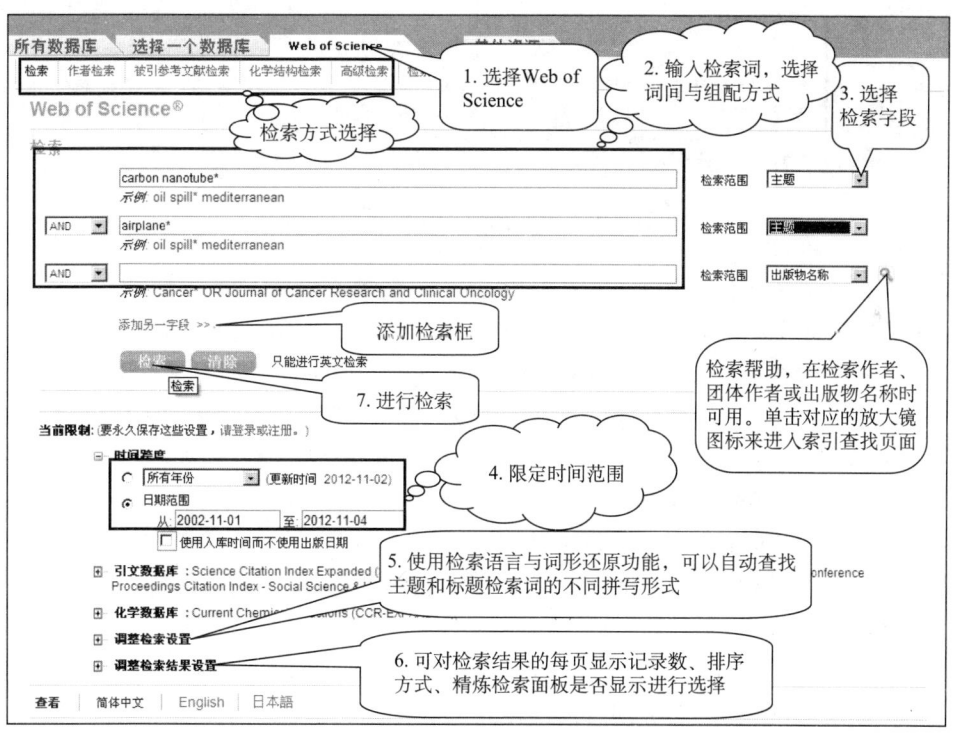

图 6-20　Web of Science 检索首页与检索示例

（1）输入检索项：carbon nanotube* 主题；airplane* 主题。
（2）出版年：2000～2012。
（3）调整检索设置：可开启或关闭"词形还原"功能以扩展或者准确检索。
（4）进行检索。

3. 检索结果概要页面及其功能

在检索结果概要页面(图6-21)，可对检索结果进行精炼与排序，用户可以选择感兴趣的记录输出，可以保存到用户的EndNote Web个人图书馆，还可以"创建引文报告"及通过分析检索结果获得隐含的研究模式等。

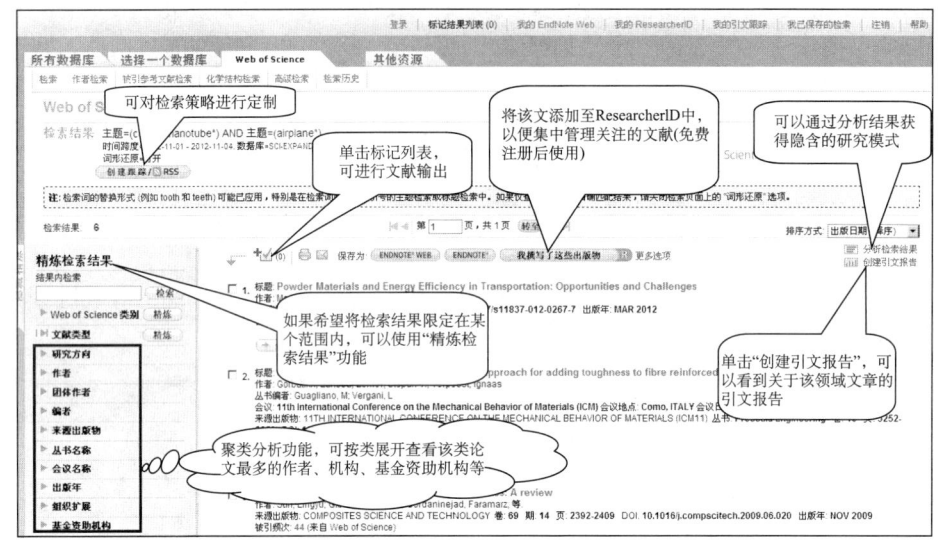

图6-21 Web of Science检索结果概要页面

提示：在"分析检索结果"栏目中，如想了解某个课题的学科交叉情况或者所涉及的学科范围，可以按照"学科类别"进行分析；如想了解关注领域的研究论文都发表在哪些期刊上，以便将来找到合适的发表途径，可以按照"来源出版物"进行分析；如想了解某个研究的主要研究人员，可以按照"作者"进行分析；如想了解从事同一研究的其他机构还有哪些，可以按照"机构"进行分析；如想了解某个研究的进展情况，可以按照"出版年"进行分析。上述分析也可通过"精炼检索结果"栏目下的各类别展开。

4. 检索结果详细页面及其功能

在检索结果详细页面(图6-22)可以看到该篇文章的引证情况、引用的参考文献、相关记录及作者的邮件地址与通信地址，并可创建引文跟踪服务和引证关系图。

5. 特色功能介绍

(1) SAME运算符，可以帮助用户精炼检索。SAME与AND很类似，但是有更多限制。两个关键字都必须出现，且必须同时出现在同一个"句子"中，前后顺序不限。一个"句子"可代表文献摘要中的一句话、文献标题、一个关键字串或作者的地址。

(2) 词形还原功能。开启词形还原功能系统将对"主题"与/或"标题"检索中单词的词形变化形式，包括同义词、复数形式和单数形式进行检索。系统不会将"词形还原"规则应用到带通配符的检索式中的检索词中。

【案例6-15】"词形还原"举例。

mouse 查找复数变形，如 mouse 和 mice。

第 6 章 数据库检索

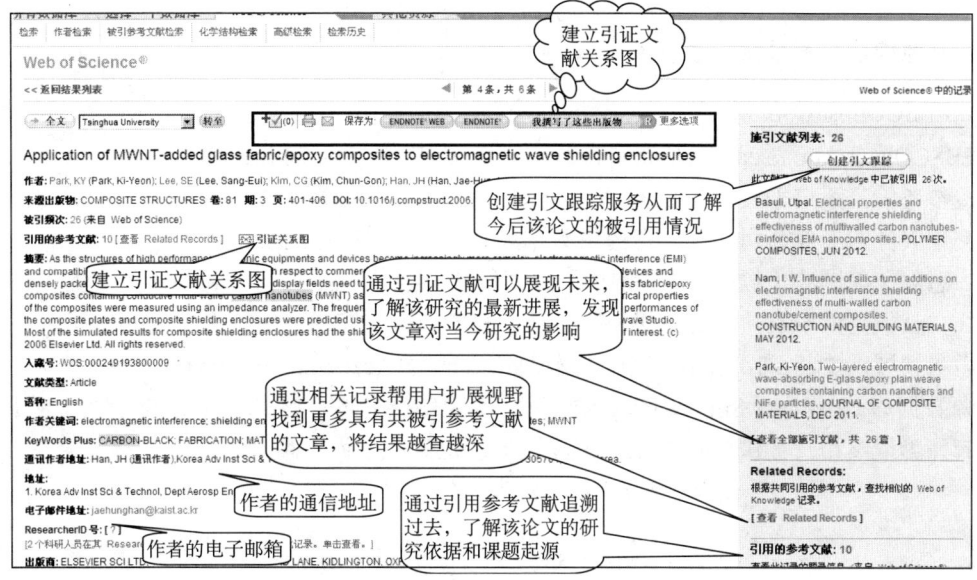

图 6-22 Web of Science 检索结果详细页面

napkin 查找词汇变形，如 napkin 和 serviette。
serfs 查找音位变形，如 serfs 和 serves。
matrix 查找拉丁文变形，如 matrix 和 matrices。
defense 查找不同拼写形式，如 defense 与 defence。

(3) 检索目标与检索方法小结，见表 6-8。

表 6-8 Web of Science 的使用方法小结

检索目标	检索词的输入方法	选择的字段
检索一篇论文是否被 SCI 收录	输入确切的题目	标题字段
检索一篇期刊是否被 SCI 收录	输入期刊名简称，或 ISBN	来源期刊
检索某人的某篇论文是否被他人引用	先输入作者的姓名，姓用全称，名用缩写；然后输入该论文所在期刊的刊名简称及年份	被引作者；被引著作；被引年份
检索某机构被 SCI 收录	输入机构名称简称	机构扩展

特别提示：SCI 网络版中作者的著录形式只有一种，姓全拼，名缩写。作者著录方式见表 6-9。SCI 本身为文摘版，需要下载全文，可以通过学术论坛查找下载网址或者电子邮件请求作者告知。

表 6-9 SCI 作者的著录形式

中文姓名	一种形式
张卫华	Zhang wh
黄楠	Huang n

6.4.6 其他综合检索系统

1. EBSCOhost 平台

EBSCOhost（http://search.china.epnet.com）是 EBSCO Publishing 公司的在线参考信息系统平台。EBSCO Publishing 是目前世界上最大的、提供学术文献服务的专业公司之一。它提供数据库、期刊、文献订购及出版等服务，总部在美国波士顿，在全球 19 个国家设有办事处。开发了 200 多个在线文献数据库产品，涉及自然科学、社会科学、人文艺术、生物医学等多学科领域，如表 6-10 所示。其中学术期刊数据库（Academic Source Premier，ASP）和商业资源数据库（Business Source Premier）使用比较广泛，该库将二次文献与一次文献捆绑在一起，为最终用户提供文献获取一体化服务，检索结果为文献的目录、文摘、全文（PDF 格式）。

EBSCOhost 平台使用指南

表 6-10　EBSCO 检索平台提供的主要数据库

ASP	综合性多学科数据库，数据库收录期刊 1 万多种，包括 8700 多种全文期刊（其中 7613 种为专家评审期刊 peer-reviewed），553 种非期刊类全文出版物
BSC（Business Source Complete）	商管财经类全文数据库，收录各类商管财经出版物 11000 种，学科领域包括市场、经济、国际贸易、金融、会计、管理等，与商业相关的所有主题范围几乎均包括在内
ERIC	收录 980 多种教育及教育相关的期刊文献的题录和文摘。收录年限：1966 年至今
EBSCO 电子图书（NetLibrary 电子图书）	提供 30 多万种电子图书，涉及各个主题并涵盖多学科领域。除英文电子书外还收录法文、德文、日文和西班牙文。除提供全文的电子书外，还提供 16000 多种有声电子图书。不需要安装任何阅读软件即可阅读、保存和打印，每次可保存、打印 15 页
MEDLINE	美国 National Library of Medicine 创建，可检索 4800 多种医学期刊文献的文摘
Newspaper Source	收录 40 多种美国和国际报纸以及精选的 389 种美国宗教报纸全文

2. Engineering Village

EV（Engineering Village）平台（http://www.engineeringvillage.com）提供 Ei Compendex Web、INSPEC、GeoBase、NTIS Database、Referex、Ei Patents 等 10 多个数据库资源，涵盖了工程、应用科学相关的最为广泛的领域，内容来源包括学术文献、商业出版物、发明专利、会议论文和技术报告等。在平台上，可以同时检索 EI、INSPEC、NTIS 三个文摘数据库。

Engineering Village 使用指南

Ei Compendex Web 包括光盘版《Ei Compendex》和《Ei PageOne》两部分。该数据库收录时间已追溯到 1884 年，但 1969 年以前的数据需额外付费才能检索。

INSPEC 数据库由英国电气工程师学会（Institution of Electrical Engineers，IEE）出版，是理工学科最重要、使用最频繁的数据库之一。INSPEC 收录了物理、电子工程、电子学、通信、控制工程、计算机科学以及信息技术等领域的 4100 余种期刊和 1000 余种会议录等。

NTIS（National Technical Information Service）是美国国家技术情报社出版的美国政府报告文摘题录数据库，以收录美国政府立项研究及开发的项目报告为主，少量收录世界各国（包括中国）的科学研究报告。包括项目进展过程中所做的一些初期报告、中期报告、最终报告等，反映政府重视的项目最新进展。该库75%的文献是科技报告，其他文献有专利、会议论文、期刊论文、翻译文献；25%的文献是美国以外的文献；90%的文献是英文文献。专业内容覆盖科学技术各个领域。

EI数据库提供快速检索(Quick Search)、专家检索(Expert Search)和受控词表检索(Thesaurus Search)三种检索方式。对非专业检索用户而言，快速检索最常用。快速检索可以检索所有的字段或可选择某个检索字段，快速检索还可进行如下限定：文献类型(All Document Types)、论文类型(All Treatment Types)、语言(All Languages)、年份限定、数据更新(Updates，可选择最近1~4周)、关闭词干检索(Autostemming Off，即不以词根检索，否则将检索以所输入词的词根为基础的所有派生词)。

专业的检索用户通过专家检索方式，可快速而准确地查询所需的信息。专家检索要求用户在一个检索框内输入使用检索表达式，检索表达式需要合理使用检索字段和检索运算符。EI中作者的著录方式如表6-11所示。

表6-11　EI中作者的著录方式

中文姓名	常用形式	其他形式
张卫华	Zhang Weihua	Zhang Wei-hua, Zhang Wh, Zhang W-h, Weihua Zhang, Wei-hua Zhang
黄楠	Huang nan	Huang n, nan huang

3. OCLC

OCLC是美国图书馆联机计算机中心(Online Computer Library Center)的缩写，它是世界上最大的文献信息服务提供机构之一，其FirstSearch(http://firstsearch.oclc.org/FSIP)是一个大型综合的多学科的数据库系统，提供基于Web的联机信息检索服务。目前可供免费检索的有13个数据库，数据库类型见表6-12。

表6-12　FirstSearch可供免费检索的13个数据库列表

数据库库名	检索内容
ArticleFirst	12500多种期刊的文章索引，全文，每日更新
ContentsFirst	12500多种期刊的目录索引，每季更新
ECO	学术期刊集成，全文
ERIC	教育主题期刊文章和最新消息、文摘
GPO	美国政府出版物
MEDLINE	医学领域，包括牙科学等，文摘，每日更新
NetFirst	OCLC的Internet资源的数据库，每日更新
PaperFirst	OCLC世界会议论文索引，每半月更新
Proceedings	OCLC世界性会议录索引
UnionLists	OCLC成员图书馆期刊联合列表库，每半年更新
Wilson Select	H.W.Wilson公司科学、人文学、教育学及商学文章全文
World Almanac	世界年鉴——基础参考资料
WorldCat	OCLC世界范围内图书、网络资源和其他资料，每日更新

4. Ovid 检索系统

美国 Ovid Technologies 公司是世界知名的数据库提供商,提供以医学为主要学科的内容,属于 Wolters Kluwer 子公司之一。于 2001 年 6 月与银盘公司(SilverPlatter Information)合并,组成全球最大的电子数据库出版公司。Ovid 将多种资源(表 6-13)集中在同一平台 OvidSP 上,并通过资源间的链接实现数据库、期刊及其他资源在同一平台检索及浏览。

表 6-13 OvidSP 平台的数据资源

资源	简介
Journals@Ovid	主要收科技和生物医学全文期刊;收录年限:1993 年至今
AGRICOLA	主要收农业相关的期刊文章、专题文章、专论、专利、软件、视听材料和技术报告的引文;收录年限:1970 年至今
AGRIS	主要收农业、林业及相关学科的应用研究方面的期刊、图书、科学技术报告、专论、学会论文、政府出版物,并配有英文、法文和西班牙文的关键词汇;收录年限:1976 年至今
BP(BIOSIS Previews)	涵盖所有生命科学内容,是世界上最大的有关生命科学的文摘数据库;收录年限:1969 年至今
CAB Abstracts	收集了世界上 130 多个国家和地区用 70 多种文字发表的 14000 种连续出版物、科技报告、图书、会议论文等的英文文摘;收录年限:1973 年至今
ERIC	收录与教育相关的各类书目及摘要索引;收录年限:1966 年至今
FSTA	Food Science and Technology Abstracts,收录了世界各地出版的与食品科学和技术相关的科学期刊,以及专刊、书籍、学会记录、报告、专论、标准、法规等重要信息;所有文摘以英文著写,有 40 多种语言发表的原始文献。收录年限:1969 年至今
MEDLINE	是当今世界权威的综合性生物医学数据库之一,涉及基础医学、临床医学、护理学、牙科
PsycINFO	主要收集心理学方面的期刊;收录年限:1806 年至今

6.5 常用出版社出版数据库检索

6.5.1 常用出版社出版数据库检索特点

(1)出版社出版数据库一般包括图书和期刊;提供全文,一般包括多学科。
(2)出版社出版数据库提供的期刊一般包括投稿链接。
(3)出版社出版数据库检索方式一般包括检索和浏览,检索入口比较少。对图书的检索一般可以检索到章节目录。

6.5.2 常用出版社出版数据库检索举例——ScienceDirect

Elsevier 是一家总部位于荷兰,在全球 24 个国家有 70 多个办公室的国际著名科技出版机构。ScienceDirect(简称 SD 或 SDOS)是 Elsevier 的核心数字产品,也是全球最著名的科技、医学电子全文数据库之一,其直观、友好的使用界面,使研究人员可以迅速链接到 Elsevier 出版社丰富的电子资源。SD 数据库检索平台(图 6-23)包括期刊、电子图书、参考工具书以及手册等,用户可以在线访问 24 个学科 2000 多种期刊,可查看全文文献 900 多万篇。Elsevier Science 公司出版的期刊是国际公认的高水平的学术期刊,大多数都被 SCI、

EI 所收录，属国际核心期刊。SD 数据库可以免费检索，大部分论文需要订购或者采购才能下载浏览全文，Open Access 论文可以免费下载。

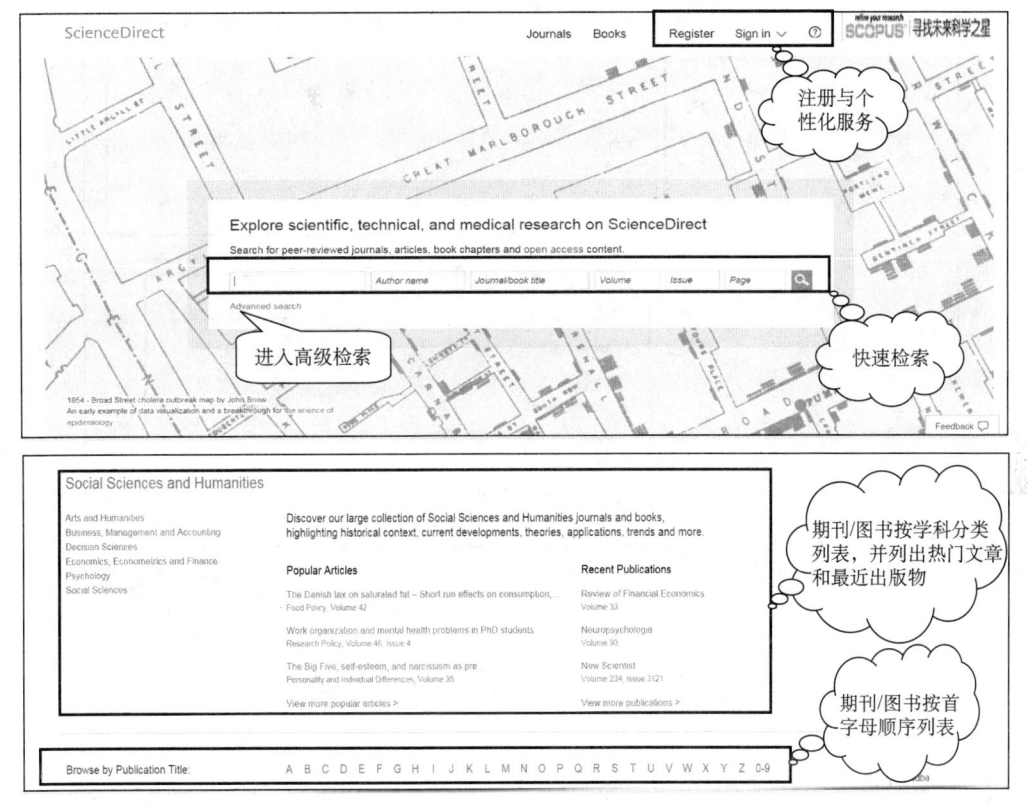

图 6-23　ScienceDirect 首页界面

高级检索（图 6-24）的检索框中可输入两组检索词，Subject 栏可选择在一个或多个学科中检索，在 Date Range 栏可设定检索的时间范围。Refine your search 可选择期刊或者图书，开放获取期刊或订阅期刊。

在检索结果显示页面（图 6-25）中，单击 Show preview 超链接可预览感兴趣记录的文摘和全文。全文有 HTML 和 PDF 两种格式，HTML 格式的全文下载速度较快，而 PDF 格式则可显示期刊论文的原貌。用户可对结果进行结果分析、标记、保存、打印等操作。

检索结果页面的右侧 Refine Results 栏目，把检索结果按文献类型（Content Type）、刊名（Journal/Book Title）、出版年（Year）进行了聚类分析。通过该功能，用户可进一步精炼检索结果。单击下方的 Apply Filters 按钮，可将结果限定在下方选择的范围之内。

单击 Export 按钮将文章的题录保存到用户计算机上或下载到文献管理软件 Refworks 中。单击 Save Search Alert 可设置定期提醒，如出现符合设定的检索式的最新文献，系统将自动发送邮件提醒（注意：此功能需先进行用户注册）。

在检索结果中单击刊名，进入期刊页面，可以直接进行投稿，见图 6-26。

图 6-24 ScienceDirect 高级检索界面

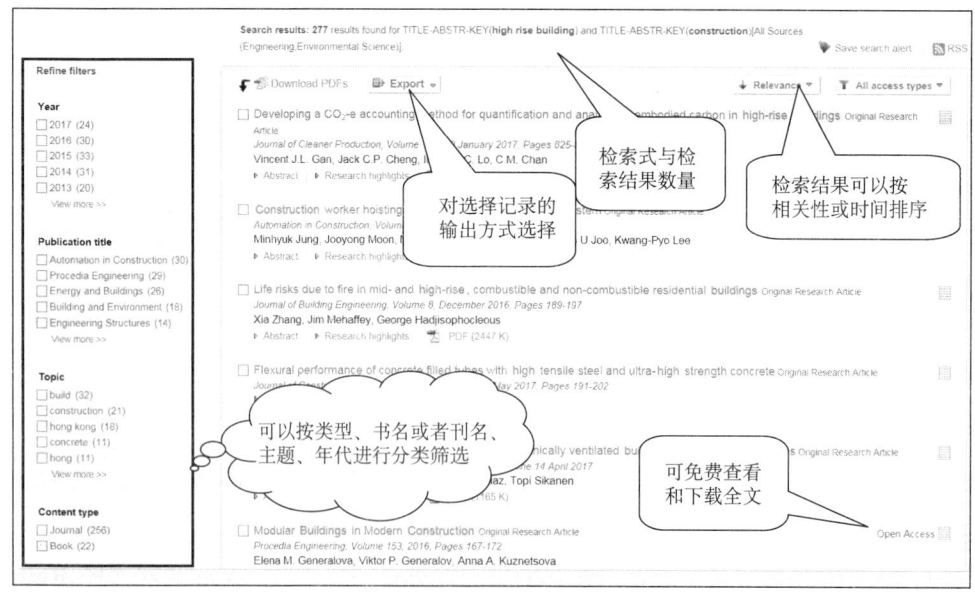

图 6-25 ScienceDirect 检索结果界面

图 6-26 ScienceDirect 期刊界面

6.5.3 常用出版社出版数据库列表

常用出版社出版数据库列表如表 6-14 所示。

表 6-14 常用出版社出版数据库列表

数据库名称	资源简介
Access Engineering(全文)(http://accessengineeringlibrary.com)	McGraw-Hill 集团出版的经典工程科技类图书。主要学科包括化工、环境、能源,数量在持续增长中
剑桥图书在线(Cambridge Books Online)(https://www.cambridge.org/core)	剑桥大学出版社。学科分布广泛,覆盖工程、数学、物理、生物、医学、地学、天文学,以及以历史、文学、语言学为代表的诸多人文社科学科
Emerald 出版社(http://www.emeraldinsight.com)	提供 Emerald 出品的 200 种高质量的管理学全文期刊,1000 多个精选案例研究,来自领域内权威学术出版物 500 多篇学术评论文章;500 多个全球商业和管理大师的思想库,提供生动有趣的"商界风云人物"的访谈记录
IG ublishing(http://www.igpublish.com/iec-ebooks)	出版美国、英国 8 个学会或出版社的电子图书
MyiLibrary(http://lib.myilibrary.com)	MyiLibrary 是英格拉姆数字集团的集成性电子书平台,主要服务于学术研究者、专家学者和大学生等。目前与 MyiLibrary 合作的出版社达到 980 家,平台共收录理、工、农、医、文、史、哲等领域近 30 万种电子书,其中 80%以上为 2002 年以后出版
SAGE Premier 期刊数据库(http://journals.sagepub.com)	SAGE 出版公司于 1965 年创立于美国,与全球超过 250 家专业学术协会合作出版 630 余种高品质学术期刊。SAGE 期刊 100%全文、100%同行评审,每本期刊可提供其创刊起第一卷第一期到目前最新的全文
施普林格·自然集团(SpringerNature)(http://link.springer.com)	SpringerNature 数据库为用户提供科学、技术、医学、社会科学出版物,内容包含专著、教科书、手册、图集、参考工具书、丛书等,涉及 20 个学科,包括工程学、生物医学和生命科学、数学和统计学、化学和材料科学、医学、计算机科学、物理和天文学、地球和环境科学、计算机职业技术与专业计算机应用、能源、经济与金融、商业与管理、教育、历史、法律与犯罪学、文学、文化与传媒研究、政治学与国际研究、宗教与哲学、社会科学

续表

数据库名称	资源简介
Taylor & Francis（http://www.tandfebooks.com）	拥有200多年丰富的出版经验。Taylor & Francis eBooks 提供来自 Routledge、Psychology Press 和 Focal Press 等知名出版品牌的电子书，学科覆盖人文科学、社会科学、行为科学、建成环境、科技医疗与法律等领域
Wiley（http://onlinelibrary.wiley.com）	每年出版学术图书超过4000种，其强势学科包括工程学、化学化工、材料学、生命科学、数学与统计学、商科、人文社科

6.6 常用协会出版数据库检索

6.6.1 常用协会出版数据库检索特点

（1）协会出版数据库一般包括期刊和会议论文集，有的还包括标准和案例；提供全文。

（2）协会出版数据库提供的期刊一般比较少，但品质比较高，专业性强，期刊一般包括投稿链接。

（3）协会出版数据库检索方式一般包括检索和浏览，检索入口比较少。

6.6.2 常用协会出版数据库检索举例——IEL

IEL（IEEE/IEE Electronic Library）(http://ieeexplore.ieee.org)数据库（图6-27）提供由电气和电子工程师学会（IEEE）与英国工程技术学会（IET）出版的期刊、会议录、标准、电子图

图6-27　IEL数据库首页界面

书的全文,并可看到出版物信息。其权威的内容覆盖了电气电子、航空航天、计算机、通信工程、生物医学工程、机器人自动化、半导体、纳米技术、电力等各种技术领域。

(1) 个性化功能:用户可以设置个人账号,保存 Alerts(提示)、Saved Search(保存检索)和设置 Preference(参考),Alerts 每周更新 2 次,但注意不要设置过于精确的检索式。

(2) 五种浏览方式:按期刊杂志(Journals & Magazines)浏览;按会议录(Conference Publications)浏览;按标准(Standards)浏览;按图书(Books & eBooks)浏览;按教育课程(Courses)浏览。

(3) 多种检索途径:基本检索(Basic Search)、作者检索(Author Search)、出版物检索(Publication Search)、高级检索(Advanced Search)、命令检索(Command Search)。

基本检索提供全部领域(包括文献名称、作者、出版物名称、摘要、关键词、单位名称)的字段查询方式。

高级检索提供三组检索词输入框(图 6-28),通过下拉菜单来限定检索词出现的字段,如 All Fields、Full Text & All Fields、Document Title、Author、Publication Title、Abstract、Index Terms、Affiliation 等;两组检索词之间可选择下拉式布尔逻辑算符 AND、OR、NOT 进行组配;检索框下方,提供了 IEEE 和 IET 出版物的进一步限定选项。同时也提供了标准状态、年份设定、显示格式、检索结果范围和排序的进一步设定选项。如果对检索结果

图 6-28 在高级检索界面进行"雷达仿真研究"

不满意，可在检索结果页面中（图6-29），修改检索式（Modify Search），或在检索结果中进行二次检索（Search within Results）。还可设置检索结果的显示格式：Citation, Citation & Abstract。对于适用的检索结果，可选择标记；可将标记结果的引文或摘要E-mail到某个信箱，或输出到EndNote、ProCite、RefMan、RefWorks、BibTex、ASCII Text等文献管理软件中；或保存、打印PDF全文。单击刊名，可以进入期刊页面（图6-30），可以查看期刊的影响因子和进行投稿。

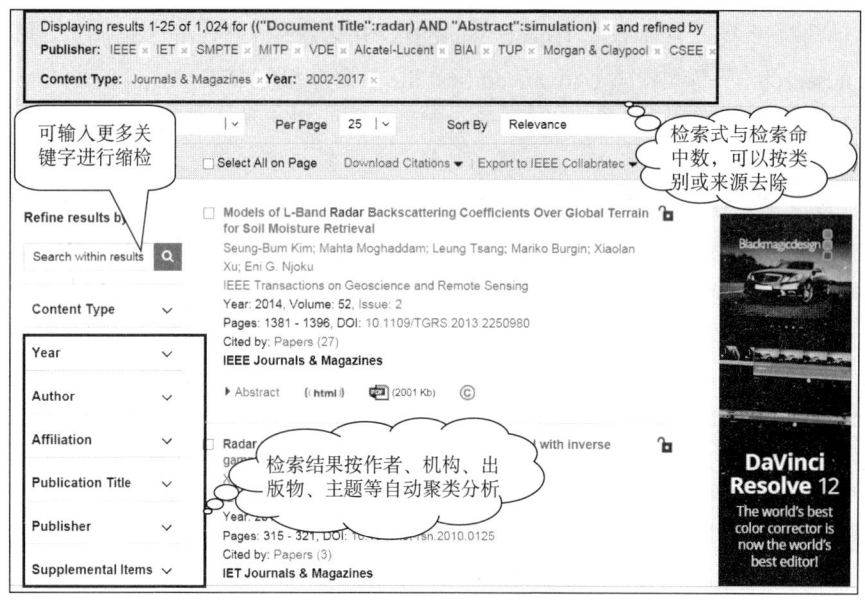

图6-29 IEL数据库的检索结果界面

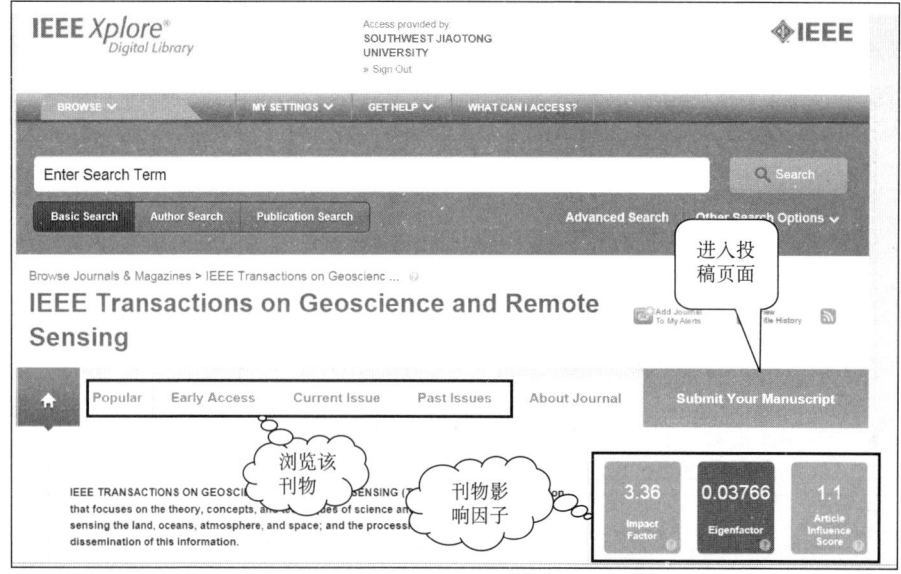

图6-30 IEL数据库的期刊界面

(4)特色服务：系统提供了对检索结果的聚类分析功能，对检索结果按作者、机构、出版物、主题等进行自动聚类分析和筛选。

特别提示：

(1)IEL 主站点的使用有并发用户数限制。使用 IEL 主站点完成检索之后，应尽快单击 Logout 退出。

(2)IEL 主站点中含期刊、标准可以免费检索，但如果某一类图书馆没有订购，就只能看题录文摘，无权限看全文。如有需要，可通过图书馆馆际互借处联系从馆外获取。

(3)IEL 提供的培训网站为 www.ieee.org/newieeexplore；培训视频为 http://www.ieee.org/training。

6.6.3 常用协会出版数据库列表

常用协会出版数据库列表如表 6-15 所示。

表 6-15 常用协会出版数据库列表

数据库名称	资源简介
美国癌症研究学会(American Association for Cancer Research，AACR)(http://www.aacr.org/Pages/Home.aspx)	其出版物包括 7 种正式出版的期刊和其他产品
美国计算机协会(Association For Computing Machinery，ACM)(http://dl.acm.org/)	收录 ACM 全文期刊、杂志和汇刊共 47 种；超过 250 种会议录(2000 多卷)；超过 3000 家出版社的 90 多万条引文信息，每年约新增 25 条记录
美国地球物理学会(American Geophysical Union，AGU)(http://agupubs.onlinelibrary.wiley.com/hub)	平台访问 AGU 出版的 19 种期刊 1996 年至今的全文
美国化学学会(American Chemical Society，ACS)(http://pubs.acs.org)	ACS 共出版 40 种期刊，内容涵盖了有机化学、普通化学、环境化学、燃料与能源、药理与制药学、材料学、物理化学、环境工程学、应用化学、分析化学、无机与原子能化学、聚合物、工程化学等 24 个主要的化学研究领域
美国航空航天学会(American Institute of Aeronautics and Astronautics，AIAA)(https://arc.aiaa.org/)	每年 AIAA 出版 20～30 个会议的会议论文约 6000 篇。数据回溯到 1963 年。提供 10 种同行评审期刊，其中有两种已停刊，全部回溯至 1963 年
美国物理研究所(American Institute of Physics，AIP)(https://www.aip.org)	包括：12 种物理学术期刊、1 种杂志(Physics Today)、AIP 会议论文集系列(回溯到 1970 年第一卷)，以及美国激光研究所(LIA)出版的唯一官方学术期刊《激光应用期刊》
美国数学学会(AMS)(http://www.ams.org/home/page)	美国数学学会从其出版的期刊中精选出 8 种刊物，内容涵盖美国数学学会自己出版的六份核心刊物以及俄罗斯科学院出版的两份核心数学刊
美国物理协会(The American Physical Society，APS)	收录了 8 种物理领域的核心期刊，另有 5 种免费出版物，最早回溯到 1893 年创刊内容，全文文献量超过 55 万篇
美国土木工程师学会(The American Society of Civil Engineers，ASCE)(http://www.ascelibrary.org)	出版物包括 32 种技术和专业期刊、会议录，以及各种图书、委员会报告、实践手册、标准和专论等
美国微生物学会(American Society for Microbiology)(http://journals.asm.org)	出版的期刊是微生物学领域杰出的出版物，内容涵盖基础和临床微生物学领域，所出版文章数量超过微生物学领域全部论文量的 1/4，文章引用量占所有微生物学论文引用数量的 42%
美国机械工程师学会(American Society of Mechanical Engineers)(http://www.asmedl.org)	提供的产品：全部 25 种全文期刊，ASME 会议录：超过 1100 卷 ASME 会议录全文(2002～2011 年)；ASME 电子书：约 100 本 ASME 电子图书，最早回溯至 1998 年

续表

数据库名称	资源简介
英国医学会(British Medical Association，BMA) (http://journals.bmj.com)	包括 BMJ 期刊专辑(BMJ Journals Collection)、循证医学数据库(Best Practice)、临床证据(Clinical Evidence)等子库
英国土木工程师协会(Institution of Civil Engineers，ICE) (http://www.icevirtuallibrary.com/content/journals)	面向中国地区开放 25 种在版全文期刊，涉及土木工程及相关领域，如岩土工程、建筑材料、水工程、环境工程等
英国机械工程师协会(IMechE) (http://journals.sagepub.com)	IMechE 数据库产品内容包括英国机械工程师协会的 18 种学术期刊（其中有 14 种被 JCR 收录）、Proceedings of IMechE 全系列以及 1847 年首期以来的全部回溯文献
英国物理学会(IOP) (http://iopscience.iop.org)	IOP 向 CALIS 开放共 60 种电子期刊，其中 58 种被 SCI 收录，52 种有影响因子
美国光学学会(The Optical Society of America，OSA) (https://www.osapublishing.org/china)	OSA 出版与合作出版的 15 种高品质同行评审期刊提供了光学(Optics)和光子学(Photonics)领域 35%的文献数量，而这些文献被引用的数量占据了这两个领域被引文献总量的 41%
国际水协会(IWA) (http://iwaponline.com)	主要涉及水资源研究、水处理以及水循环等方面的工作，目标在于实现全球水资源的可持续利用，以解决水供应问题。7 种全文电子期刊通过 IWA 访问
国际光学工程学会(International Society for Optical Engineering，SPIE) (http://spiedigitallibrary.org)	综合了 SPIE 的会议录、期刊和电子书出版物，其中会议录超过 6500 卷，年新增 400 卷左右，SPIE 期刊大部分被 JCR 收录，期刊的影响因子排名光学核心期刊的前列
工业和应用数学学会(Society for Industrial and Applied Mathematics，SIAM) (http://epubs.siam.org)	SIAM 出版的 16 种同行评审的研究期刊在应用和计算数学的高等研究领域非常著名，它们涵盖了整个应用和计算数学领域，内容丰富而全面

6.7 单种数据库检索

6.7.1 图书数据库

电子图书(Electronic Book，eBook)，是指以电子形式存放文本、图像、声音和动画等多种形式的信息，通过磁盘、光盘、网络等电子媒体出版发行，并借助于计算机或便携式阅读器进行阅读的一种新型媒体工具。

电子图书的检索特点是检索入口少，除了书名、作者，可以按出版社、ISBN 检索，有的也可以对目录进行检索。

1. 电子图书的使用方式

1) 安装专用阅读浏览器

通常来说，电子图书检索是免费的，但阅读需要注册或者付费。当检索到图书后，单击书名打开时，会提示读者安装相应的阅读浏览器，中文电子图书大都有自己开发的阅读器，而外文基本上都使用 PDF 格式，用 Adobe Reader 阅读。

2) 检索图书

在电子图书使用过程中，通常来说寻找专业相关的图书用书名或主题词或图书分类导航；寻找特定的图书用高级搜索；寻找相关内容的图书章节，用全部字段；寻找专业相关新书和热门书籍使用系统提供的推荐功能。中文电子图书检索一般只有书名、作者、出版社检索。外文电子图书可以对书名、章节名、作者等进行检索，如表 6-16 所示。

第 6 章 数据库检索

表 6-16 电子图书的使用方法

方式	手段	使用方法
浏览	按学科浏览	进入相应学科后，可以进行进一步检索
	热门书籍浏览	直接单击书名或者图标，就可以阅读
	新书浏览	直接单击书名或者图标，就可以阅读
检索	简单检索	单字段，一般用标题进行检索
	高级检索	多字段，通常包括标题、作者、出版社等

3) 阅读图书

不同阅读器提供的功能不同，常用的功能包括下载、文字识别、图像复制、引用格式、书内搜索、标注、翻页、到指定页面等。可供阅读电子书的平台将越来越多样化，除了现有的计算机、PAD、手机、电子书阅读机，电视、手表、冰箱也都有可能成为其平台。

4) 保存与下载

电子图书一般可以保存、打印、下载、文献传递，除超星和读秀可全文下载图书外，其他数据库大多有页码限制。

提示：亚马逊 Kindle 是触摸屏的，外面看起来和真书大小差不多，使用 Kindle 阅读电子书有两种来源，一种是付费途径，即从亚马逊 Kindle 商店购买；一种是免费途径，即从网络上下载电子书，如使用搜索引擎搜索电子书、网友共享的电子书、专门提供电子书资源的站点。

图 6-31 超星数字图书馆西南交通大学登录首页

2. 电子图书的使用举例——超星电子图书

国内几个重要的大型中文电子图书服务系统是超星数字图书馆、方正 Apabi、书生之家和中国数字图书馆有限公司网上图书馆。

超星数字图书馆(http://www.sslibrary.com)(图 6-31),该库目前可提供 66 万种中文电子图书,并且每天以数百种的速度增加和更新,其中部分图书可供免费浏览。本站图书资源提供超星阅读器(图 6-32)阅读、网页阅读、PDF 阅读三种在线阅读方式,可供用户自由选择。

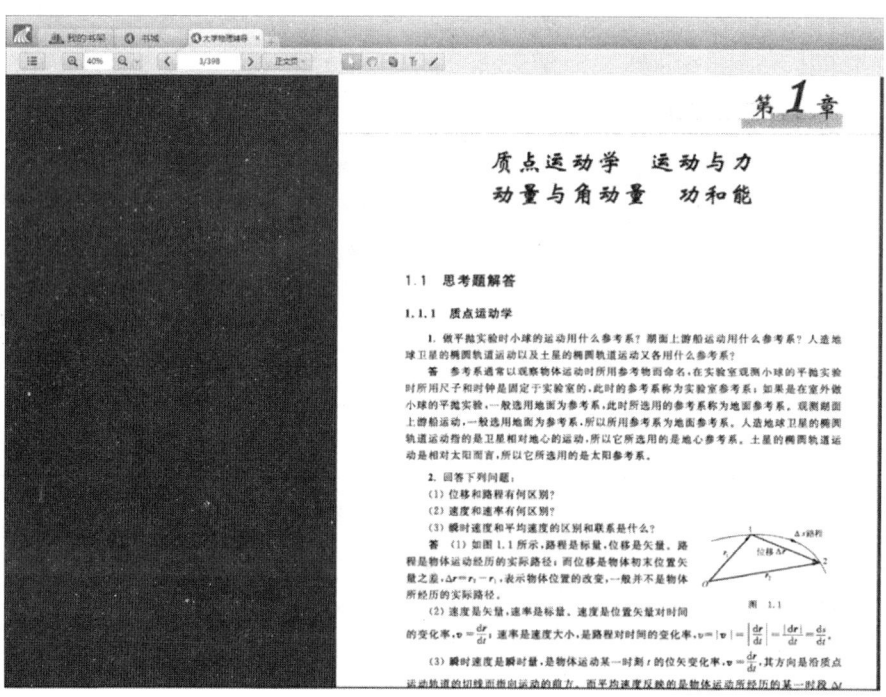

图 6-32 超星阅读器打开大学物理辅导页面

1) 超星数字图书馆的使用

(1) 阅读前请先下载超星阅读器,可在超星主页下载。

(2) 链入超星主页后,点击右侧登录即可进入检索阅读。提供书名、作者、主题、分类等检索方式。

(3) 全文下载:用超星阅读器阅读图书时,在"图书"菜单下点击"下载",进行全文下载。

2) 阅读器的使用及技巧

文字识别(OCR):操作方法为单击工具栏上的 "文字识别" 按钮,在所要识别的文字上画框即可。

书签操作方法:打开本地图书,单击图书右上角的 按钮即可;选择目录→书签,即可查看本书的书签。

标注操作方法：单击工具栏上的 ✏ 按钮；在弹出的浮动工具栏中单击 T 按钮，在目标文本上进行标注即可；删除操作为在 T 上右击，选择"删除"选项即可。

3）读秀简介

读秀（图 6-33）是由海量全文数据及元数据组成的超大型数据库，以海量中文图书和全文资料为基础，为用户提供深入内容的章节和全文检索，期刊元数据打破空间限制的获取方式，为用户提供最全面的期刊文章。

图 6-33　读秀页面

在图书频道的检索结果中单击选取图书的书名或封面，即可进入此图书的详细信息页面进行查看，为方便读者更好地确定所需图书，读秀设置了原文试读（试读范围包括目录页、前言页、正文部分页等）。与 OPAC 衔接，读者在打开一本书的详细书目页面时，右侧会出现"本馆馆藏纸书"的链接，单击就可进入本馆的公共查询目录，浏览此书在本馆的实际馆藏地、册数、当前流通状态等信息。

提供多种全文获取服务，如图书，包括阅读电子图书全文（本馆电子全文）、参考咨询（图书馆文献传递）、按需印刷以及网上图书链接等。其中，文献传递服务是读秀服务的一大特点，读秀可以为读者提供所需要内容页码范围的局部原文，即读者选定所需的页数，提交需求信息，原文以电子邮件的方式，发送到读者的信箱中，每次发送的原文可以有 20 天的有效期，这一期间内，读者可以随时浏览，不受空间和时间的限制。

3. 常用中文电子图书列表

常用中文电子图书列表如表 6-17 所示。

表 6-17　常用中文电子图书列表

数据库名称	资源简介
阿帕比电子图书：中华数字书苑 （http://www.apabi.com）	收录了中华人民共和国成立以来大部分的图书全文资源、全国各级各类报纸及年鉴、工具书、图片等特色资源产品，包含 110 万种电子图书库、220 万种书目信息、500 种数字报纸库、2000 种工具书库、1500 种年鉴、20 万张艺术图片，所有数据内容，持续更新
书生之家数字图书馆	由北京书生数字技术有限公司于 2000 年创办，目前可提供十多万种图书全文在线阅读，图书内容涉及各学科领域，较侧重教材教参与考试类、文学艺术类、经济金融与工商管理类图书。阅读全文需下载、安装"书生阅读器"

数据库名称	资源简介
高等学校中英文图书数字化国际合作计划（China-American Digital Academic Library, CADAL）(http://www.cadal.zju.edu.cn/Index)	项目将数字化100万册中英文图书。其中，从美国数字图书馆联盟高校选择50万册英文图书资源进行数字化转换；50万册中文图书资源突出高校教学科研的需要，兼顾保存和传承我国优秀传统文化的要求，到2006年8月为止已完成约60万册图书的扫描。目前，古籍、民国书刊之类没有版权限制的文献可让大家共享，高校普通读者只能免费阅读不存在版权问题图书的全文
书香中国——互联网数字图书馆(http://www.chineseall.cn)	聚合了国内400多家出版机构与大量知名作家的作品。这些图书涵盖科普、人文、地理、历史、文学、史记、人物传记等22个类别，这其中包含了莫言、郭敬明、韩寒、巴金、冰心、郭沫若、余秋雨等2000多位知名作家的5278部作品。此外，书香中国还提供3万多集包括网络畅销小说、评书、相声等500GB以上的优质有声读物资源
中国大百科全书网络版(http://ecph.cnki.net)（可免费访问文摘）	中国大百科全书网络版以《中国大百科全书》和中国百科术语数据库为基础，向局域网用户提供在局域网范围内检索使用的《中国大百科全书》，共收条目78203条，计12568万字，图表5万余幅。内容涵盖了哲学、社会科学、文学艺术、文化教育、自然科学、工程技术等66个学科领域
《文渊阁四库全书》电子版古籍类，全文(http://www.sikuquanshu.com)	四库全书内联网3.0版可按类目浏览直接翻开各书页，也可全文检索，检索范围包括全文、注释、标题及图像标题、书名、著者和四库类目范围，也可根据需要选定关键词的关联字一并进行检索。数据库还配备了多种参考工具

6.7.2 期刊数据库

期刊是学术研究采用最多、应用最广泛的文献类型。一般检索工具都会收录期刊，目前绝大多数检索系统都会提供电子期刊检索。单个期刊库除了维普，就是引文数据库。

期刊数据库的检索特点是检索入口多，除了题名、主题、关键词、文摘、作者、作者单位，还可以按刊名、ISSN检索和浏览。可以对期刊类型进行选择，中文期刊类型包括全部期刊、核心期刊、EI来源期刊、CA来源期刊、CSCD来源期刊、CSSCI来源期刊；外文期刊类型包括Subscribed Publications、Open Access Articles。

1. 《中文科技期刊数据库》（维普）

《维普期刊资源整合服务平台》是维普资讯推出的中文科技期刊资源一站式服务平台。从1989年发展至今，已收录中文期刊12000余种，共八个专辑(社会科学、自然科学、工程技术、农业科学、医药卫生、经济管理、教育科学、图书情报)定期出版。

维普使用指南

期刊文献检索模块提供的检索方式有基本检索、传统检索、高级检索、期刊导航、检索历史。基本检索步骤如下。

(1)登录期刊资源整合服务系统。登录系统后，选择文献引证追踪功能模块，默认检索方式为基本检索。

(2)检索条件限定。在基本检索首页使用下拉菜单选择时间范围、期刊范围、学科范围等检索限定条件。

(3)选择检索入口，输入检索词。选择检索入口，输入题名、关键词、作者、刊名等检索内容条件，检索对象不区分源文献或参考文献。

(4)进行检索。单击"检索"按钮进入检索结果页，查看检索结果题录列表，反复修正检索策略得到最终检索结果。

(5)检索结果操作。检索结果按文献被引量排序析出有价值文献，勾选多篇文献同时查看"参考文献""引证文献"等引用追踪功能。

(6)查看文献细览页。从一篇高质量的文献出发通过"参考文献"或者"引证文献"或"耦合文献"的查询来获取科学研究的发展脉络。

维普资讯基本检索首页如图 6-34 所示。

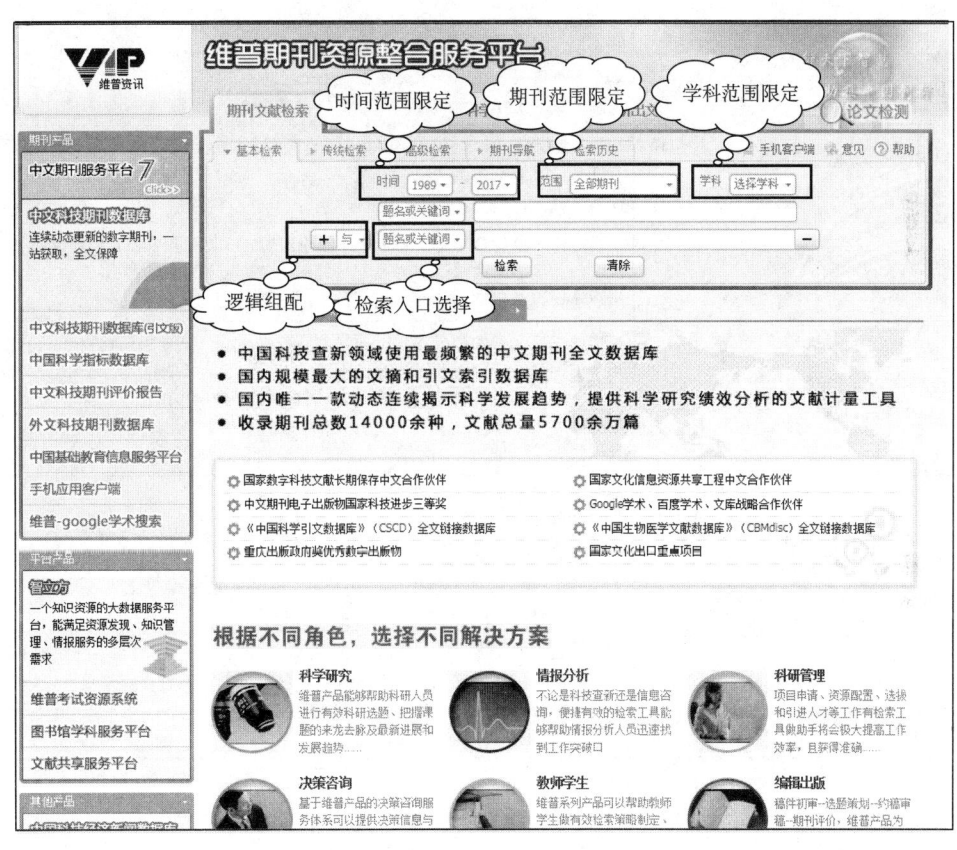

图 6-34　维普资讯基本检索首页

在基本检索首页可以进行如下操作。

时间范围限定：使用下拉菜单的选择，时间范围默认是 1989～2017 年。

期刊范围限定：可选全部期刊、核心期刊、EI 来源期刊、CA 来源期刊、CSCD 来源期刊、CSSCI 来源期刊。

学科范围限定：包括管理学、经济学、图书情报学等 45 个学科，勾选复选框可进行多个学科的限定。

检索入口选择：任意字段、题名或关键词、题名、关键词、文摘、作者、第一作者、机构、刊名、分类号、参考文献、作者简介、基金资助、栏目信息 14 个检索入口。

逻辑组配：检索框默认为两行，单击"+"或"−"可增加或减少检索框，进行任意检索入口"与、或、非"的逻辑组配检索。

检索：单击"检索"按钮进行检索或点单击"清除"按钮清除输入，进入检索结果页。

2. 常用中文期刊数据库列表

常用中文期刊数据库列表如表 6-18 所示。

表 6-18 常用中文期刊数据库列表

数据库名称	资源简介
中文社会科学引文索引(CSSCI)(cssci.nju.edu.cn)	从全国 3500 种左右的中文人文科学、社会科学学术期刊中精选了 400 多种学术水平较高、参考文献等引文比较规范的学术期刊作为 CSSCI 的源刊，可从来源文献和被引文献两个方面向用户提供信息
晚清期刊全文数据库(1833~1911 年)全文电子期刊(http://www.cnbksy.cn)	数据库收录了 1833~1911 年间出版的三百余种期刊，几乎囊括了当时出版的所有期刊，拥有众多的"期刊之最"，是研究晚清历史的专业人士必备的数据库检索工具
民国时期期刊全文数据库(1911~1949年)(http://www.cnbksy.cn)	已出版 1~10 辑，共收录 17500 余种期刊的 830 万余篇文章。用户可通过标题、作者、刊名、分类号、年份及期号等途径对文献进行检索、浏览并下载全文，用户还可以使用期刊导航功能，直接浏览和下载期刊原文
华艺台湾学术期刊数据库(www.airitilibrary.cn)	数据库主要包括两部分内容：科学期刊数据库和人文社科期刊数据库。科学期刊数据库收录了中国台湾公开出版的 441 种科学学术期刊中超过 12 万篇的 PDF 全文文献，收录主要以 THCI、SCI、EI、CA、MEDLINE 等指标为标准，收录年代主要为 1991 年之后。人文社科期刊数据库收录人文社科期刊共 1121 种，其中，人文学期刊计 452 种、社会科学期刊 820 种，期刊电子全文 211825 篇
读览天下数字期刊阅读平台(http://www.dooland.com)	读览天下数字期刊阅读平台与 700 多家杂志社合作，涵盖了社会科学、时政新闻、时尚娱乐、文化艺术、医药卫生、经济、教育等学科的近 1500 种精品中文期刊数据资源。读览天下支持跨平台阅读模式，读者可以采用 PC 在线阅读或下载客户端阅读，不仅可以在计算机上使用，同时支持手机、智能平板电脑(iPad、iPhone、Android 系统)等多种方式
龙源电子期刊(http://www.qikan.com.cn)	龙源期刊网根据客户的特点和需求，将 1900 多种人文大众类数字化期刊杂志按时事政治、现代文学、文化艺术、管理财经等九大类进行归集整理，每个大类的每个刊物都是以整刊现刊网络出版的方式呈现的，供读者"取刊"使用，方便阅读

6.7.3 学位论文数据库

学位论文是大学生、研究生毕业时为申请学位而提交的供评审使用的学术论文。学位论文根据所申请的学位，又可分为学士论文、硕士论文、博士论文三种；按照研究方法，学位论文可分为理论型、实验型、描述型三类；按照研究领域，学位论文可分为人文科学学术论文、自然科学学术论文与工程技术学术论文三大类。学位论文的体系结构一般比较固定，写学位论文前，特别应该检索同类论文参考。

学位论文的检索特点是除了检索入口，还有授予学位单位、导师，限制条件有学位级别：博士、硕士。学位论文一般在各个综合检索平台，单个检索数据库除了每个学校自建学位论文数据库，就只有 ProQuest 学位论文全文数据。

1. 本校学位论文检索举例——西南交通大学学位论文检索

西南交通大学研究生学位论文库收藏了该校硕博研究生学位论文,其中包含 1981 年以来该校研究生学位论文的文摘信息和获得授权的论文全文,如图 6-35 所示。

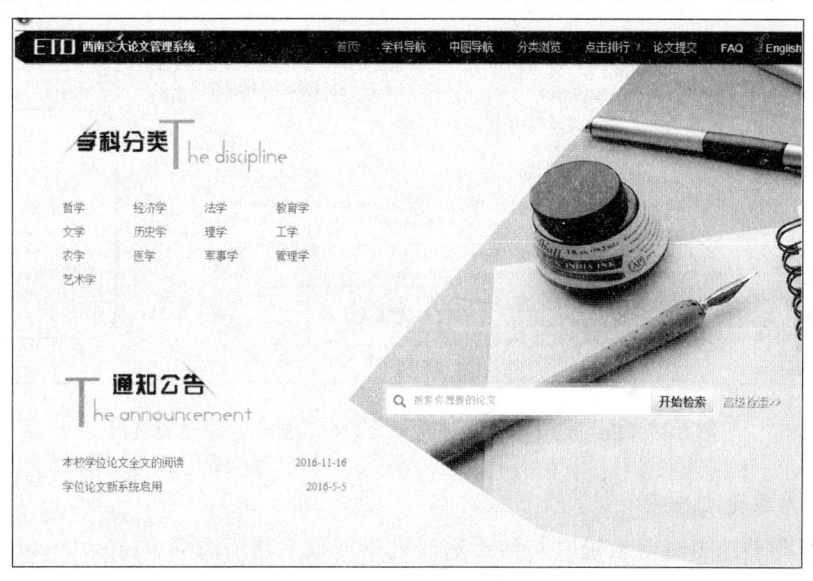

图 6-35　西南交通大学研究生学位论文库

2. ProQuest 学位论文全文数据检索

ProQuest 的学位论文全文数据库(http://pqdt.bjzhongke.com.cn)中收录的是国内各高校从 PQDD 中挑选出来的、由高等教育文献保障系统集团采购的论文全文。系统提供分类浏览、快速检索与高级检索三种检索方式。其检索方法与 ProQuest 系统基本相同。下面以一个例子说明其检索过程。

【案例 6-16】想了解最近 50 年来哈佛大学研究中国文化的博士论文都涉及哪些内容。采用高级检索(图 6-36),检索结果见图 6-37。

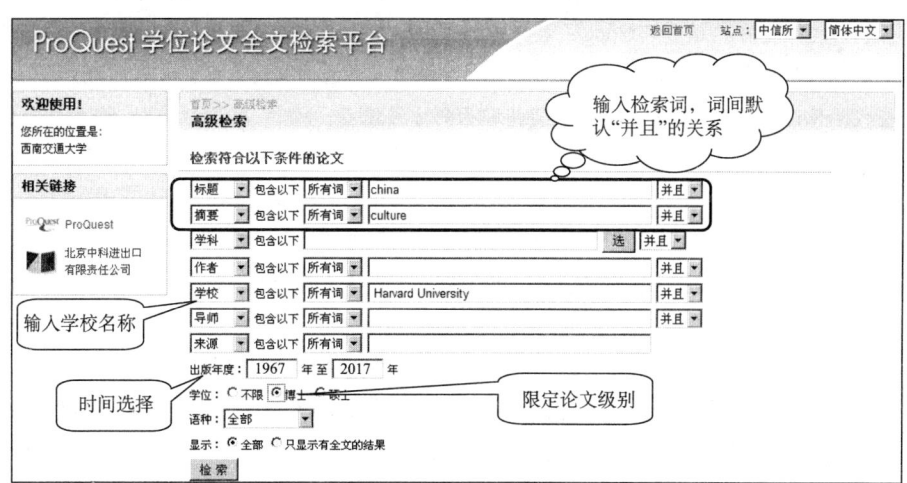

图 6-36　ProQuest 的学位论文全文数据库高级检索页面

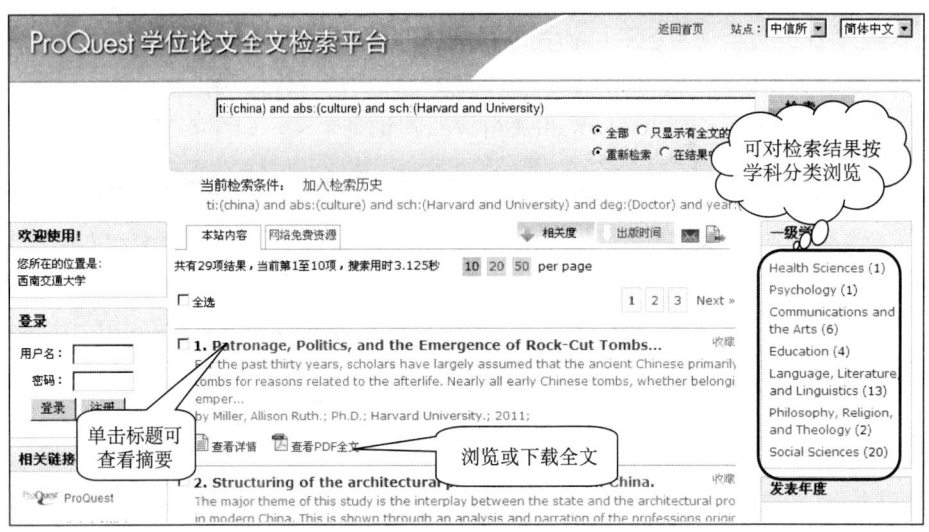

图 6-37　ProQuest 的学位论文全文数据库高级检索结果页面

3. 免费学位论文检索

(1) 国家图书馆馆藏博士论文与博士后研究报告数字化资源库：http://mylib.nlc.cn/web/guest/boshilunwen，注册登录可以阅读前 30 页。

该库是以国家图书馆 20 多年来收藏的博士论文为基础建设的学位论文全文影像数据。目前博士论文全文影像资源库以书目数据、篇名数据、数字对象为内容，提供 25 万多篇博士论文全文前 24 页的展示浏览。

(2) MIT 学位论文：http://dspace.mit.edu/handle/1721.1/7582，可以看全文。

(3) NDLTD 学位论文数据库：http://search.ndltd.org，是由美国国家自然科学基金支持的一个网上学位论文共建共享项目，为用户提供免费的学位论文文摘，还有部分可获取的免费学位论文全文。

特别提示：最近部分大学授予的学位论文可在网络免费获取全文，如果知道论文题目，可以将论文题目加双引号、格式限度为 PDF，用 Google 搜索；如果不知道论文题目，但想查某一大学的学位论文，尤其在某领域研究领先的大学，可先搜出该大学网址，登录该大学的图书馆主页，利用主页上提供的馆藏书目检索，查找学位论文信息，查到标题后，再用前面的方式搜索。

6.7.4　会议论文数据库

会议文献是了解各国科技水平动态、跟踪和预测科技发展趋势、进行信息分析和信息研究的重要参考资料，是传递科技信息、交流科技成果与经验的重要科技信息源之一。

会议文献的检索特点是除了常用检索入口，还有会议名称、会议举办地址、会议举办单位等。会议文献一般都集成在检索平台上或者一些综合数据库中。

会议文献检索一般分四种：①查找会议论文摘要/题录信息；②查找某本会议录；③查找单篇会议论文；④查找相关的会议日程信息。对用户来说，第②、③种需求有时是一致的。

会议文献获取可以通过图书馆图书印本馆藏、网络数据库检索、网络免费检索申请文献传递，或者向相关学会、会议主办方或作者直接索取。

会议文献几乎都集成在一些综合检索平台和学会检索平台上，如 ISTP(现在已经更名为 CPCI，可在 Web of Science 平台上进行检索)、万方数据、中国知网等平台上都包括会议论文；在 IEEE/IEE、ACM、SPIE、AIP 等学会的检索平台上也包括会议论文。

下面是会议通知或者会议信息查询。

国内学术会议在线(http://www.meeting.edu.cn/meeting)：为用户提供学术会议信息预报、会议分类搜索、会议在线报名、会议论文征集、会议资料发布、会议视频点播、会议同步直播等服务。

国外会议信息 All Conferences.com(http://www.allconferences.com)：提供各种会议信息的目录型网站。用户可以通过搜索目录来获得特定的会议信息。同时该网站提供在线注册、支付程序等服务。网站提供的会议范围包括人文与社会科学、商业、计算机和互联网、教育等学科领域的学术会议。

6.7.5 报刊数据库

报纸(Newspaper)是以刊载新闻和时事评论为主的定期向公众发行的印刷出版物，是大众传播的重要载体，具有反映和引导社会舆论的功能。

报纸检索可以按新闻来源、新闻发布地检索，收录报刊的数据库比较少，中文有中国知网，外文有 ProQuest、EBSCO 平台，近年来的报刊文章大都可以通过搜索引擎获取。

1. 专门检索报纸的数据库

(1)《全国报刊索引数据库》(http://www.cnbksy.com/home)。即原《中文社科报刊篇名数据库》，是由文化部立项、上海图书馆承建的重大科技项目。该数据库由上海图书馆《全国报刊索引》编辑部负责研制和编辑，具有文献信息量大、检索点多、查检速度快等特点，并有光盘和软盘两种载体形式，是《全国报刊索引》新一代电子版检索工具。2000 年起分哲社版和科技版两个单列库发行。

(2)复印报刊资料系列数据库。复印报刊资料全文数据库由中国人民大学书报资料中心制作发行。该数据库由专业人员从 1995 年至今国内 3000 多种核心社科类期刊和报纸的全文中，精选有相当研究水平的文章进一步分类、重组、加工、编辑和整理，形成各类全文及各类出版物共 149 种，内容包括政治、哲学、法律、教育、历史、文学与艺术、文化等。

(3)NewsBank 世界各国报纸全文库。全球最大和增长最快的报纸数据库，内容广泛，更新及时，覆盖时间长，100%全文；检索功能强大，界面设计人性化，提供 1300 余种报纸的电子版全文，语种包括一定的西班牙语，以及法、德、意语。

(4)ProQuest 数据库中的 ProQuest Newspaper 和 U.S. National Newspaper Abstracts 子库可以检索 New York Times、Wall Street Journal、USA Today 的全文。可通过文章名等途径检索。

(5)EBSCO 数据库中的 Newspaper Source 子库。EBSCO 报纸资源全文数据库，提供了 40 多种美国国内和国际报纸全文。该数据库还包含 389 余种美国区域报纸的精选全文，包含全文电视与广播新闻脚本。

2. 互联网上免费的电子报纸资源

互联网上有许多免费的报纸资源网站，其中大部分报纸的网站提供旧报检索及全文浏览功能。

(1) 人民网(http://www.people.com.cn)：人民日报的官方网站。

(2) 光明网(http://www.gmw.cn)：光明日报社的官方网站。

(3)《华盛顿邮报》(http://www.washingtonpost.com)。

(4)《泰晤士报》(https://www.thetimes.co.uk)。

除此之外，还有许多网站收录了因特网上的电子报纸目录。读者可以根据网址找到这些电子报纸，可以通过目录按照世界的各个地区进行查阅，也可以通过鼠标在地图上点取所希望查询的地区和国家。

(1) 上海图书馆网站电子报纸导读(http://newspaper.digilib.sh.cn/website/index.asp)。

(2) 一览网(http://news.elanw.com)提供综合新闻门户网、中央媒体、地方新闻媒体、高校新闻媒体等的链接。

(3) hao123报刊网址大全(http://www.hao123.cn/news)等。

6.7.6 科技报告检索

科技报告是关于科研项目或科研活动的正式报告或情况记录，是研究、设计单位或个人以书面形式向提供经费和资助的部门或组织汇报其研究设计或项目进展情况的报告。它是以积累、传播和交流为目的，由科技人员按照有关规定和格式撰写，真实而完整地反映科研人员所从事科技活动的内容和经验的特种文献。

1. 科技报告检索特点

科技报告是一种很重要的信息资源，很多大型综合性检索系统都将科技报告作为重要的文献类型加以收录，如EI、INSPEC等。通过这些数据库都可以检索到部分科技报告。

与图书和期刊文献相比较，科技报告的篇幅可长可短，但其内容新颖广泛、专业性强、技术数据具体，因而是科研人员、工程技术人员的优先参考资料。它对于交流各种科研思路、推动发明创造、评估技术差距、改进技术方案、增加决策依据、避免科研工作中的重复与浪费、促进科研成果转化为生产力等方面起到了积极的作用。

2. 科技报告检索途径

(1) NTIS(http://www.ntis.gov)，美国国家技术情报服务处(National Technical Information Service)出版的美国政府报告数据库，报道PB报告、非密或解密的AD报告(军事系统)、部分NASA报告(航空航天系统)和DOE(能源系统)报告，题录型。

(2) Science.gov(http://www.science.gov)，美国政府科学信息门户网站，提供全文。

(3) 美国斯坦福大学计算机科学技术报告(http://hci.stanford.edu/cstr)，可浏览与全文下载。

(4) 世界银行(http://www.worldbank.org/en/research)，该网站提供世界银行组织的文件与报告库，可以免费查看全文。

(5) 国家科技成果网(http://www.nast.org.cn/portal.php)，面向公众用户的科技成果信息查询、发布与交流平台。

（6）国研报告（http://www.drcnet.com.cn），是国务院发展研究中心发布的有关中国经济和社会诸多领域的调查研究报告，网络版每天在线更新，印刷版每月初出版。

（7）国家科技报告服务系统（http://www.nstrs.cn/），是国家层面的一个免费共享服务，定位于国内各种项目的科技报告，可以面向大众（严格注册）提供科技报告的服务。

6.8　多媒体资源检索

多媒体技术和 Internet 的发展给人们带来巨大的多媒体信息海洋，并进一步导致了超大型多媒体信息库的产生。多媒体信息直观便捷，便于学习。目前多媒体学习资源正在快速增加，多媒体数据库检索多采用分类浏览方式。多媒体资源一般在订购学校建立镜像站。如果学校没有订购，很多可以在网上直接购买。

6.8.1　多媒体检索举例——库客数字音乐图书馆

库客数字音乐图书馆(http://www.kuke.com)是国内首家专注于非流行音乐发展的数字音乐图书馆，拥有 NAXOS、Marco Polo、CRC 等国际著名唱片公司的鼎力支持，广泛收集世界范围的古典音乐，以及中国、美国、西班牙、日本、瑞士、南非、伊朗等多个国

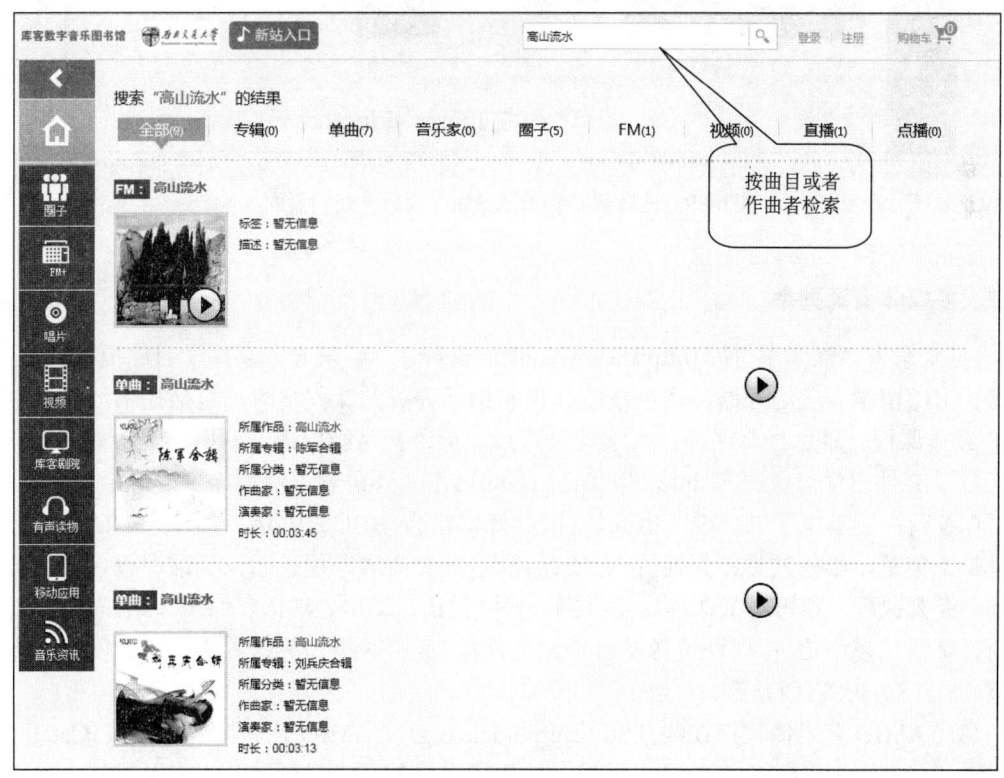

图 6-38　库客数字音乐图书馆检索页面

家独具特色的民族风情音乐，设立爵士音乐、电影音乐、新世纪音乐等多个专栏，汇聚了从中世纪到现代 3400 多位艺术家、100 多种乐器的音乐作品，总计 50 多万首曲目。通过互联网提供在线音乐资讯服务，并配备音乐名词浅释、唱片介绍、歌剧故事大纲、作曲家及演奏家生平介绍等文字资料，为音乐学习者和爱好者提供全面、丰富的数字音乐资料。

（1）按曲目或者艺术家名称检索，见图 6-38。

（2）按类目逐步浏览，见图 6-39。

图 6-39　库客数字音乐图书馆→视频→戏剧页面

6.8.2　多媒体资源列举

（1）新东方多媒体学习库（http://www.koolearn.com）。新东方多媒体学习库提供四六级、考研、出国留学、应用外语、实用技能、求职指导等类的课程学习，包括托福经典课程、GRE 经典课程、雅思经典课程、大学英语六级、英语初高级口语、新概念英语等。

（2）FiF 外语学习资源库（http://lib.fifedu.com）。FiF 外语学习资源库主要包括以下模块：口语训练营；阅享电子书；视听练兵场［国际媒体精品（BBC、VOA、ITN、ECL、TED）、演讲辩论集萃、影视共赏、其他］；在线课程库（综合英语课程、通识英语课程、职业英语课程、经典课程、雅思考试课程）；玩转多语种（日语、德语、法语、西班牙语、意大利语、俄语、韩语、越南语）；课件资源站；考试竞技场（英语四级、英语六级、专业四级、专业八级、PETS、PRETCO）等。

（3）CAMIO 艺术博物馆在线（http://camio.oclc.org）。CAMIO 艺术博物馆在线（Catalog of Art Museum Images Online）收录了世界各地丰富多样的艺术资料，其内容及描述由二十多家世界级知名博物馆提供。CAMIO 馆藏丰富，涵盖公元前 3000 年至约 95000 件艺术作品，包括照片、绘画、雕塑、装饰和实用物品、印刷品、素描和水彩画、珠宝和服饰、纺织物和建筑，以及音频、视频和混合媒体资料等。

(4)"知识视界"视频教育资源库。"知识视界"视频教育资源库收录了来自澳大利亚、美国、德国、法国、日本等不同国家1万多部涉及各个学科的科教片，分为基础性、实用性和前沿性三个类别。这些科教片配有地道的外语发音，提供中外文双语字幕(字幕可进行显示或隐藏设置)，也是学习专业外语的最佳选择之一。

(5)爱迪科森网上报告厅(http://gaoxiao.wsbgt.com)。爱迪科森在线学习平台，包括集基本素养、外在素养以及文化素质于一体的"综合素质"和拓展专业知识面的"学科报告"两大资源版块：①综合素质；②学科报告。

(6)正保远程教育多媒体资源库。赛文教育联合正保远程教育推出"正保远程教育多媒体资源库"系列产品，内容涵盖外语考试、研究生入学考试、会计考试、公务员考试、司法考试、医学考试、各类从业资格考试等两千多门网络课程，均由国内顶级名师讲授，帮助高校师生顺利通过各种考试、提升专业能力、增强就业实力。

(7)CIDP制造业数字资源平台(http://www.cidp.com.cn)。CIDP制造业数字资源平台以我国机械工程、航空航天、电气工程、汽车与机床等制造业在长期设计制造过程中形成的海量信息资源为对象，基于制造业中的中国国家标准和行业标准，参照国际标准和制造业发达国家的国家标准，利用数据检索与关联技术对资源进行整合，以适合的形式来表现相关的内容，为制造类企业和用户提供不同粒度、多种层次、优质丰富的数字资源，可以广泛应用于专业知识查询、论文写作、课程设计、毕业设计以及工程指导相关领域的学习研究中。目前包含以下六大专业模块：①知识单元；②三维模型；③工程教学资源；④多媒体资源；⑤设计计算程序；⑥电子图书。

(8)软件通-计算机技能视频学习系统（http://rjt.softtone.cn/）。软件通-计算机技能视频学习系统是国内首个基于内部网络的计算机技能自助式网络视频学习系统，目前视频资源库涵盖计算机主流的14个大类，包括办公自动化类、三维设计类、多媒体设计类、数据库程序语言类、计算机程序语言类、网络程序语言类、计算机辅助设计类、网页网站设计类、平面设计类、影视后期设计类软件、计算机基础类、系统开发类、数据处理类等类型。

扩展阅读1：如何找到关键文献

(1)查找被引次数、下载次数高的文章。被引次数、下载次数可以反映文章的关键程度，一般被引次数、下载次数越多，文章价值越大，目前部分数据库提供了通过对检索结果的排序功能来达到此目标。

① CNKI总库平台(被引次数、下载次数)。

② Web of Science(被引次数)。

③ Google Scholar(被引次数)。

(2) 查找领域专家的文献。

① 通过高被引次数论文确定专家。

② 通过高发文量作者确定专家。

(3)查找综述文献。

① 学位论文(万方、CNKI、PQDT)的综述部分。
② 文摘库(如 Web of Science、EI)在文献类项中均提供 Review 选项。
③ 检索词限定：中文为综述、进展、挑战、现状、发展趋势、述评、关键技术、发展、考察、前沿；英文为 Review、Survey、Advances、Progress、Update、Frontier。

(4) 阅览专业内公认的高品质期刊。
① 国内可以通过核心期刊、统计源目录查找，国外可以通过 JCR（Journal Citation Report）数据库。
② 通过数据库的检索限定进行查找，如中国期刊全文数据库可以将范围限定在"核心期刊"，ARL、ABI/Inform 可以将范围限定在"同行评审期刊(Peer Reviewed Journals)"，SDOS 提供专业领域内下载最高的 25 篇论文(Top-25 Articles in My Subject Area)。

(5) 关注本学科著名研究机构的研究成果，大多数数据库检索结果聚类分析中都有作者机构聚类，可以方便找出与自己课题相关的研究机构。

扩展阅读 2：如何选择权威数据库

选择每个学科的权威与专业数据库，是检索成功的关键，也是检索准确性与完整性的保证。下面推荐各个综合数据库与专业数据库，还包括一些免费资源。扫描二维码可以阅读。

学科专业的检索资源

思考与训练：检索"铁路司机工作压力"或者自己感兴趣领域的文献，并完成以下题目：①写出该课题的检索词和检索表达式；②使用 CNKI 翻译助手将列出的检索词译成英文；③根据检索表达式，在所能利用的相关数据库中实施检索；④以 PDF 格式下载 1 篇文献的全文。

交流与讨论：你在检索中经常会遇到什么问题，例如，不知道选择什么样的数据库检索？不知道如何连接？不知道如何选择检索词与检索字段？不会利用逻辑组配，直接用课题名称去检索？在外文数据库中输入中文词检索？在文摘索引数据库中想下载全文？检索结果太多或者太少不知如何处理？就上述问题的解决大家交流经验(该部分讨论可在部分数据库讲解与实习后进行)。

上机训练题 3　　　上机训练题 4

第 7 章　专利和标准文献检索

专利文献和标准文献在创新创业战略实施中具有不可忽略的作用，本章介绍了专利和标准文献信息检索系统及网站，为获取专利和标准信息提供方便，保证了专利和标准化技术研究与服务需要。

7.1　专　利

专利起源于欧洲，萌芽于 1474 年的威尼斯共和国。现代专利法最早由英国制定实施，中国专利制度于 1985 年 4 月正式实施。

世界知识产权组织(WIPO)报道：在各式专业期刊、杂志、百科全书等有关技术发展的资料中，唯一能够全盘公开技术核心的仅有专利文献；专利说明书中包含世界上 90%～95% 的(大多具有商业价值)研究成果，而且其中 80%并未在其他期刊、杂志中刊登。可以说，专利文献几乎记载了人类取得的每一个新技术成果，是最具权威性的世界技术的百科全书。善用专利信息，可缩短 60%的研发时间，可节省 40%的研发经费。

7.1.1　专利知识概述

专利是受法律规范保护的发明创造，它是指一项发明创造向国家审批机关提出专利申请，经依法审查合格后向专利申请人授予的在规定的时间内对该项发明创造享有的专有权。

1. 专利类型

我国的专利一般分为三种类型(表 7-1)：发明专利、实用新型专利和外观设计专利。发明专利是三种专利中最重要的一种。与发明专利相比，实用新型专利创造性低，但实用价值大。

表 7-1　专利的类型及特点

名称	发明专利 (20 年)	实用新型专利 (10 年)	外观设计专利 (10 年)
要求	对产品、方法及其改进提出的新的技术方案	对产品形状、构造及其结合提出的实用方案	对产品形状、图案、色彩或者其结合所做出的富有美感并适合于工业上应用的新设计
特点	具有突出的实质性特点和显著进步	具有实质性特点和进步	具有实质性特点和进步

在美国，可以申请的专利主体有三种：实用专利(包括发明专利)(Utility Patent)、设计专利(Design Patent)、植物专利(果树、花卉、植物等)(Plant Patent)。

2. 专利的性质

专利的性质及其定义如表 7-2 所示。

表 7-2 专利的性质及其定义

使用范围	性质	定义
在申请中的三性	新颖性	申请日以前没有同样的发明或者实用新型在国内外出版物上公开发表过、在国内公开使用过或者以其他方式为公众所知
	创造性	与申请日以前的技术相比,该发明或实用新型有突出的实质性特点和显著的进步
	实用性	该发明或者实用新型能够制造或者使用,并且能够产生积极效果
在使用中的三性	排他性	在一定区域范围内,其他任何人未经许可都不能对其进行制造、使用和销售等
	区域性	一种有区域范围限制的权利,它只在法律管辖区域内有效
	时间性	专利只有在法律规定的期限内才有效,一般专利有效期为 15 年

3. 专利分类法

专利分类法是从分类角度管理和检索专利文献的工具。目前,国际上采用的是《国际专利分类法》(IPC)(表 7-3),当前使用的是 2016 版。该分类法按照技术主题分类,采用等级结构,把整个技术领域按降序分为五个不同等级(图 7-1),即部、大类、小类、大组和小组。

表 7-3 国际专利分类法的部和分部

部号	部	分部
A	人类生活必需	农业、食品与烟草、个人与家用物品、保健娱乐
B	作业、运输	分离与混合、成型、印刷、交通运输
C	化学、冶金	化学、冶金
D	纺织、造纸	纺织和未列入其他类的柔性原料、造纸
E	固定建筑物	建筑、钻井和采矿
F	机械工程、照明、加热、武器、爆破	发动机与泵、一般工程、照明与加热、武器与爆破
G	物理	仪器、核子
H	电学	不设分部

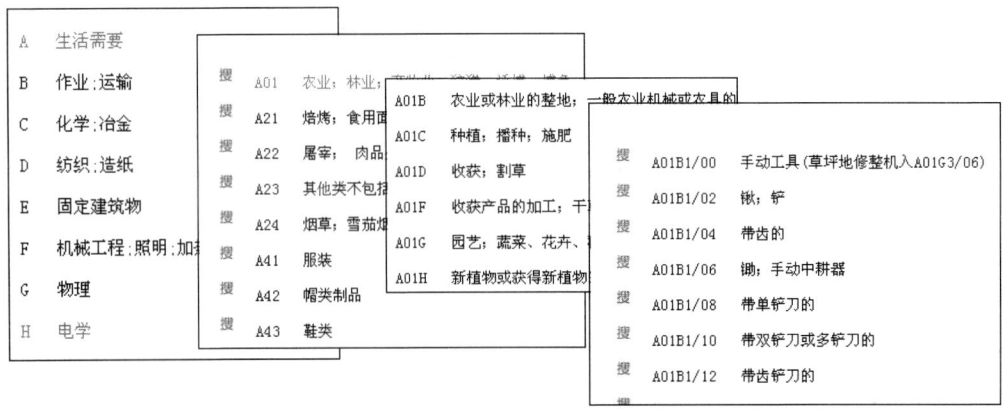

图 7-1 国际专利分类法举例

4. 专利信息的表示与内涵

专利信息是指,以专利文献作为主要内容或以专利文献为依据,经分解、加工、标引、统计、分析、整合和转化等信息化手段处理,并通过各种信息化方式传播而形成的与专利有关的各种信息的总称。

1) 表现专利信息的各字段

专利信息中的字段含义如表 7-4 所示。

表 7-4 专利信息中的字段含义

字 段	字段含义
标题	专利主题的简短描述,可以人工快速浏览与检索
摘要	简要描述专利的技术内容,最常用的检索字段,常与标题一起进行关键词检索
权利要求书	比标题和摘要更能确切地说明发明主题
专利说明书	是对发明或者实用新型的结构、技术要点、使用方法的介绍,包括技术领域、背景技术、发明内容、附图说明、具体实施方法
发明人	实际从事发明创造工作的人
代理人	经过专利培训与考核,并在国务院专利行政部门登记,专门从事专利代理业务的人员
申请人	对某项发明创造有资格向专利行政部门提出专利申请的公民、法人或者非法人单位,专利没授权前的申请人称为专利申请人,授权后称为专利权人
申请号	申请人在专利申报时,由国家知识产权局给申请人的受理号,即专利局受理专利时给专利提供的识别代码。三种专利申请号均由 12 位数字组成,按年编排
申请日	申请日是指国家知识产权局专利局收到专利申请文件的日期
公开号	发明专利公布的编号
公开日	发明专利申请公开之日
专利号	三种专利授权以后的代号
主分类号	同一专利申请中,由于技术内容的复杂性,有时会涉及多个技术领域,会出现一个申请具有若干个分类号的情况。这时,其中第一个称为主分类号
优先权日	专利申请人就同一项发明在国际专利组织缔约国中的一个国家提出申请之后,在规定的期限内又向其他缔约国提出申请时,申请人有权要求以第一次申请日期作为后来提出申请的日期,这一申请的日期就是优先权日
法律状态	有效性、权利转移状况及授权
引证文献	包括某件专利所引证的在先技术和日后引证该案的专利,可用来研究技术的衍生变化、上下位关系、公司研发特点及不同申请人的技术关联

2) 专利信息的类型及其反应字段

专利信息是技术信息、经济信息、法律信息和著录信息的综合体,见表 7-5。

专利信息的 6 要素分别是:Who(申请人、发明人)、When[申请日、公开(公告)日、优先权日]、Where(地址、申请国、指定国)、What(分类号、名称、摘要)、Why(权利要求书、说明书)、How(法律状态)。

表 7-5 专利信息的类型及其反应字段

反应信息类型	反应该类信息的字段
技术信息	摘要、说明书、权利要求书、附图、摘要及著录项目、原文
经济信息	专利目录、各种日期信息
法律信息	权利要求、法律状态
著录信息	专利号、分类号、申请人、发明人

5. 中国专利权审批的一般过程

中国专利权审批的一般过程如图 7-2 所示。

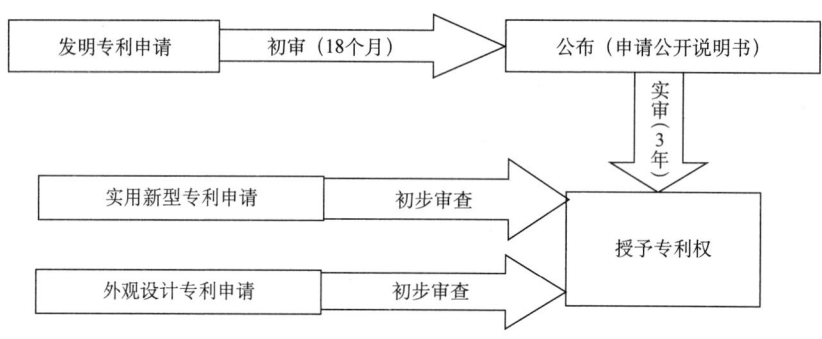

图 7-2 中国专利权审批的一般过程

依据专利法，发明专利申请的审批程序包括受理、初审、公布、实审以及授权五个阶段。实用新型或者外观设计专利申请，在审批中不进行早期公布和实质审查，只有受理、初审和授权三个阶段。

6. 专利族与优先权期限

专利族（Patent Family）即不同国家授予同一项技术发明的一组专利（具有不同的专利号）。同一专利族中的每件专利文献均为该专利族成员（Patent Family Members），即同一专利族中每件专利文献互为同族专利。同一专利族中最早优先权（最先申请）的专利文献称基本专利。同族专利的作用：提供有关该项发明的最新技术发展信息，在国际市场的发展状况，法律状态和经济情报（了解专利权人就该项技术在国际范围内的专利布局），帮助阅读者克服语言障碍。按照《保护工业产权巴黎公约》规定优先权期限：发明和实用新型的优先权期限为 12 个月，外观设计的优先权期限为 6 个月。

7.1.2 专利检索

1. 检索途径

专利检索系统一般都根据专利信息的特征提供多个检索字段。用户可根据已知条件和用途从检索入口作出选择（表 7-6），可以进行单字段检索或多字段限定检索。

表 7-6 专利检索途径

途 径	字 段	用 途
主题检索	名称、摘要(关键词检索)	最常用的检索途径。根据课题需要,主题检索与名称检索可进行组合
分类检索	分类号、主分类号	由于世界各国都采用统一的国际专利分类法,相同技术主题的文献都具有相同的分类号,因此通过分类检索专利文献,可以比其他途径达到更高的查全率,特别适合专利查新检索
人员和机构检索	发明人、专利申请人、专利权人、专利受让人、代理人、代理机构	主要通过发明人、专利权人名称查找特定专利。可以定期对某一领域的专家作为发明人进行检索,跟踪其技术开发的动态,并根据检索结果,从中寻找本公司或企业需求的专家、潜在雇员或可能的技术转让者。还可将同一领域的公司、企业或科研机构作为专利权人进行定期跟踪检索,随时掌握对方的技术开发动态
号码检索	申请/专利号、公开/公告号、优先权	可参考各国法律和各专利组织规范
日期途径	申请日、公开日、公告日	可进行技术发展时间的推算
地址途径	国籍、地址	申请人和/或发明人的国籍、地址,可显示地理及经营策略

2. 检索字段对比说明

常用检索字段名称对比如表 7-7 所示。

表 7-7 常用检索字段名称对比

国家知识产权局	美国专利局	欧洲专利局
名称	TTL(Title)	Title
摘要	ABST(Abstract)	Abstract
申请(专利权)人	AN(Assignee Name)	Applicant
发明(设计)人	IN(Inventor Name)	Inventor
公开(公告)号	PN(Patent Number)	Publication Number
分类号	ICL(International Classification)	IPC Classification
申请(专利)号	APN(Application Serial Number)	Application Number
公开(公告)日	PD(Publication Date)	Publication Date

3. 专利检索与其他检索对比

(1) 与其他检索系统的相同点。

都有逻辑组配:and or not,例如,汽车 and 化油器;都有截词算符"?"(半角问号),代表 1 个字符;模糊字符"%"(半角百分号),代表 0~n 个字符。

例如,发明人为周祚万,可输入"周%万";申请人可输入"北%交通大学"。

(2) 与其他检索系统的不同点。

时间限制方式不同:专利通过申请日、公开日进行限制,如 2004.9 to 2006;机构限制通过"申请人"检索字段实现;地域限制通过"地址"检索字段实现,可以用邮编进行检索。

7.1.3 国家知识产权局专利数据库

国家知识产权局专利检索与服务系统(http://www.pss-system.gov.cn)是集专利检索与专利分析于一身的综合性专利服务系统(图7-3)。系统依托于丰富的数据资源,提供了简单、方便、快捷、丰富的专利检索与分析功能,丰富的接口服务和工具性功能也为检索与分析业务提供了强有力的支撑。

图7-3 国家知识产权局专利检索与分析主页

检索功能:常规检索、表格检索、药物专题检索、检索历史、检索结果浏览、文献浏览、批量下载等。

分析功能:快速分析、定制分析、高级分析、生成分析报告等。

数据范围:收录了103个国家、地区和组织的专利数据以及引文、同族、法律状态等数据信息,其中涵盖了中国、美国、日本、韩国、英国、法国、德国、瑞士、俄罗斯、欧洲专利局和世界知识产权组织等。数据更新:中外专利数据,每周三;同族、法律状态数据,每周二;引文数据,每月更新。

高级检索主要根据收录数据范围提供丰富的检索入口和智能辅助的检索功能。可以根据自身的检索需求,在相应的检索表格项中输入相关的检索要素,并确定这些检索项目之间的逻辑运算,进而拼成检索式进行检索。如果希望获取更加全面的专利信息,或者对技术关键词掌握得不够全面,可以利用系统提供的"智能扩展"功能辅助扩展检索要素信息。在单击"高级检索"按钮之后,系统显示高级检索页面,主要包含四个区域:检索历史、范围筛选、高级检索和检索式编辑区,如图 7-4 所示,通过将鼠标移动到检索表格项区域查看检索字段的应用说明信息。

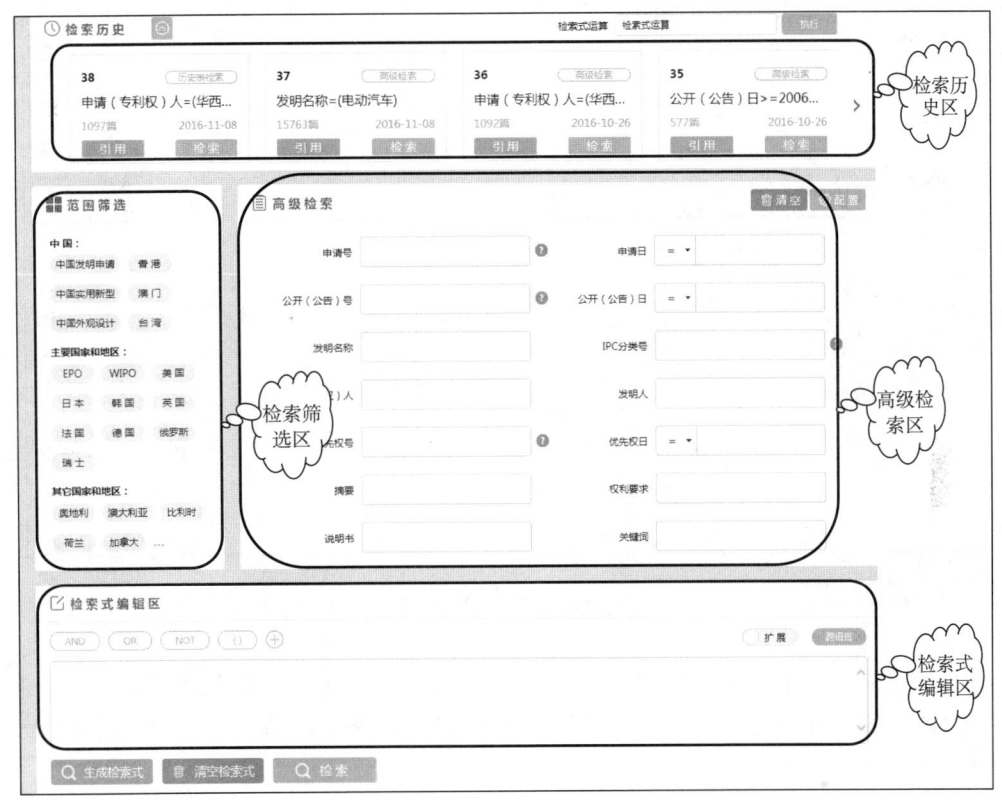

图 7-4　国家知识产权局专利高级检索界面

可以通过"跨语言"功能实现构建一种语言(中、英、日)检索式同时在中、英、日三种语言专利文献中进行检索。在高级检索中,为了便于通过构建简单的检索式获取最全面的专利文献信息,系统提供了"扩展检索"功能。通过该功能,系统自动根据输入的检索要素按照业务规则扩展含义相近的关键词等信息,并进行检索。

概要浏览是常规检索、表格检索等默认的检索结果展现方式。当通过某种检索方式检索之后,系统按照默认的配置以列表的方式展现检索结果信息。如图 7-5 所示,概览列表用于浏览文献的著录项目信息。图中主体部分为文献信息列表。

切换显示模式:可通过按钮 切换显示模式,如搜索式、列表式、多图式。

排序功能:使用排序下拉框 进行检索结果排序,支持按照申请日降序、申请日升序、公开日降序、公开日升序进行排列。

过滤功能:使用过滤按钮 进行显示字段设置、文献类型过滤、日期筛选、显示语言过滤等操作,如图 7-5 所示。

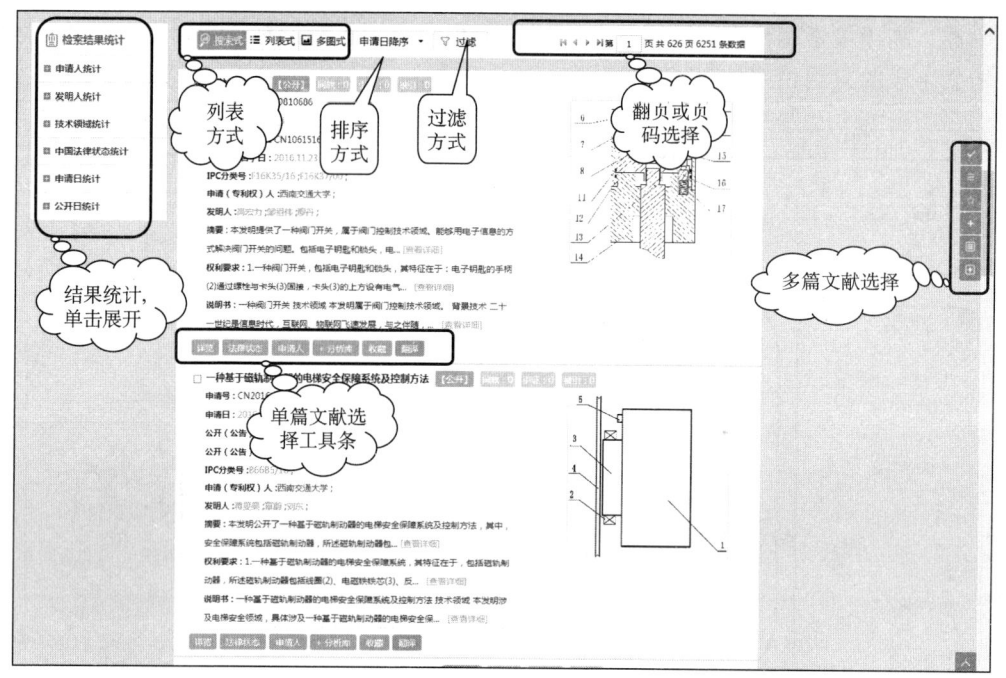

图 7-5 概要浏览页面

详细浏览是一种全面浏览专利文献信息的浏览模式。通过该种浏览模式，可以全面掌握专利文献的技术实现原理。在详细浏览中可以查看到文献的著录项目、全文文本以及全文图像信息。确定浏览文献之后，进入"详细浏览"页面，如图 7-6 所示。

在"文献下载设置"页面中，可以选择需要下载的内容(摘要信息、全文文本、全文图像)，然后输入验证码，单击"下载"按钮，系统将按照设置的保存路径以压缩包的形式下载保存。

分析子系统为专利分析人员提供多种分析方式和分析工具集，分为管理分析库、申请人分析、发明人分析、区域分析、技术领域分析、中国专项分析、高级分析、管理分析结果八大功能。

分析库是存储待分析文献的数据库，可以根据分析主题创建不同的分析库。可以将一个检索结果全选加入分析库。为了保证分析结果的质量，还可以对分析库中的文献进行指定规则的数据清理。

如进入"申请人趋势分析"页面，系统默认不添加任何分析条件，取全量数据进行统计分析，并展现分析结果。通过对申请人趋势的统计分析，可以查看申请人在每年中的专利申请情况，针对目前分析的主题，了解各申请人在特定时间内的技术发展变化趋势，如图 7-7 所示。

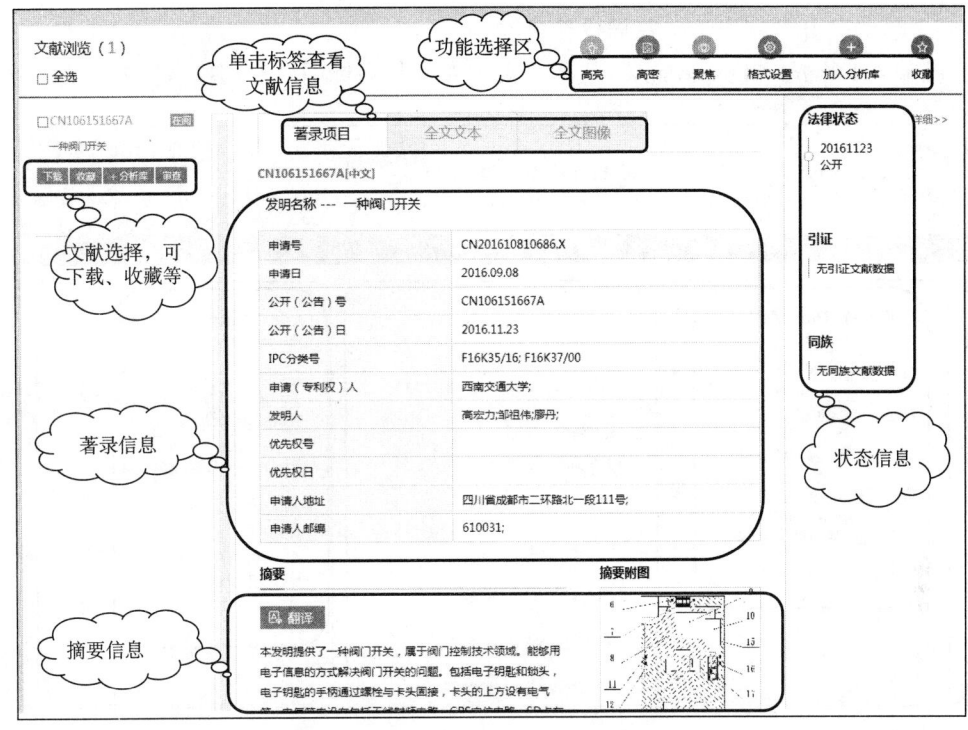

图 7-6 详细浏览页面

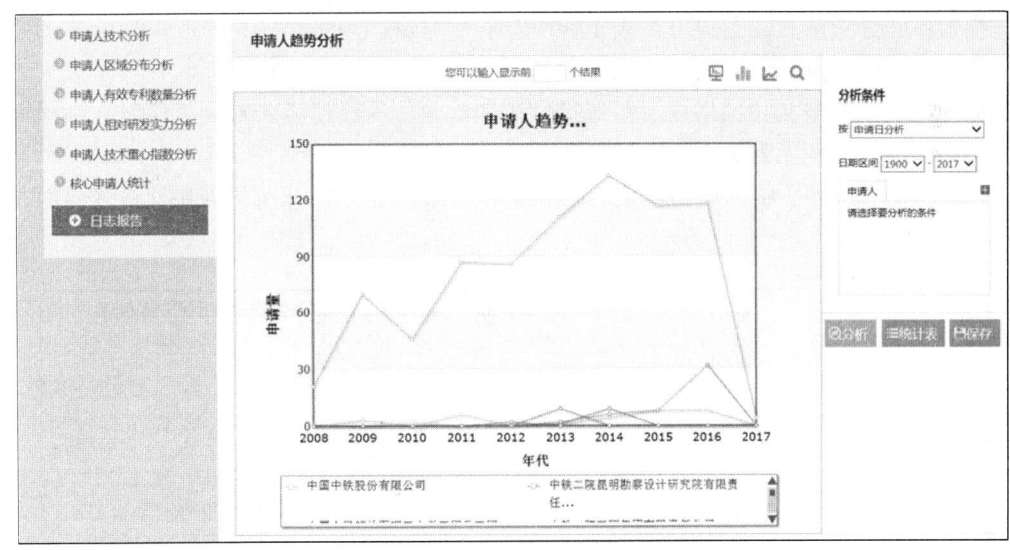

图 7-7 申请人趋势分析示意图

7.1.4 美国专利与商标局专利数据库

USPTO（United States Patent and Trademark Office）是美国专利与商标局的简称，其网址是 http://www.uspto.gov。该网站收录了 1790 年至今的美国全部授权专利，以及 2001 年 3

月 15 日之后的公开专利申请,每周更新一次。

直接输入 http://patft.uspto.gov,进入"美国专利与商标局"专利检索界面,见图 7-8。

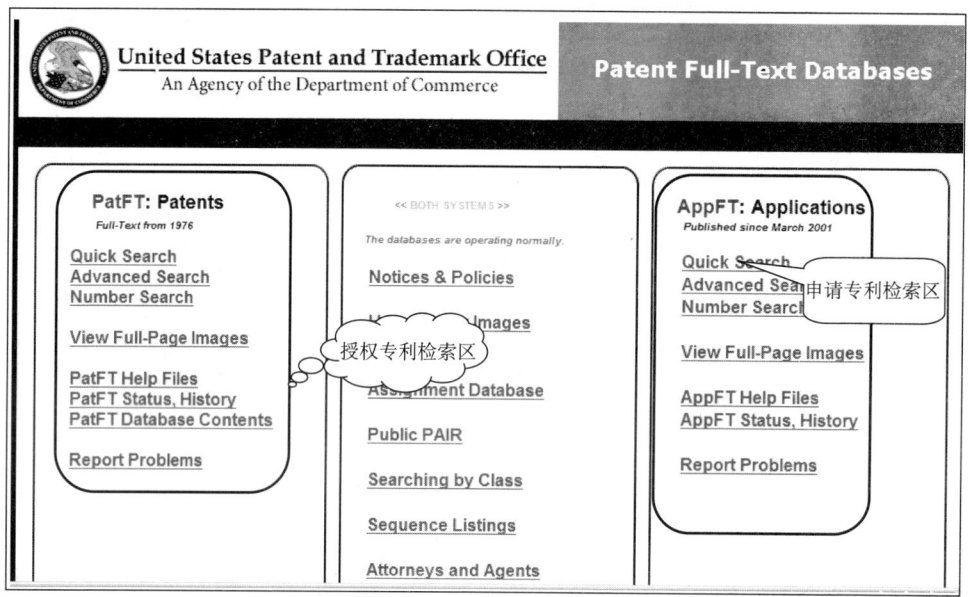

图 7-8 "美国专利与商标局"专利检索界面

检索界面分三部分,左边可检索 1790 年至今的授权专利。其中 1790～1976 年的专利是扫描格式,1976 年以后的专利全文为文本格式。右边可检索 2001 年 3 月 15 日以来专利申请公开说明书的全文扫描格式。系统提供快速检索、高级检索、专利号检索三种检索方式,下面以授权专利库为例介绍三种检索方式。

在图 7-8 所示界面中,单击左边的 Quick Search 超链接,即可进入快速检索界面,如图 7-9 所示。

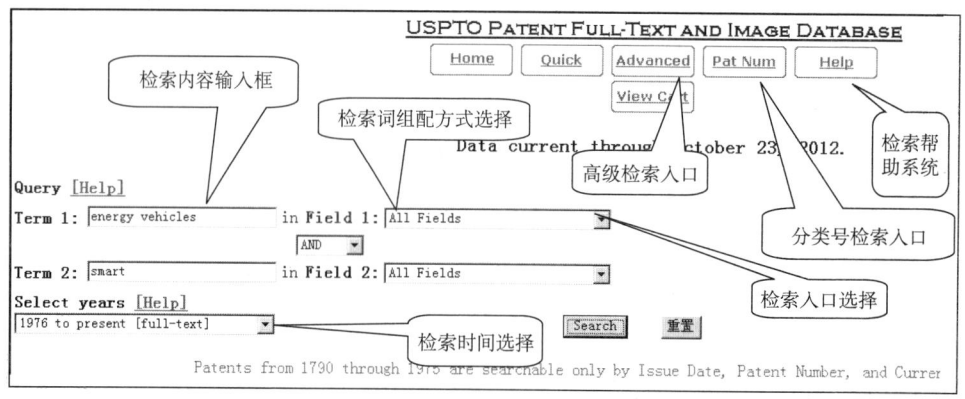

图 7-9 Quick Search 界面

第 7 章 专利和标准文献检索

快速检索提供了两个检索框进行逻辑组配检索,输入的检索词可以限定在 30 个检索入口以及全部字段,默认为全部字段。

高级检索要求输入一个完整的布尔逻辑检索式,可使用两个以上的检索字段或检索词进行逻辑组配运算。检索窗中最多可输入 256 个字符。逻辑算符分别为:"AND"(与)、"OR"(或)、"NOT"(非)。右截词符"$",可替代任意字符。使用短语进行检索时,短语需用双引号" "进行处理。高级检索中检索式的输入格式为:字段代码/检索词。

已知专利号欲查找专利全文时,应使用专利号检索。检索框中一次可输入多个专利号,中间用逗号或者空格加以分隔。另外,输入专利号时应当注意,除工业实用专利外,其他专利如外观设计专利、植物专利、再公告专利、再审查专利、防卫性公告专利等,必须在号码之前输入代表专利类型的前缀(U、D、PP、RE、T、H)。

在上述各种检索模式界面,输入检索词,单击 Search 按钮后,出现检索结果列表显示界面,如图 7-10 所示。

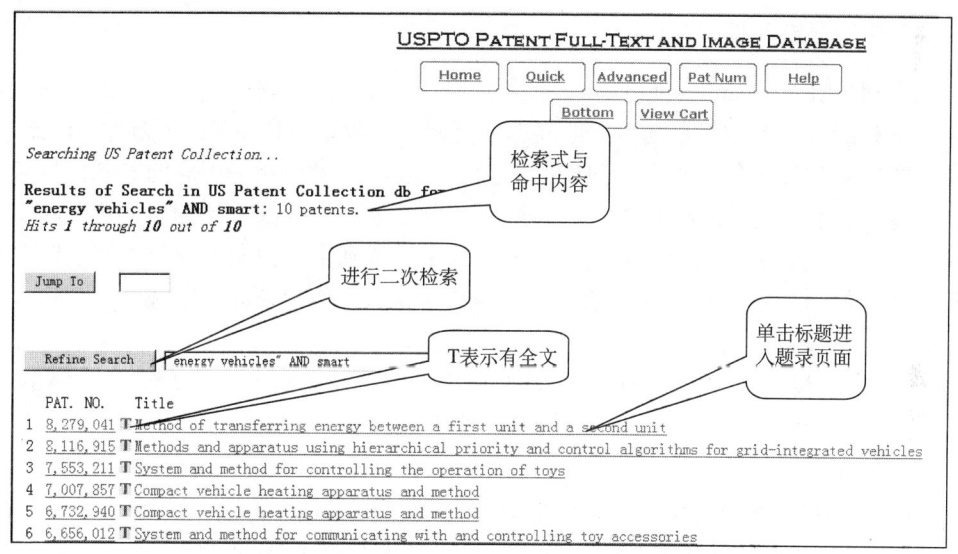

图 7-10 检索结果列表显示界面

检索结果列表页中仅显示每条记录的专利号及专利名称。每页最多列出 50 条记录,要想浏览更多的检索结果,单击当前页面中的 Next 50 Hits 按钮,若想进行跳跃式浏览,单击 Jump to 按钮并输入想要查看的记录号。

在检索结果的列表显示页面,单击专利名称或者专利号,可以看到该记录详细的全文信息,即专利说明书的文本形式,如图 7-11 所示。打开 IE 浏览器中的 File 下拉菜单,选择 Save 或 Print 选项,可实现对记录全文的存盘或打印。

特别提示:美国专利与商标局的美国专利一般为全文本 HTML 格式,看不到其中的图形,如果需要查看专利说明书的图形文件,单击图 7-11 上的 Images 图标即可。

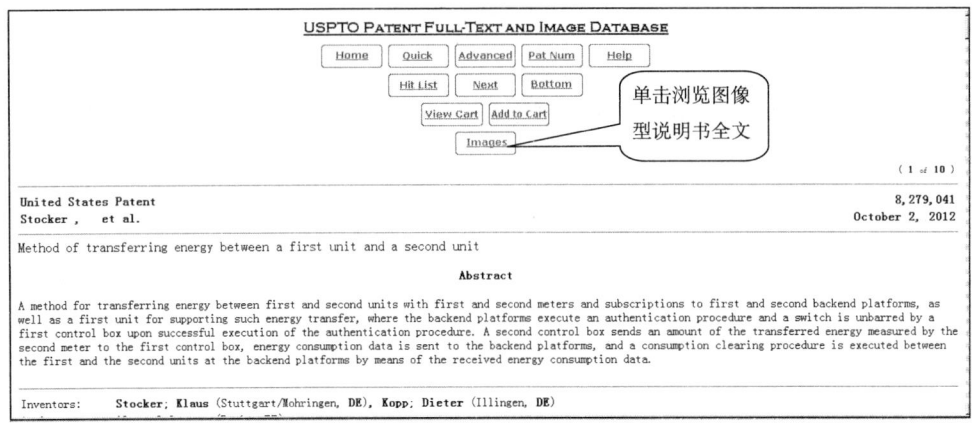

图 7-11 专利说明书全文文本界面

7.1.5 欧洲专利局专利检索系统

欧洲专利局（European Patent Office）的网站（http://www.epo.org）是一个提供专利文献免费检索及下载服务的网站。它涵盖的世界专利范围广，收藏量达 6000 多万件，收录了 90 多个国家的专利信息，包括欧洲专利（EP），英、德、法、奥地利等国家的专利，以及世界知识产权组织的世界专利（WO）和日本专利，其中以美国、英国、法国、德国、EP、WO 的收藏最全。欧洲专利局网站可浏览二十多个国家的专利全文说明书，其专利说明书都是以图形方式存储的，格式为 PDF。欧洲专利局数据库除提供 Worldwide 选择外，还提供英语、德语、法语检索界面和检索。

欧洲专利局数据库检索系统提供了智能检索（Smart Search）、高级检索（Advanced Search）和分类检索（Classification Search）三种检索方式，如图 7-12 所示。欧洲专利检索一般使用高级检索。

特别提示：通过欧洲专利局主页进入欧洲专利局数据库主页路径比较难找，最简单的方法就是先登录国家知识产权局网站，在专利检索页面有"其他国家局专利检索入口"选项，展开菜单，有"欧洲专利局"项，单击可以直接登录欧洲专利局数据库高级检索页面，登录其他国家专利检索也可以通过此链接方式。

高级检索可通过发明名称（从标题或摘要检索）、公开号、申请号、优先权号、公开日期、申请人、发明人、欧洲专利分类号、国际专利分类号 10 种途径进行检索，各字段之间默认为逻辑"与"的关系。

分类检索可浏览国际专利分类表 A-H8 及 Y 大部的下位详细分类，单击对应的英文标题也能浏览下位详细分类。

一个检索框，支持 1 个或多个关键词检索，支持布尔逻辑运算，默认词间关系为逻辑与，支持截词符（"*"表示无限截词；"?"表示 0~1 个字符；"#"表示 1 个字符）。

执行检索后，显示检索结果的题录（图 7-13），单击专利名称将显示专利的文摘信息（图 7-14），包括专利名称、专利号、公开日期、发明人、申请人、欧洲专利分类号、国际专利分类号、申请号、优先权号、专利文摘等。单击 Original document 标签链接，即可显示 PDF 格式的专利原文。

第 7 章 专利和标准文献检索

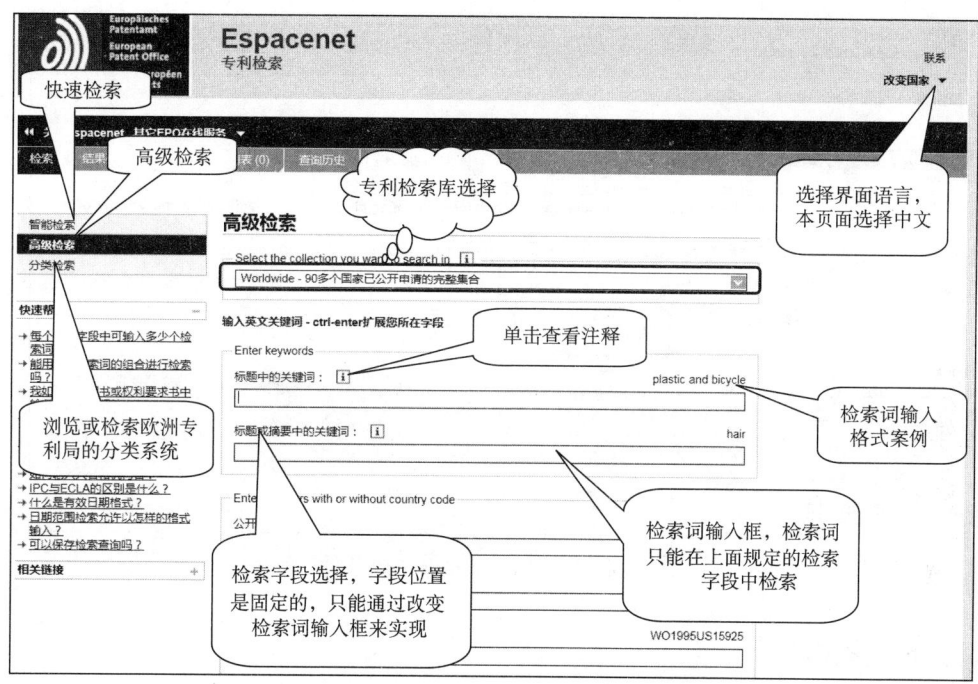

图 7-12 欧洲专利检索系统高级检索界面

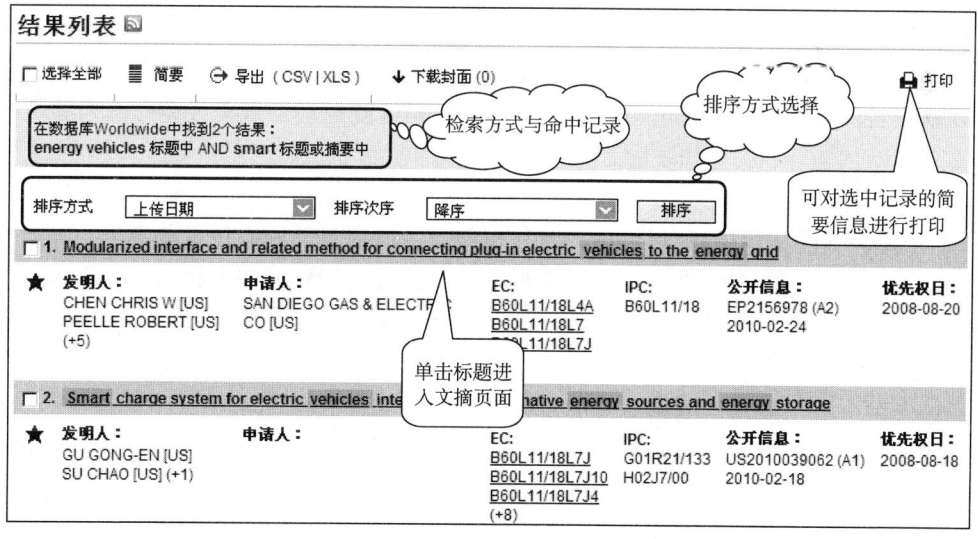

图 7-13 检索结果的列表页面

图 7-14 检索结果显示的文摘页面

7.1.6 专利检索技巧

(1) 在标题或名称栏中,一般输入核心词,而将附加词、限定词放在摘要中。例如,雷达的电路设计、汽车的安全措施等。将"雷达""汽车"放在名称栏中,而将"电路""安全"放在摘要中。

(2) 发明人只能是个人,而申请人则可以是公司、组织或个人。在不能确定公司全名的情况下,公司名尽量用简称,如长虹、微软、大众、松下。

(3) 对某一类特定产品进行监控或检索时,一般采用专利分类号进行检索。确定分类号时可以先按名称进行检索,找出与自己关注内容最相近的专利,将其分类号作为参照。

7.1.7 专利分析

一个国家、机构拥有的专利数量、专利布局,可以揭示其核心技术竞争力。随着产品开发速度的加快,技术人员借鉴、参考专利信息进行技术创新的需求越来越强烈,专利信息检索与分析是企业内部产品开发、科学研究的决策依据。

1. 发现专利技术引进中的陷阱

通过专利分析,能够帮助相关人员发现专利技术引进中的陷阱。

【案例 7-1】某外商以 97 项专利技术,共折合 1600 万美元入股,与北京某汽车厂合资。专利分析显示 97 件专利技术中的 23 件专利是过期的,29 件专利已临近到期,13 件则刚刚递交申请,没有授权,真正有价值的专利只有 32 件,仅占总数的 33%。

2. 启发思路,提高科研起点

及时了解最新技术的研究进展,能够启发思路,提高科研起点,获得科研支持资金。技术本身的发展具有继承性、系统性。有统计显示 70% 的公司是在现有专利技术中发展新技术的。系统地了解已有的技术文献(背景技术中对现有技术的不足分析),是推动技术创新的基础。可通过专利文献的引证关系揭示技术发展趋势,预测技术发展动向。

在产品研发之前,许多企业没有充分地进行专利检索和预警分析,了解本行业最前沿的研发动向,从而陷入"闭门造车"的状态,导致重复研发,不仅浪费了人力和资金,还无意中造成了侵权问题,使多年成果付诸东流。据统计,我国关于中药新药的研发有 90% 都是重复研究。

3. 通过专利监视竞争对手

通过洞悉竞争对手、同行拥有或布局的专利,来监视和分析竞争对手,以便对竞争对手采取不同的策略。

专利分析的内容及目标如表 7-8 所示。

表 7-8 专利分析的内容及目标

分析内容	分析目标
监视和分析竞争对手专利的法律数据	发现失效专利,可将竞争对手的专利技术为己所用
对竞争对手尚未授权的公开专利进行监视和分析	从中发现不具备专利性或不符合专利法要求所在,及时向专利审查部门提供证明,给该专利申请的最终授权设置障碍
分析利用竞争对手已授权的专利文献	分析竞争对手已授权专利的权利要求范围,找出其漏洞,突破其专利网防线,从而申请新的专利,进而占领市场
对竞争对手拥有的全部专利进行定期的统计分析	从中获得竞争对手技术研发策略方面的数据,逐步判断出竞争对手研究开发的重点、技术政策和发展方向,评估出竞争对手的实力
监视竞争对手的专利申请动向	目前世界上绝大多数国家都采用先申请制原则,根据这一法律规定,对于同样的发明,谁先申请,谁就有可能获得专利权,进而可能占领市场
分析竞争对手专利在各个时间段的申请量的变化情况	可以发现竞争对手的整体研发或在某个技术领域的发展态势

【案例 7-2】贝尔仅比格雷早 1 小时向美国专利局申请电话机的专利,便使贝尔成为电话发明之父。

4. 通过技术生命周期图及分析发现与寻找机会

将申请人数和专利件数组成折线图,从中可以看出某项技术的起步期、成长期、顶峰期、技术完成期,以提供研发和市场投入的参考,可以指导用户的研发投入方向。一般来说,起步期专利申请人少,件数少;成长期申请人多,件数少;顶峰期申请人多,件数多;技术完成期申请人少,件数多。

将技术手段种类和功效种类构成矩阵表,从中可看出技术密集区、地雷禁区、尚未被开发区域以及有利可图的区域,分别找出这些区域所在位置,并根据上述情况进行技术挖洞或进行技术创新。

思考与训练:有人认为福特出售沃尔沃,是因为沃尔沃在未来新能源汽车开发中没有优势,这种说法有道理吗?如何求证?

背景材料:据报道,吉利收购沃尔沃的无形资产包括沃尔沃自有知识产权的商标、专利及注册等 2450 项;福特无偿转让给沃尔沃的发动机、平台、模具等技术专利及有关权利 1500 项和 200 多个设计专利;福特无偿许可给沃尔沃的发动机技术 45 项,安全技术 20 项等;同时,还有福特有限许可给沃尔沃的混合动力技术专利 230 项,其他沃尔沃完成生产和未来发展计划所需要的技术。

提示:通过欧洲专利局检索沃尔沃与其主要竞争对手申请的新能源汽车方面的专利进行对比,并分析这些专利的法律状态,就可对上面的观点进行有理有据的判断。

【案例 7-3】 产品的最新发展趋势检索。

随着科技的迅猛发展,产品尤其是电子产品的更新速度加快,企业的技术人员与管理人员要时刻关注产品的发展变化。关注产品发展趋势主要考虑两个方面,一是本身核心技术的突破,如空调的核心技术在于它的制冷,因此制冷技术的变化尤为关键;二是增加的附加功能,其中前一种对产品的影响尤其大,可能导致整个产品失去市场。以空调为例,检索过程如下。

(1)专利具有一定的超前性,因而首先要检索空调主要生产厂家申请的专利和检索制冷技术方面的专利,从专利信息中深挖,因为专利说明书中会涉及有关核心技术的详细说明和附图。

(2)可以到文献数据库检索制冷技术研究方面的前沿信息。

(3)附加功能的增加可以通过搜索引擎搜索产品的广告来了解。

7.2 标　　准

标准文献是一种重要的科技出版物。一个国家的标准文献反映着该国的经济政策、技术政策、生产水平、加工工艺水平、标准化水平、自然条件、资源情况等内容,对于全面了解一个国家和机构的产业发展情况,有重要的参考作用。

7.2.1 标准知识

1. 标准与标准化的概念和特征

标准(Standard)是指为了在一定的范围内获得最佳秩序,经协商一致制定并由公认机构批准,共同使用和重复使用的一种规范性文件。

标准化(Standardization)是指为了在一定范围内获得最佳秩序,对现实问题或潜在问题制定共同使用和重复使用条款的活动。

标准和标准化的特征如表 7-9 所示。

表 7-9　标准和标准化的特征

选　项	目　标
标准的对象	重复性事物
标准的本质	在于统一
标准的表现形式	具有统一的格式的一种文件
标准化的目的	在一定范围内获得最佳秩序
标准化的本质	一项活动,一个过程
标准化的作用	现代化大生产的必要条件;科学管理的基础;调整产品结构和产业结构的需要;扩大市场的需要

2. 标准文献的种类

标准文献的种类如表 7-10 所示。

表 7-10 标准文献的种类

区分方式	类型	定义	案例
按范围	国际标准	国际通用的标准	ISO、IEC
	区域标准	区域性标准组织通过的标准	欧洲计算机制造商协会标准(ECMA)
	国家标准	国家标准机构颁布	我国国标(GB)，美国国标(ANSI)
	专业标准	某一专业团体发布的适用该专业或相关专业	美国材料与试验学会标准(ASTM) 美国石油学会标准(AP)
	企业标准	一个企业或部门批准的	美国波音飞机公司(BAC)
按对象	技术标准	对标准化领域中需要协调统一的技术事项所制定的标准。包括基础标准、产品标准、工艺标准、检测试验方法标准及安全、卫生、环保标准	GB 50559—2010《玻璃工厂环境保护设计规范》
	管理标准	对标准化领域中需要协调统一的管理事项所制定的标准	ISO 14001《环境管理体系》
	工作标准	对工作的责任、权利、范围、质量要求、程序、效果、检查方法、考核办法所制定的标准	《麦当劳工作手册》
按约束力	强制性标准	是指在一定范围内，国家运用行政和法律的手段强制实施的标准	GB 11748—2005《二氧化碳激光治疗机》
	推荐性标准(/T)	是提倡性、指导性、自愿性标准，但一经选定，则必须强制执行	GB/T 4459.7—1998《机械制图滚动轴承表示法》
	指导性技术文件(/Z)	为仍处于技术发展过程中的标准化工作提供指南或信息，供科研、设计、生产、使用和管理等有关人员参考使用而制定的标准文件	GB/Z 19579—2012《卓越绩效评价准则实施指南》

3. 标准号的构成

标准号一般由颁布机构代号（或称标准代号）、顺序号和颁布年组成，如表 7-11 所示。

表 7-11 标准号的构成

标准类型	构成方式	案例
中国国家标准	GB+标准顺序号+制定或修改年份组成	GB 18111—2000
美国国家标准	ANSI+分类号+小数点+序号+年份	ANSI K61.1—81
日本工业标准	JIS+字母类号+数字类号+标准序号+年份	JIS D 68 02—90
英国国家标准	BS+顺序号+分册号+年份	BS 6912 pt.2—93
德国国家标准	DIN+顺序号+年份	DIN 13208—85
法国国家标准	NF+字母类号+数字小类号+顺序号+年份	NF A 45313—1984
ISO 标准	标准代号+顺序号+年号	ISO 6989—1981
行业标准	行业代码+标准顺序号+年号	SN/T 2867—2011

续表

标准类型	构成方式	案例
地方标准	DB(地方标准代号)+省、市编号+专业类号(以字母表示)+顺序号+年份组成	DB/3204-G24—98
企业标准	Q/企业代号+标准序号+年号	Q/BYP004—1994

4. 标准的要素与标龄

标准的全部要素分为三类：概述要素(包括识别标准，介绍标准内容，说明标准背景、标准的制定以及与其他标准的关系等内容)、标准要素(规定了标准的要求和必须遵守的条文)、补充要素(提供有助于理解标准或使用标准的补充信息)。

自标准实施之日起，至标准复审重新确认、修订或废止的时间，称为标准的有效期，又称标龄。由于各国情况不同，标准有效期也不同。ISO 标准每 5 年复审一次，平均标龄为 4.92 年。我国在国家标准管理办法中规定国家标准实施 5 年内要进行复审，即国家标准有效期一般为 5 年。

7.2.2 纸本标准资源检索

一般工科院校的图书馆、院系的资料室都收藏大量的标准文献，供学生在学习几何画法、工程制图、工程设计与测量等课程及其毕业设计中使用。

目前，查找国内外标准文献的书本式检索工具很多，已经形成系列。进行检索时，首先要根据检索课题确定标准检索途径。国内外标准文献的检索途径主要有分类、标准号和主题三种途径。分类途径是按学科、专业体系查找的途径，常用的工具有"分类目录""分类索引"等；标准号途径是根据标准的序号进行查找的途径，有现行标准号、作废标准号等。知道所需标准的标准号后，查找标准十分方便；主题途径是通过文献内容的主题来检索，首先确定主题词，然后通过主题索引查找标准号。

7.2.3 网络标准资源检索

标准文献网站大多数是收费的，只有国家强制性标准免费，利用政府网站免费的特点，可以从相关部委网站获取行业标准。

网上标准数据库很多，有的是由学会与协会办的，有的是由各省市、各行业办的。这些数据库大部分需要先注册，后登录，免费检索。一般网络全文不能免费获取，检索结果可获得标准题目、标准号、起草日期、颁布日期等。若想获取全文，必须支付费用，如购买其数据库或购买阅读卡等方式或通过原文传递。

网络检索提供的检索途径很多，有标准号、中文标题(关键词)、英文标题(关键词)、发布日期、发布单位、实施日期、采用关系、被替代标准等。

下面列出一些可检索标准文献的数据库网址。

(1)国家标准全文公开系统(http://www.gb688.cn/bzgk/gb/index)。国家标准全文公开系统由中国国家标准化管理委员会(http://www.sac.gov.cn)(图 7-15)建设，提供标准化动态、标准目录、标准公告、国标修改通知等信息。可以免费在线阅读和下载大部分国家强制性标准原文,见图7-16。

图7-15 国家标准全文公开系统页面

输入标准名称,检索后列表显示命中标准,单击标准名称,进入图7-16所示页面。

图7-16 国家标准全文公开系统检索结果页面

(2)中国标准服务网(http://www.cssn.net.cn)。目前,该网站收藏有60多个国家、70多个国际和区域性标准化组织、450多个专业协(学)会的标准,以及全部中国国家标准和行业标准，全文需付费获取。全面使用 CSSN 的各项服务功能，享受全面的标准信息服务，需注册成为网站会员。非网站的注册会员，将只能浏览部分信息和检索 ISO、GB 数据库。

(3) 国际标准化组织(ISO)(http://www.iso.org)。ISO(International Organization for Standardization)成立于 1947 年 2 月 23 日，总部设于瑞士日内瓦，由 110 多个成员国组成，包括欧共体和欧盟的所有成员国，美国、日本、中国、新加坡等。可以浏览或检索 ISO 标准，可以订购，但是无法获取文摘，只有分类号和关键词。

(4) Techstreet(http://www.techstreet.com)。Techstreet 是世界上最大的工业标准集之一，收集了世界上 350 个主要的标准制定机构所制定的工业标准及规范。

(5) 日本工业标准(Japanese Industrial Standard，JIS)(http://www.jisc.org)。日本工业标准为国家标准，由日本工业标准调查会(JISC)制定，范围几乎包括日本所有工业领域的标准，还包括药品、化肥、农药、畜产品、水产品及农林产品的标准。标准的编号方法是 JIS-字母类号-数字类号-序号年代。

(6) 美国国家标准学会(ANSI)标准(http://www.ansi.org)。该学会是负责审定发布国家标准的机构，它一般极少制定国家标准，而是将各专业团体组织制定的专业标准进行审查，确认后定为国家标准(ANSI 标准)，因此，该学会实际上是协调性管理机构。

【案例 7-4】如何查找公路桥涵设计标准与规范。

通常，标准查找要从信息源着手，即要发掘出此类信息是谁在发布？或者是哪些机构在管理？谁在使用这些信息？相关者有哪些？本案例中，公路桥涵设计规范在一般的专业标准相关的单位都有收藏：①在相关专业的院系资料室或校图书馆都收藏有此类规范；②在主管部门的网站，公路桥涵的建造归国家建设部管辖，因此可以在建设部的网站上查找；③利用相关专业网站进行检索，如"中国工程建设标准化网""国家建筑标准设计网""中国建筑技术资料网"等。

7.2.4 标准数据库检索

(1) 万方数据-标准。万方中外标准数据来源于国家质量监督局，收藏了 14 个国内外标准数据库：除了 NSTL 收藏的 7 个标准数据库，还有欧洲标准(EN)、国内行业标准(HB)、国外行业标准如美国计算机协会(ASME)、美国实验材料协会(ASTM)、美国电气与电子工程师协会(IEEE)、美国保险商实验所(UL)等制定的标准。收录 1964 年以来发布的全部中国国家标准。

(2) IEL 标准数据库。IEL 提供 IEEE 和 IEE 1646 种标准的全文信息。

7.2.5 标准获取的其他途径

除了上述途径，还有以下三种方式。

(1) 可从企业的主页上免费获取企业标准。例如，波音公司，它的产品很多外包，就可以直接查其外包产品标准。

(2) 可从行业协会、学会、组织免费获取标准。例如，从中国食品工业协会(http://www.cnfia.cn)网站上就可获取很多食品标准的全文。

(3) 可从行业主管部门网站上获取。例如，铁路方面的标准，可以从铁道部网站获取；建筑标准可以从住房和城乡建设部网站上获取；一些民众关注的领域，如环保标准，可以从国家环保局建设的专门的标准网站(http://kjs.mep.gov.cn/hjhbbz)免费查询下载国家环境标准、环境保护标准的全文,见图 7-17。

图 7-17 中华人民共和国环境保护部环境保护标准页面

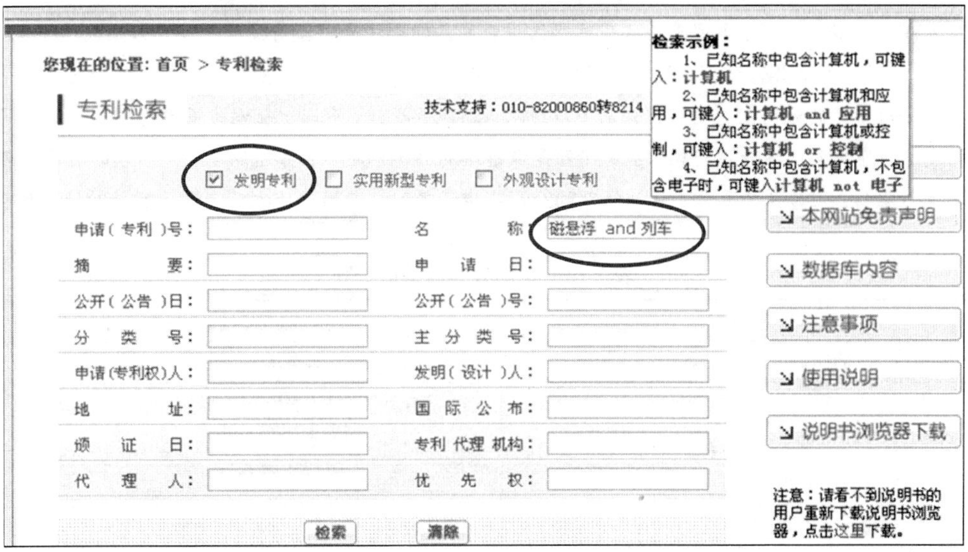

图 7-18 中国国家知识产权局专利检索页面

【案例 7-5】磁悬浮列车研究调查。

专利分析是对企业经营策略与技术实力调查、市场调查、竞争对手分析最有效的方法,并且通过专利分析还可以学到很多知识。

这是 2006 年初进行的一个检索与分析，当时的背景是京沪要修一条快速铁路，是建高速铁路还是磁悬浮铁路引起各方面的关注与讨论。检索的最初目的是调查磁悬浮列车的专利分布，分析如果修建磁悬浮铁路西南交通大学有多少机会。

(1)检索，通过中国国家知识产权局进行检索，检索方式见图 7-18。

(2)检索结果统计，见表 7-12。

表 7-12　主要研究机构和专利分布情况

申请人	数量	主要领域
北京控股磁悬浮技术发展有限公司；中国人民解放军国防科学技术大学	6	运行控制系统及其控制方法、钢枕、测速、定位与鉴向装置、防撞机构、悬架高度控制装置
国家磁浮交通工程技术研究中心	5	车载控制系统、走行机构纵梁、供电方法及其装置
云南变压器电气股份有限公司	5	车体、路轨及高速列车、磁悬浮方法、供电驱动板
西南交通大学	4	磁浮列车系统、搭接装置、低速磁悬浮列车的空气弹簧
上海磁悬浮交通发展有限公司	3	磁悬浮列车动力轨安装测量器、磁悬浮列车定子线圈半自动敷设组合车、磁悬浮列车动力轨安装车
德国(5 家公司)	9	磁悬浮列车的道路、路轨、操作、车体、驱动
其他(个人)	6	

(3)通过统计结果，可以清楚地发现：各个机构(申请人)当前磁悬浮列车的研发现状、各机构开发的侧重点可以为我们进一步进行技术跟踪和寻找突破点提供参考。进一步思考：如果国家要投入对磁悬浮列车的研究，哪些单位容易获得经费(因为国家或者企业投入肯定会给有研究基础的单位)？如果国家要投入建设磁悬浮列车线路，哪些单位容易从项目建设中获利，即哪些专利容易被转化或者必须被转化？

(4)通过对检索结果的细分，就会发现专利申请与布局的策略，这也是当时检索的意外发现。下面是德国五家公司申请的专利(表 7-13)，分别申请道路、路轨、操作、列车、驱动方面的专利，五家不同的公司恰好构成一个完整的磁悬浮列车系统，问题是做道路的公司不可能不知道路轨，做列车的公司不可能不知道操作与驱动，但为什么要把专利让给别的公司去申请呢？这是因为一方面专利要有针对性，有可转化

表 7-13　德国公司申请的专利

专利名称	申请人
磁悬浮列车的行驶道路	沃尔特制造有限公司
磁悬浮列车的行车路轨	蒂森克鲁普技术股份公司
操作磁悬浮列车的方法和装置	迅捷国际两合公司
操作长定子直线电机磁悬浮列车的装置	迅捷国际两合公司
设有涡流制动器的磁悬浮列车	蒂森克鲁伯快速运输有限公司
磁悬浮列车中用于调节支持间隙的方法	蒂森克鲁伯快速运输有限公司
设有压缩空气供给单元的磁悬浮列车	蒂森克鲁伯快速运输有限公司
接地导体上的装置及装有它的磁悬浮列车	蒂森克鲁伯快速运输有限公司
磁悬浮列车的驱动	西门子公司

价值和途径,要在自己最擅长的领域,否则会带来沉重的负担,因为专利既有申请费又有维护费,还可能随时被新发明取代。另一方面一个专利通常只是一个系统或产品的一部分,只有大家协同才能把系统或产品推向市场,这就是竞争的合作性。

(5)通过对国内各家专利的对比可以发现,上海磁悬浮交通发展有限公司申请的磁悬浮列车动力轨安装测量器、磁悬浮列车定子线圈半自动敷设组合车、磁悬浮列车动力轨安装车三个专利在修建磁悬浮列车线路过程中最有可能被转化,所以申请专利,技术是一方面,最终的目的是投入市场,如果无法被市场接受和转化,就需要修正。

案例启发:检索不仅是满足需求,通过对检索结果的认真分析,可以让我们学到更多的知识。

思考与训练:

(1)检索去年大众、通用、丰田在中国申请的有关汽车方面的专利,并对其进行分析,预测一下他们下一步的开发与研究重点(国家知识产权局专利检索平台)。

(2)检索使用太阳能的电动汽车的专利(欧洲专利商标局)(参考用词:solar energy;electric vehicle)。

(3)检索"牛奶制品"或"乳制品"的国际、国内标准,列出 1 条标准的名称、编号、发布日期、实施日期、国别代码等信息。

上机训练题 5

第 8 章 考研与留学信息检索与利用

考研与留学是大学生毕业后继续深造的主要方式，越是重点大学的学生选择的比例越高，部分学校这部分学生比例占到本科毕业人数的 90%以上。考研与留学成功与否，除了与备考者自身学习努力程度相关，还与学生获取相关信息的渠道是否畅通有很大关联。

8.1 考研信息检索与利用

考研信息是指研究生报名、复习、笔试、面试、录取以及考试政策等方面的信息。考研信息的收集工作贯穿于考研备考各个阶段。

8.1.1 查找报考学校和专业问题

首先按专业排名搜到学校，再根据排名结果选取学校，选取学校还要参考以下因素。

（1）分数线——分数线分为基础分数线（报考国家线和 34 所院校线）和实际录取的分数线，一般 3 年以内的信息都很有参考价值。

（2）招生人数——这个涉及两个信息，即招生总数和推免人数。

（3）报录比——报录比是判断所报考的学校与专业难度的最直观的数据，简单来说报录比=报考人数/录取人数。检索过程倒是不难，用搜索词"年代+学校+研究生+报考人数统计"，然后将报考人数除以招生人数就可以得到报录比数据了。

（4）毕业后就业状况——可以下载该大学近几年的就业质量报告，查看该专业研究生最近几年的就业状况。搜索词为"大学名称+年代+毕业生就业质量报告"。

上面前三项数据可以用三种方式获取，一是直接链接到报考学校的研究生招生主页；二是通过中国考研网(http://www.chinakaoyan.com)搜索学校获取相关信息；如图 8-1 所示，该网上查找西南交通大学考研的相关信息；三是通过搜索获取，如招生总数，打开百度，键入"2017 年+学校名+研究生招生+目录"；又如查学院的录取分数线，打开百度，输入"2017年+学校名+学院名（注意是学院名）+复试录取工作实施细则"。

提示：考研还有一条途径就是保研，大家一是要关注本校教务网和院系网站关于保研的资格要求和评选办法，二是要在三年级末期关注同专业高校的院系的夏令营活动。

8.1.2 检索导师信息

读万卷书不如行万里路，行万里路不如名师点悟。选导师对于以后的学习科研工作非常重要。尽可能多地搜集有关准备报考的导师的信息，掌握的信息越多，越能减少以后读研时很多不必要的麻烦。

检索导师信息的途径一是到导师所在大学院系的教师主页上去查看，考生可首先通过百度等搜索引擎检索到拟报考院校的网址，再进入该校的院系网或研究生院网查看。在院系的"师资力量"栏目中一般都有各个教师的简介，有的还有老师的个人主页与联系方式，如果的确对某位导师感兴趣，可以提前进行沟通。二是通过网络搜索，主要是检索导师的科研方向、专业特长、学术观点等。考生还可以通过数据库查找这些导师及其指导过的学生发表的学术论文和著作，以进一步了解其学术研究的方向和水平，同时也能明确自己是否对这方面内容感兴趣，从而最终确定拟报考的专业方向和导师。具体方式见表8-1。

图 8-1　中国考研网西南交通大学主页

表 8-1　导师信息检索内容与方式

类别	检索内容	检索方式	信息源举例
简历	个人 基本信息	检索所在单位的专家、人才队伍、教师队伍介绍	如在西南交通大学土木工程学院师资队伍中，可查询该院所有教师的简历
		名人用百度百科搜索	如用百度百科搜索"周国平"
		查个人主页	邓发云 http://userweb.swjtu.edu.cn/Userweb/dengfay
通信 信息	电子邮件	用姓名+@+邮箱搜索	查找周国华的邮箱，搜索词为："周国华 @ 邮箱" 通过检索发表的期刊论文，里面一般附有联系方式
	电话	用姓名加联系方式搜索	查找周国华的电话，搜索词为："周国华 联系方式"

续表

类别	检索内容	检索方式	信息源举例
学术信息	发表论文	使用姓名在作者字段检索	在CNKI期刊检索中，用作者字段检索"武振业"发表论文
	指导学生	使用姓名在导师字段检索	在CNKI学位论文中，用导师字段检索"武振业"指导的学生
	学术研究	用姓名加个人信息搜索	如要查找李军教授的学术研究情况，可以搜索其个人信息或个人学术网站
言论信息	博客、微博	用姓名加博客	如查找郎咸平的博客，在百度中用搜索词"郎咸平 博客"
	演讲	直接用姓名加单位在视频搜索中搜索	如查找万科王石，在百度视频中用搜索词"万科 王石"
图片	照片	在图片类别中搜索	如查找吴敬琏的照片，可用姓名直接在百度的图片类别中搜索
信用信息	诚信信息	使用姓名检索	在中国人民银行建立的"个人信用信息基础数据库"中检索
	身份核查	使用身份证号检索	在全国公民身份证号码查询服务中心查询（http://www.nciic.com.cn/framework/gongzuo）

尽可能从自己的兴趣出发，深入了解导师的研究方向，选择那些科研方向与自己兴趣一致的导师。此外，务必注意以下几点：看自己是喜欢理论还是喜欢实践，如果自己喜欢理论研究，在选择导师时就应该偏向于研究理论方面的导师，最好找一个教授级别的老师；若感觉自己适合偏重实践方面，在选择导师时也应有所偏向，最好找工程项目多一些的导师，至于导师级别倒不是很重要。还要看自己今后有没有出国和读博的打算。若想出国最好选一个有海归背景的导师，若想读博最好选一个教授级别的导师。

选好导师之后，就需要跟导师沟通了，联系导师时尽量实话实说，不吹嘘，但也不要谦虚，把自己做过什么、可以做什么都告诉导师。和导师沟通顺畅的话，可以增加面试和复试的机会。

特别提示：也可以通过上述方式查询其他个人信息，有的医生（http://zgcx.nhfpc.gov.cn:9090/doctor）、教师、注册会计师、注册建筑师还可以通过相关网站查询执业信息。

【**案例8-1**】某校学生想报考西南交通大学翟婉明教授的研究生，需了解该教授的研究领域、发表论文情况、专著出版情况、曾经指导过的研究生学位论文等情况，以便做好充分准备。另外，还想查找几位国内外也在关注该教授研究领域的科研人员的信息，以便对该领域有更深入的了解。

检索思路：本案例可以通过"作者"途径检索相关的期刊论文、图书书目、会议论文、学位论文以及引文数据库等来解决。

(1) 首先通过搜索引擎，输入检索词"西南交通大学 翟婉明 简介"查找翟婉明教授的个人基本信息。

(2) 通过CNKI、SDOS、SCI、EI等中外文数据库的高级检索功能中作者和机构字段检索其发表的期刊论文和会议论文情况。

(3) 通过图书书目检索工具检索其出版专著情况，由于翟婉明教授的工作单位是西南交通大学，作为该校的知名教授，其出版的著作通常该校图书馆都会收藏，因此最好直接进到西南交通大学图书馆的主页，利用其馆藏目录检索系统以"作者"检索途径进行查询，也可以利用中国高等教育数字图书馆的书刊联合目录以"责任者"为检索途径进行查询。

(4) 选用CNKI中国博/硕士论文全文数据库或万方数据资源的学位论文全文数据库以"导师"为检索途径查找翟婉明教授所指导过的博、硕士的学位论文情况。

(5)利用 SCI、CSCD 或 CNKI 的引文分析数据库查找翟婉明教授发表的学术论文和出版的专著被他人引用的情况,通过其引证文献可以查找到其他也在关注翟婉明教授研究领域的科研人员的信息。

8.1.3 检索考研考试信息

选好学校后,就要仔细查看招生专业目录,其是报考及全部复习计划的依据。考生可参考拟报考院校的历年招生专业目录,最终确定自己的报考方向。最新一年的招生专业目录一般在每年 8 月份左右由各招生院校公布,届时考生登录考研教育网(http://www.cnedu.cn),或招生院校研究生院网站和招生院校二级院系主页即可查阅。

1. 全真考研试题

考研目标确定以后,接下来要做的就是,根据所要报考学校的要求准备相应的复习资料。一般来说,根据内容、用途和针对性的不同,考研复习资料可以分为以下几大类:全真试题、考试大纲、专业教材以及各种考研辅导书和内部资料。

全真试题包括历年考研政治、英语、数学等公共课试题和所报考专业的专业试题。公共课全真试题可以到专门的考研书店购买,也可以从网上获得。专业课试题一般可先向报考学校咨询,部分学校在网上会公布历年专业课试题,也有学校可提供邮购服务。中国教育在线的考研频道(http://zhenti.kaoyan.eol.cn)(图 8-2)就提供公共课和法律硕士、教育学、计算机、历史学、心理学、西医综合、中医综合等专业课试题的历年考研真题,并附有试题答案,如图 8-2 所示。

图 8-2 中国教育在线的考研频道

考试大纲是规定研究生入学考试公共科目考查知识点及考试题型等重要信息的纲领性文件,由国家教育部考试中心(http://yankao.neea.edu.cn)每年 4、5 月份组织专家会议进行修订后,再由高等教育出版社公开出版发行。政治大纲每年变动较大;英语、数学大纲则相对稳定。中国教育在线每年也会组织相关辅导名师第一时间进行考试大纲解析。

除全国统考公共课之外,专业课都是由各个招生院校自主命题、阅卷的。因此,专业课教材一般需要向招生院校获得。考生可参考拟报考院校的研究生院网站或院系网站公布的参考书目,然后按照书目购买,一般书店都有出售。在购买之前,可以先检索一下学校图书馆是否收藏这些资料或图书馆电子资源里是否有其电子版。

考研辅导书品种多,数量大,每年市面上大概有上百种之多,需要考生自己甄别,最新的辅导书一般需要购买,因为图书馆从购买到供学生阅读的周期比较长。内部资料是指比较权威的专业考研辅导机构用于配合授课辅导、课后练习、模拟冲刺训练的资料。对于这类资料,考生可以通过自己所在的辅导班获得,也可以通过参加知名辅导班的研友获得。公共课辅导书选取方式:打开京东或者当当,键入考研+英语/政治/数学,选择按销量排列,一般而言销量靠前的都不错。

专业课参考书分指定和不指定参考书,前者又分有大纲和没大纲。指定参考书的学校又分为有大纲和没大纲,有大纲的学校以大纲为准,检索<201x+学校+专业+大纲>,没大纲的学校这类信息一般出自招生专业目录,此外特别要提醒没有大纲的考生一定要看看其他学校的大纲。

另外,考生可以自己以张贴广告、在BBS上留言的方式有偿求购或者相互交换某些自己需要的资料,如历年试题试卷及答案、专业课笔记等。

2. 考研官方网站

中国研究生招生信息网:http://yz.chsi.com.cn,是隶属于教育部、以考研为主题的官方网站,也是教育部唯一指定的研究生入学考试网上报名及调剂的网站,主要提供研究生网上报名及调剂、专业目录查询、院校信息、复习备考资料等。

3. 考研辅导机构

(1)万学·海文考研:http://kaoyan.wanxue.cn。
(2)启航考研:http://www.qihang.com.cn。
(3)文都考研:http://kaoyan.wendu.com。
(4)考研加油站:http://www.kaoyan.com。

4. 考研论坛

(1)免费考研论坛:http://www.freekaoyan.com。
(2)考研家园:http://bbs.kaoyan.com。

5. 其他考研信息检索网站

(1)正保考研教育网:http://www.cnedu.cn。
(2)育路考研网:http://www.yuloo.com/kaoyan。

8.2 留学信息的检索与利用

随着对外交流的日渐升温和增多,如今学生出国的机会也随之增多。本节将从留学信息的获取途径和检索技巧方面为读者提供参考。

8.2.1 留学信息检索技巧

对于有留学需求的学生而言，首先需要解决以下几个问题：一是去哪里留学？二是选择哪所学校及学科专业？三是如何选择导师？四是申请留学的程序和条件是怎样的？五是如何准备相关文书？这一类的问题属于一般常识性的问题，我们可以选用搜索引擎为主要检索工具，以"留学指南""留学论坛""留学申请""留学文书"等作为检索词进行查询。

1. 去哪里留学

去哪里留学在很大程度上是个人的喜好。需要考虑的因素可能有学费、奖学金、生活费用、海外的亲友关系等。一般而言，不同国家使用不同的语言，具有不同的教育体制、学费标准，乃至截然不同的信仰、风俗以及生活习惯，出国留学意味着至少有数年时间在一片全然陌生的国土上学习与生活，因而有必要作出谨慎选择，可以通过搜索引擎首先了解主要留学国家及其高等教育的情况。

2. 选择哪所学校和学科专业

选择哪所学校和学习什么专业，可以参考各地的大学排名，其中 Tims 网站(https://www.timeshighereducation.com/world-university-rankings)、U. S. News 网站(https://www.usnews.com/education/best-global-universities)推出的世界各地大学排名可信度比较高。对于国外大学院校的详细情况，可通过查阅学校的宣传资料或登录学校官方网站查询获得。每个学校为了吸收生源、宣传自己，都有自己的宣传资料，或者说是招生简章，其内容一般包括学校入学要求、院系设置、师资力量、研究方向、奖学金情况、校园生活，以及申请须知、申请表格等。

还有各大 BBS 论坛以及内地各大高校的校园 BBS，关于留学经验相关信息会比较集中并且可信。在搜索引擎中输入"留学论坛"或以"某高校+BBS"形式输入检索词进行检索即可查询到相关论坛。

【案例 8-2】以留学美国为例，要选择一个符合自己留学目的的大学，准确掌握美国的教育情况和各大学的教育研究特色、奖学金提供等情况至关重要。登录 U. S. News(https://www.usnews.com/best-colleges)，可以查看包括全美大学的最新排名，各个大学的链接网址，从中可以查到想去的学校的专业介绍、预计入学日期、奖学金的提供情况、与校方取得联系的方法等，同时该站点还提供美国大学生学习生活的介绍。申请者可以根据学校名称、专业或希望就读的州来展开搜索。

3. 如何选择导师

在明确自己想要就读的专业后，下一步要做的就是选择导师。首先可以通过搜索引擎或前面提到的一些专业网站找到该专业排名靠前的大学，然后进入其官网查询该学科导师的信息。

【案例 8-3】例如，某大四学生想要出国读生物工程硕士，经检索发现麻省理工学院(MIT)(http://www.mit.edu)的生物工程专业名气不错，那么通过搜索引擎找到该大学的官网，在主页单击 education 栏目下的 schools+courses 链接后，进入院系列表页面，再单击进入 Biological Engineering 页面，通过 Faculty & Staff 栏目可以找到生物学专业全体教员的姓名、邮箱、头衔、教育背景、研究领域、研究成果和当前的研究重点，甚至还有其个人网站等信息。对这些信息进行查看后，基本可以锁定想要申请的教授。若要进一步了解该教授的研究情况，可以利用 SDOS、EI、ARL 等数据库以作者（Author）和隶属机构（Affiliation）为检索入口查看其发表的研究成果；也可以以导师（Adviser）为检索入口查看其指导过的学生发表的研究成果。

4. 申请留学的程序和条件

对于申请留学的程序和条件，以及相关考试等信息，可以尝试搜索，查看网上是否出现留学指南或者留学宝典之类的网页。

【案例 8-4】如在百度中输入"留学指南"，检索结果会出现日本留学指南、德国留学指南、英国留学指南、澳大利亚留学指南和法国留学指南等结果。当然，如果已经考虑好去哪个国家留学，可直接在搜索引擎中以"国家+留学指南"的形式输入检索词进行检索。通过阅读相应国家的留学指南，可以对到该国留学有较全面的了解。

5. 留学文书的准备

在某些学校，招生委员会对留学文书的审查在一定程度上代替面试，以此作为评价学生的一个重要依据。因此，认真准备留学文书，将有助于申请人被自己心仪的学校录取甚至获得高额的奖学金。不同学校对留学文书有不同的要求，在撰写留学文书前，首先需要到所申请学校的官网查询其对留学文书的要求，明确要求后，可以通过搜索引擎以"留学文书写作"或"留学文书模板"等作为检索词，查找一些留学文书的范本作为参考。

8.2.2 留学信息参考网站

以下是按类别推荐的一些留学参考网站。

1. 国家相关机构举办网站

（1）国家留学基金委：国家留学网（http://www.csc.edu.cn），根据国家法律、法规和有关方针政策，负责中国公民出国留学和外国公民来华留学的组织、资助、管理。

（2）教育部留学服务中心：中国留学网（http://www.cscse.edu.cn），是国内最大的留学门户网站，提供最新、最全、最热的留学资讯，涵盖美国、加拿大、英国、澳大利亚、韩国、日本等各留学国家的情况，并设有留学预警、讲座信息、专家答疑等。

（3）教育部教育管理信息中心：教育部教育涉外监管信息网（http://www.jsj.edu.cn），是教育涉外活动监督与管理信息的专门网站。可以通过该网站查询各国院校资质的认证情况。该网站设有政策法规、留学预警、热点问答、名单公布、典型案例等栏目，公布经资格认定的自费出国留学中介机构法定代表人、办公地址等核心资质情况。

2. 中介机构

权威的中介提供的信息一般比较全面。目前，几乎所有的留学中介都建立了网站。用户可以通过搜索引擎和其他方式得知中介名称，并通过登录网站的方式深入了解该中介，再通过与中介和网友的在线交流决定中介的取舍。通过教育部教育涉外监管信息网（http://www.jsj.edu.cn）公布的出国留学中介机构法定代表人、办公地址等核心资质情况，可供留学人员及其家人参考。

3. 提供留学综合服务的站点

(1) 搜狐留学网站：http://goabroad.sohu.com。

(2) 新浪留学网站：http://edu.sina.com.cn/a/index.shtml。

(3) Peterson's Guide 彼得森研究生指南：http://www.petersons.com。

(4) Student.com：http://www.student.com。

4. 留学论坛和高校 BBS

(1) IDP 留学交流平台：http://www.idp.cn。

(2) 俄罗斯留学生论坛：http://www.ixru.com。

(3) 寄托家园论坛：http://bbs.gter.net。

(4) 豆瓣留学论坛：https://www.douban.com/group/explore?tag=留学。

5. 留学文书准备/翻译

(1) 哈佛耶鲁的资深编辑修改、撰写：http://www.shinewrite.com。

(2) 上海交大留学手册：http://www.applybook.com。

6. 大学名单和资料查询

(1) 网上最全的研究生院入学信息检索服务：http://www.gradschools.com。

(2) 研究生/博士申请资料：http://www.phds.org。

(3) 留学美国大学及专业最新排名：http://usa.edutime.net/Rank/Index.aspx。

7. 标准化考试

(1) 托福：http://www.ets.org/toefl，TOEFL 官方网站。

(2) GRE：http://www.ets.org/gre，GRE 考试的官方网站。

(3) GMAT：http://www.mba.com/china，GMAT 考试官方网站。

(4) 雅思：http://www.ielts.org，雅思考试官方网站。

第 9 章　就业信息检索与利用

在信息社会，就业竞争在一定程度上就是信息量的竞争。大学生求职择业，不仅取决于整个社会环境与毕业生个人的专业和综合素质，还取决于毕业生是否拥有信息。甚至可以说，就业信息是求职的基础，是通向用人单位的桥梁，是择业决策的重要依据，更是顺利就业的可靠保证。本章将介绍就业信息搜集、筛选和正确利用的策略。

信息检索技术的合理使用，至少能在以下两方面为大学生就业做好基石：①了解行业状况，把握行业动态，及时跟踪企业对人才的技能需求，有针对性地进行"查缺补漏"；②收集掌握海量就业信息，不仅仅依赖于校园及大型社会招聘会，变被动为主动。

9.1　就业主管部门为主线查找信息

随着高等教育大众化与高校扩招，毕业生就业已经成为全社会关注的焦点，各级就业主管部门也陆续出台一些政策和措施帮助大学生就业，所以查找就业信息，可以从各级就业主管部门入手(图 9-1)，这些信息的权威性、可靠性比较高。大学生就业的主管部门可以分为以下三个层面。

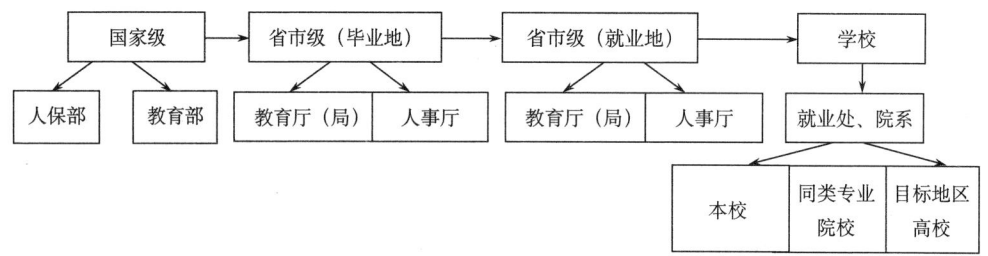

图 9-1　就业主管单位层级

1) 国家级指导就业主管部门

在国家层面上，教育部、人力资源与社会保障部是与大学生就业最相关的部门，经常关注它们的就业网站，不仅可以了解就业政策、就业统计与分析报告，还可以了解全国性的大型招聘活动信息。

这类招聘活动一般由国家部委主办，如教育部主办高校毕业生网上联合招聘会；行业主管部门大型招聘活动，如铁路局人事司、教育部学生司联手举办的全国铁路行业与高校毕业生网上招聘周；经商务部、教育部、人事部批准，由三部门联合组织的国家经济技术开发区高校毕业生网络招聘会等。国家有关部门主办的就业网站如下。

(1) 教育部大学生就业网（http://www.ncss.org.cn），是由教育部举办，全国高校毕业生就业网络联盟支持，为大学生就业和用人单位招聘提供支持的公益性网站。

(2) 中国国家人才网(http://www.newjobs.com.cn)，是人力资源和社会保障部全国人才流动中心主办的全国高级人才网站，提供网络招聘、查询、求职、招聘会、报纸广告。

(3) 中国就业网(http://www.chinajob.gov.cn)，是由人力资源和社会保障部主管，中国劳动力市场信息网监测中心主办，并向社会各界提供劳动力市场政策咨询和就业服务的公益性网站。

(4) 行业所属部委网站，如中国铁路人才招聘网(http://rczp.china-railway.com.cn)，由铁路局人才服务中心主办，发布专业铁路人才需求信息。

2) 省市级指导就业主管部门

在省市层面上，促进大学生就业已经成为每个省市教育与人事部门的重要工作。经常关注其就业网站，可以了解该地区的招聘信息。当大学生学习所在的省市与就业所在的省市不一致时，两个省市的就业信息都要关注，并尤其侧重就业所在的省市的信息。

(1) 省市人才需求状况、用人政策。

(2) 当地工资收入水平。通过当地统计局网站，可以了解当地近几年的平均工资水平，甚至相关行业的平均工资水平。

(3) 当地举办的大型招聘活动。省市级就业主管部门每年都会组织大型的招聘活动。

【案例 9-1】以四川地区为例，每年都有四川省人才市场、四川省人才交流中心主办的四川省人才市场大型综合招聘会；四川省中、高级人才大型综合交流会；成都市人事局主办的冬季大型人才招聘会等。

(4) 当地的就业网站。

【案例 9-2】如新疆维吾尔自治区的就业网分别有：①新疆人事人才信息网(http://www.xjrs.gov.cn)；②新疆兵团人事人才网(http://www.xbrs.gov.cn)。

3) 学校指导就业相关部门

在学校层面上，一般高校都会举行双选会和专场招聘会。这些招聘活动，是学生就业的最重要渠道。不仅应届毕业生应该积极参加，其他年级的学生也应该关注招聘的企业与其招聘要求，因为一般企业到高校招聘都有连续性。

(1) 本校就业处与院系的网站。各学校的毕业生就业办公室或就业指导中心，是学校专门负责毕业生就业工作的常设机构，他们一般会在本校就业处网站或相应院系的网站上发布相关就业信息。

提示：对于其他年级的学生，通过招聘会应重点关注以下信息，专业是否对口、职业要求、机构信息，并根据这些信息早期规划自己的发展方向，有侧重地弥补自己的不足。

(2) 有相同专业的外校就业处与院系的网站。在查看外校就业网时，并不是漫无目的地查询，学生可以通过以下两种途径：一是通过专业排名查询，查出国内同类专业排名靠前的大学，然后分别进入其就业网与院系网查询就业信息；二是在锁定就业地区后，查询目标地区高校的就业网，或者直接进入目标高校的院系网，查询就业信息。

【案例 9-3】生物工程专业是西南交通大学的新设专业，用人单位在该校发布的生物工程专业的需求信息并不是很多，作为该校生物工程专业的毕业生要想获得更多的就业信息，最直接的办法就是首先在百度中输入"生物工程 排名"，搜索出国内该专业排名靠前的大学有哪些，然后再进入这些学校的就业网或生命科学院的网站。

学校的毕业生就业办公室或就业指导中心是获取就业信息的主要渠道。毕业生在收集就业信息时一定要经常关注这部分信息,尤其是同类高校的就业信息。但有些大学为了保障本校学生择业的优先权,通常只允许本校毕业生查看就业信息详情。

进入各高校的就业网站方法是:先进入该校主页,有的主页有就业网或者招生就业网的直接链接,若没有就先在组织机构栏目找到招生就业的机构,单击该机构名称可以进入。

9.2 就业去向——企业信息检索的内容与途径

就业也是一种匹配行为,就是找到与自己知识、能力结构和喜好选择相匹配的企业或机构,对要加入的企业和机构进行深入了解,可以增加面试和就业的满意度。

通过对企业的全面检索(表 9-1),使用者可以加深对企业的了解,减少就业盲目性。检索黄页,可以了解一个地区的企业分布情况;检索企业的信用信息,可以了解企业的规范程度,避免上当;检索企业员工发表的科技论文和申请的专利,可以了解企业的技术开发及其与自己的专业和兴趣是否吻合;检索企业所在行业的行业分析报告,可以了解一个行业的整体发展程度;检索与企业声誉、产品相关的网页、论坛与贴吧可以了解企业在网民心目中的形象。

表 9-1 企业信息检索内容与方式

类 别	检索内容	检索方式	信息源举例
企业通信	地址与联系方式	用产业特征或者地域名称在黄页检索	中国 114 黄页(http://www.114chn.com)、中华大黄页(http://www.chinabig.com)
企业目录	企业名称与注册信息	用公司名称、产品名称或者品牌检索	万方数据资源机构库(http://c.wanfangdata.com.cn/Institution.aspx)
技术信息	申请的专利	用公司名称在申请人字段检索	中华人民共和国国家知识产权局专利检索(http://www.sipo.gov.cn)
	发表的论文	用公司名称在作者单位字段检索	中国知网学术期刊网络出版总库(http://acad.cnki.net)
	科技成果		CNKI 国家科技成果数据库(http://dbpub.cnki.net)
管理信息	招聘、公司文化、治理结构	进入公司主页浏览	中国石油(http://www.cnpc.com.cn/cn)
产品信息	经销商与渠道	进入公司主页浏览	一汽大众(http://www.faw-vw.com)
	价格	用产品名称加品牌在购物网站检索	阿里巴巴(http://www.alibaba.com)
	性能	用产品名称加品牌在网站或论坛检索	新浪数码社区(http://club.tech.sina.com.cn)
信用信息	评级	用公司名称检索	Google 财经搜索、新浪财经
	有无违规记录	用公司名称检索	在国家企业信用信息公示系统和企查查等网站

9.2.1 企业名录信息检索

企业名录是了解企业情况和产品信息的检索工具,有按国别和地区报道的,也有按行业、企业性质或类型、企业规模报道的。企业名录一般都有以下内容:企业名称、详细地址、邮政编码、创立日期、注册资金、法人代表、联系人、联系电话、传真、职工人数、经营范围、产品及服务、年营业额、网址及 E-mail 等企业联络信息。

企业名录来源于各种信息渠道，如统计部门、管理部门、海关、商务部、工商局、行业协会、金融机构、企业信息出版物、黄页、展览会会刊、报刊媒体、互联网络、各种名录出版物等。提供主要企业名录(信息)的网站和数据库如下。

(1)新华信企业档案在线：http://www.bizteller.cn。

(2)商业搜索引擎 Accoona：http://www.accoona.com。

(3)公司信息数据库(Corporate Information)：http://www.corporateinformation.com。

(4)通过地方黄页查找。

"黄页"是获取企业通信信息的最佳工具。进行黄页检索时，检索词可以用"地域名"+"专业名(去掉专业名称中'工程''专业'等词)"的形式。

【案例 9-4】如果一个桥梁工程专业的学生要在四川找相关企业，可以在黄页搜索框中输入关键词"四川 桥梁"，就可搜索出在四川地区，企业名称包含桥梁的黄页信息，从返回的搜索结果中选取自己感兴趣的企业，再利用百度的网页搜索功能了解更多与该企业有关的信息。

(5)邓白氏集团(http://www.dnb.com)，是世界著名的商业信息服务机构，国际上著名的企业资信调查类的信用管理公司，其中邓白氏全球企业数据库是其核心数据库，邓白氏注册是邓白氏在全球范围内推广的一种电子标识，它通过互联网链接到用户在邓白氏全球企业数据库中的最新注册档案。

(6)万方数据的机构数据库。

提示：前面 4 种可以免费使用。

9.2.2 企业内部信息查找

在获取到企业基本信息后，使用者如果想要进一步了解招聘企业的内部信息，如企业的财务信息、技术信息、治理结构、企业负责人个人信息、企业文化等，又该如何查询呢？

(1)通过企业主页查找企业的管理、治理结构、企业文化、财务等方面的信息。如果该企业是上市公司，可以通过百度股市通(https://gupiao.baidu.com)搜索股票，通过查看其公司年度或季度报告了解其经营、财务状况，也可通过其主页的"投资者关系"(Investor Relationship)栏目查看上市公司的经营、财务状况，对于国内企业，可通过新浪财经(http://finance.sina.com.cn)、东方财经(http://finance.eastday.com)等查找。

(2)企业技术信息，包括企业的专利、科技成果、制定的标准，如企业申请的专利，可通过国家知识产权局专利检索系统查询。

【案例 9-5】想要了解海尔集团，了解该企业的研发能力和创新能力。可以利用国家知识产权局的专利检索系统(http://www.pss-system.gov.cn)，在申请(专利权)人检索框中输入"海尔"，该系统就会返回海尔集团隶属公司在国家知识产权局申请的所有专利。

(3)公司发表的文章。从公司人员发表的论文可以了解企业技术重点与管理要点。

【案例 9-6】在中国知网中以"作者单位"为检索入口，在检索框中输入企业名称，如"海尔"，可检索到该企业的员工在相关期刊杂志上发表的文章。

9.2.3 企业外部信息查找

企业外部信息主要是指行业的整体发展状况。这类信息可以通过以下途径获得。

(1)行业网、行业协会/学会网、行业主管部门网站。

【案例9-7】如铁道通信行业可以通过如下机构了解：中国铁道学会(http://www.crs.org.cn)、中国铁道工程建设协会(http://www.carec.org.cn)、浙江省通信行业协会(http://www.zjtx.org)等；行业主管部门如国家铁路局(http://www.nra.gov.cn)、工业和信息化部(http://www.miit.gov.cn)等。

(2)中国行业研究网(www.chinairn.com)，专注市场研究的权威资讯门户，简称"中研网"，从事市场调研、投资分析、研究报告，汇集了各行业市场分析、预测报告、咨询报告、市场调查。

(3)国研网、高校财经数据库、中宏产业数据库等事实性数据库。

9.2.4 企业评价信息查找

(1)有关企业的信用信息。国家企业信用信息公示系统(http://www.gsxt.gov.cn/index.html)(图9-2)提供在全国各地工商部门登记的各类市场主体信息查询服务，包括企业、农民专业合作社、个体工商户等。用户可输入市场主体名称或注册号进行查询，注册号是精确查询，市场主体名称是模糊查询。

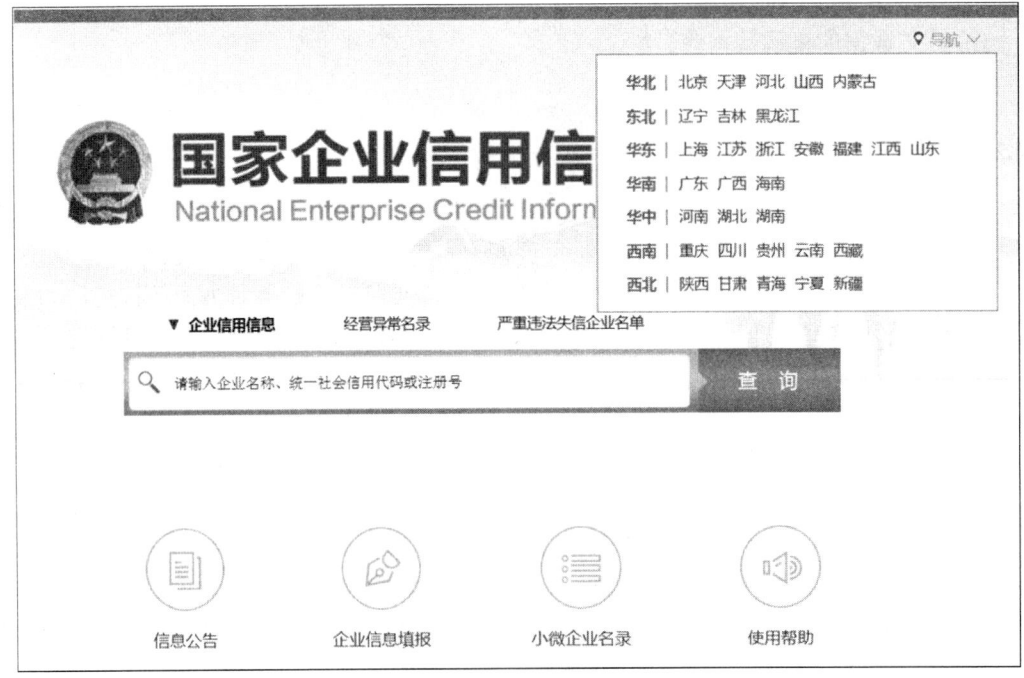

图9-2 国家企业信用信息公示系统主页

【案例9-8】如在国家企业信用信息公示系统网的信息查询检索框中输入"四川公路桥梁建设集团有限公司"，得到该企业的信用信息，包括基础信息、行政许可信息、行政处罚信息、列入经营异常名录信息、列入严重违法失信企业名单(黑名单)信息。

(2)公司评级信息检索。在一些大型的财经网站，使用者可以查到一些企业的评级信息，尤其是上市企业的评级信息，如和讯网(http://www.hexun.com)、东方财富网(http://www.eastmoney.com)、新浪财经(http://finance.sina.com.cn)。

(3)有关企业的新闻报道。利用搜索引擎的新闻搜索功能或者各门户网站的新闻频道，可以查询有关企业的新闻报道，进而了解该企业在行业的排名，业界、媒体及消费者对该企业的评价等信息。

(4)有关企业及其产品的贴吧与论坛。例如，天涯论坛(www.tianya.cn)、新浪论坛(http://people.sina.com.cn)、百度贴吧中都能搜索到有关企业的论坛、贴吧。

(5)一些查询企业经营信息、工商信息、信用信息的专门网站。例如，企查查(https://www.qichacha.com/)、天眼查(https://www.tianyancha.com/)、启信宝(http://www.qixin.com)。查询失信信息(http://zxgk.court.gov.cn/)、查询涉及法律诉讼(http://wenshu.court.gov.cn/)。

企业信用信息查询是人人都可使用的商业安全工具，通过查询快速了解查询企业工商信息、法院判决信息、关联企业信息、法律诉讼、失信信息、被执行人信息、知识产权信息、公司新闻、企业年报等服务。为求职或者企业经营往来提供参考。

9.2.5 企业产品信息查找

了解产品信息，就是要对各类产品性能、质量、款式、包装、商标、价格、产量、供货量、销量，做到胸中有数。产品信息检索工具包括产品年鉴、手册、文摘、报告、样本集、产品目录、产品及其价格数据库等。

若要查找产品的价格、型号、规格、品种等信息，最快捷有效的检索工具是搜索引擎。通过搜索引擎，可以选用各种综合性或专业性产品网络、数据库、专卖店等。

【案例 9-9】在百度的检索框键入"产品信息"(或某一具体的产品名称)，就可得到大批报道产品信息的网站或产品目录，如中国产品信息网(http://www.chinadbs.com)、中国农产品网(http://www.zgncpw.com)、中国工业信息网(http://www.587766.com)等。

要检索实时的价格信息，可以通过以下几种途径进行。

1)检索价格信息系统

全国性的价格信息系统，如中国价格信息网(http://www.chinaprice.com.cn)，是国务院批准的国家经济信息系统的子系统，可查询各种价格，随着政务公开和服务的加强，各个地方物价局都建立了价格信息查询系统，可以对大众化的主要产品和热点产品的价格进行查询。

2)检索生产商报价

通过厂方站点查找产品价格的关键，是如何查找到生产商的 Internet 站点。找到了厂商的站点也就找到了报价。搜寻厂商站点，常用的方法是利用搜索引擎，即利用关键字进行数据检索。一般来说，商业性的检索都需要利用搜索引擎的高级功能。

检索中文关键词可以采用"地区名+品牌名+厂或公司"；英文关键词可以采用"地区名+品牌名+factory 或 corporation"。查出生产商的网站之后，一般都会发现具体的产品报价。如果厂方站点中没有标明价格，可以查出其负责销售或者提供信息的部门的 E-mail 地址，如 Sales@xxx 或 Info@xxx(一般都出现在比较突出的位置),然后以进口商的名义,向其发电子邮件进行查询。

3) 通过电子商务交易中心检索价格

许多电子商务交易中心都提供产品的价格。阿里巴巴网站就是一个很好的产品信息集散中心。例如,进入阿里巴巴网站,在检索栏中键入产品名或品牌名可以得到有关结果,单击感兴趣的产品,查询详细信息。

9.3 就业去向——公务员考试信息检索与利用

自 1994 年我国开始实行国家公务员考试录用制度之后,在校园和社会上,都掀起了一股公务员考试热。网络上的公务员考试信息数量也随之急剧递增。公务员考试信息主要包括公务员报考指南、各地招考信息、经验交流、政策资讯、试题集锦等信息。要想在公务员考试中获得满意成绩,及时获取相关信息非常重要。

1. 报考和录取阶段信息获取

报考阶段,考生必须要对报考条件、报考过程、考试流程等公务员考试常识,以及中央和地方公务员考试的时间、考试科目、招考单位、职位、人数及有关考试最新政策等考试最新动态进行了解,做到心中有数,及早安排。

中央、国家机关公务员招考工作的时间已经固定,报名时间在每年 10 月中旬,考试时间在每年 11 月的第四个周末。省以下国家公务员考试时间尚未固定,欲报考者应密切关注各级、各类新闻媒体有关招录公务员的信息,以免错过报考时机。

考试录用国家公务员报名专题网站(http://bm.scs.gov.cn)是发布中央机关及其直属机构公务员考试信息的官方网站,提供最权威的国家公务员考试招考和录取信息。考生注册登录后即可通过该网站报考相关职位,考试结束后可查询考试成绩和录取信息。另外,该网站还开通与国务院各部门网站和各地人事网站的链接,提供省、区、直辖市的公务员招考信息。

国家公务员考试网(http://www.gjgwy.org)是中央机关招考部门建设的专门用于发布国家公务员考试相关招考信息,报名公告,国家各部门招考公告、复习资料的专业性公务员招考网站。

各省、市、区的人事考试网是发布地方公务员考试信息的官方网站,提供最权威的地方公务员招考、录取信息,如四川省人事考试网(http://www.scpta.gov.cn)是四川省唯一负责公务员、协警、事业单位、执业(职业)资格、专业技术资格及其他各类社会化考试的网站。通过该网站能够链接到四川的各市州分站,查看四川所辖市州的招考信息。考生可以通过搜索引擎,运用关键词"地名 人事考试网",如"浙江人事考试网""福建人事考试网"等,获得地方人事考试网的网址后,单击进入查看。

2. 复习备考阶段信息获取

复习阶段信息获取的主要任务,是了解如何备考,即考试科目有哪些,需要看哪些考试参考书、复习资料,复习时要注意哪些问题等;笔试通过后,对于获得面试资格的考生还要及时准备面试,了解面试的时间、考试范围、复习资料等信息。网络上有丰富的公务员考试复习资料,考生可以通过公务员考试官方网站(如国家公务员考试网是历年笔试、面试真题及内部资料独家发布的网站)了解,也可查看一些专门的公务员考试资料网站。

3. 公务员考试相关网址推荐

1)公务员考试门户网站

(1)学宝公务员考试网:http://www.chinagwy.org。

(2)公务员考试资料网:http://www.gjgwy.net。

2)考试网站的公务员考试频道

(1)无忧考网的公务员考试频道:http://www.51test.net/gwy。

(2)233网校:http://www.233.com/gwy。

3)专门的公务员考试论坛

(1)中公教育论坛:http://bbs.qzzn.com。

(2)公考社区:http://www.chinarsks.com.cn。

另外,有些高校的BBS也有专门的公务员版块,考生可通过搜索引擎找到这些高校的BBS网址后,进入其公务员版块查看相关信息。

9.4 就业知识信息的查找与利用

就业知识包括当前的就业形势、就业程序、就业派遣和《中华人民共和国劳动法》、《中华人民共和国劳动合同法》中有关劳动合同与权益维护等方面的知识,以及职业规划、求职面试技巧、角色转换、事业立足与职业发展等方面的知识。除了课程学习和专门讲座,这类知识还可以在图书馆和网络上找到。

1. 从图书馆公共检索系统查找有关图书和报刊

【案例9-10】如在西南交通大学图书馆的公共检索系统中,输入关键词,可检索出150多种该校图书馆现有的有关就业的图书和报刊。

2. 检索图书馆有关就业信息的数据库

【案例9-11】万方资源系统的企业与产品数据库可以了解企业基本状况;国研网可以了解行业状况,图书馆购买的数据库可以提供职业规划、面试技巧、简历写作等知识。

3. 通过搜索引擎搜索某城市求职的特定信息

在搜索引擎中输入"城市+求职指南/求职信息",如"广州 求职指南""成都 求职指南""深圳 求职信息"。通过其他求职者发布的帖子,可以获得一些专业招聘网站上无法获取的信息,如当地的主要概况,就业形势,人才及专业的需求情况,当地的招聘网点及招聘信息发布的主要媒体,当地的薪资标准、衣食住行,在当地求职过程中的注意事项,要警惕那些求职陷阱等方面的信息。

4. 通过网络获取求职简历范文

求职简历可以视为第一次面试。招聘人员对求职者的注意和认识正是从这里开始的。对于面临严峻就业压力的毕业生而言,一份出色的求职简历,是顺利迈出求职历程的第一步。那么，怎样才能使自己的求职简历脱颖而出呢？在撰写求职简历的过程中多多参考别人的简历，会给毕业生带来很多启发。求职简历一般是中文的，一些与外贸有关的企业和外资公司则要求应聘者提供英文简历。因此，毕业生最好中英文简历都准备。

互联网上有许多专门的求职指南网提供免费的求职简历范文供求职者参考。例如，应届生求职网（http://www.yingjiesheng.com）、中国人才指南网（http://www.cnrencai.com）。

另外，在搜索引擎中输入关键词："专业/职业＋求职书／简历／自荐书"，如"金融专业 求职简历""房地产估价师 求职简历"也能获得相关专业或职业的求职简历。

提示：一般人才招聘网站或者人才交流中心都会把简历录入计算机供招聘企业查询，所以在写简历时尽量用一些规范化术语，可以先对该地区、该行业进行了解，知道它们的需求特征，在简历中如果有该项特征，就要进行规范描述。例如，最近该地区企业在推进标准化管理，而你有这方面的知识，你的简历中就应该有如标准化、ISO、流程等这类术语。

5. 就业信息的筛选与整理

初步收集到的就业信息，往往处于最原始的状态，种类繁多，杂乱无章。毕业生应根据自己的实际情况和需求，对信息有针对性地加以筛选处理，使获得的信息更好地为自己的求职服务。对就业信息的处理包括整理、分析和评价三个阶段。

就业信息整理，对于职业信息应根据自身的实际情况进行整理，可以根据求职意向的地域范围整理信息，也可根据自己的兴趣与求职成功的可能性大小整理信息。在此过程中还要特别注意信息的时效性。人才市场瞬息万变，用人单位发布需求信息后，随时都会收到毕业生的求职信息，及时与用人单位联系能体现出你积极的态度，为求职成功增加砝码。

毕业生在进行信息分析时，要将与自己的专业及兴趣相关的信息提取出来，将与专业和兴趣无关或关系不大的排除在外。对提取出来的信息，也要分清主次并按信息的重要性程度进行分类，对重点信息要重点把握，对一般信息则仅作为参考。

就业信息评价主要是结合毕业生对自我的认识与评价，遵循"适合自己"的原则，确定适合自身择业目标的就业信息。

综合讨论：如何认识企业，如何让自己的知识结构与企业匹配？

最近几年，由于经济面临转型，大学生就业比较困难。一方面企业对人才尤其是创新型人才的需求常常无法满足，另一方面大学生在校学习时学习内容不明确并与企业需求脱节，找工作时对企业又不了解，许多人面试时对企业知之甚少导致表达不清。可实际上，大学生在校学习时或去面试前，完全可以做充分的准备工作。下面是一个针对企业的检索，可以个人完成也可小组完成，可以在信息检索学习时期末作为大作业完成，也可随着课程学习逐步完成。

(1) 查找该公司的主页。从公司网站上了解公司的产品、文化、人才招聘、主要领导。

(2) 查找该公司的所属行业协会的网站。查找该公司的所属地方和主管部门的网站。从行业协会或者学会的网站查看行业标准规范、行业调查报告、行业热点。

(3) 查找该公司的信用信息。从国家企业信用信息公示系统查询，主要看公司注册信息，有无违法记录。用全国法院被执行人信息查询系统（http://zhixing.court.gov.cn/search/）查询有无失信信息，用最高人民法院裁判文书网（http://wenshu.court.gov.cn/）查询有无涉案信息。

(4)查找有关该公司一位主要领导的信息(包括学历、工作经历、联系方式、发表的论文与专著、申请的专利、最近的言论或讲话)。

(5)查找该公司最近三年申请的专利,并对其专利数量与重点进行简要总结(包括通过申请人字段在国家知识产权局或欧洲专利局检索)。

(6)用中国知网(或万方或维普)和外文数据库查找最近三年该公司发表的文章,并对其文章数量与重点进行简要总结(用公司名称作为检索词在单位字段中查询)。

(7)用中国知网(或万方或维普)和外文数据库查找最近三年对该公司的研究的文章,并对其文章数量与重点进行简要总结(用公司名称作为检索词在标题或关键词字段中查询)。

(8)查找涉及该公司的产品的相应论坛,查看对该公司主要产品的评价。

(9)从上述公司的检索中,找出三家同类公司(该行业国内与国际的龙头企业)进行简要比较(包括产品、专利、论文、利润四个方面)。

从上述结果分析,根据自身的专业结构特点与兴趣爱好,判断自己所在小组成员可以分别进入公司的哪一个部门和哪一个职位?判断自身现在的知识结构和公司的研发是否匹配,在学习内容上有无需要调整与改进的地方。

提示:近年来,各个高校都发布了年度就业质量报告,检索本校和相近学校的就业质量报告,大家可以从中了解主要就业去向、主要就业企业和地区、企业对能力要求、就业信息获取渠道和获取方式,从而调整学习方式和内容,早早地为就业做准备。

信息识别

第10章 毕业论文(设计)信息检索与利用

PPT

微课

学生在创作毕业论文(设计)与学术论文的过程中,应当通过对大量的文献与情报资料的检索,来收集较为丰富、全面的论文材料,以便进行正确选题和论文撰写时做到分析有理有据,并使成果及时发表。可以说,从设计选题、文献综述、论文写作到研究成果的整个过程,均离不开信息检索。

10.1 毕业论文(设计)与学术论文的要求与特点

毕业论文是学生大学毕业前最后一次重要的学习过程和锻炼机会,是高校教学计划中最重要的实践性教学环节,是大学生综合运用所学的基本理论与专业知识,并加以融会贯通和学以致用的具体体现。学术论文是对科研成果的总结,二者的共同点见表10-1。

表10-1 毕业论文与学术论文的共同点

特 性	特点与要求
创新性	科技论文的灵魂
理论性	论文的基调。要求站在应有的理论高度,对论点、结论等进行理论概括
科学性	数据、实验过程、事例等真实、准确、可靠
逻辑性	脉络清晰、结构严谨、推理合理、演算正确、前后呼应、自成系统
规范性	格式、符号、名词术语、图表、计量单位等符合规范

不同点是:毕业论文具有详尽性,即必须论据充分、分析透彻,有详尽的内容,做到实验要有完整的过程,制图要有详细的图纸;而学术论文更强调有效性,即论文应得到同行认可、专家肯定,能对现有文献作出贡献。本科毕业论文对有效性要求相对而言不是太高。

10.2 毕业论文与学术论文选题

爱因斯坦说过:"提出一个问题往往比解决一个问题更重要。"选题,是进行专业论文写作前,对写作内容、研究题目的选择和确定。提出问题是解决问题的第一步,选准了论题,就等于完成了论文写作的一半,题材选得好,可以起到事半功倍的作用。

1. 课题来源

一般课题或论文题目有以下几种来源,见图10-1。

2. 课题的初步分析与确立

从上面几种来源并结合自身实际条件初步选择课题后,必须要对课题内容进行分析

(图10-2)，得到一个大概方向，然后进行文献检索，才能最后确立课题，选准主攻方向。

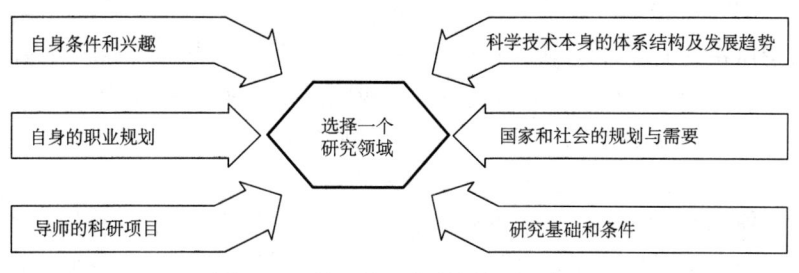

图 10-1　科研课题或论文的题目来源

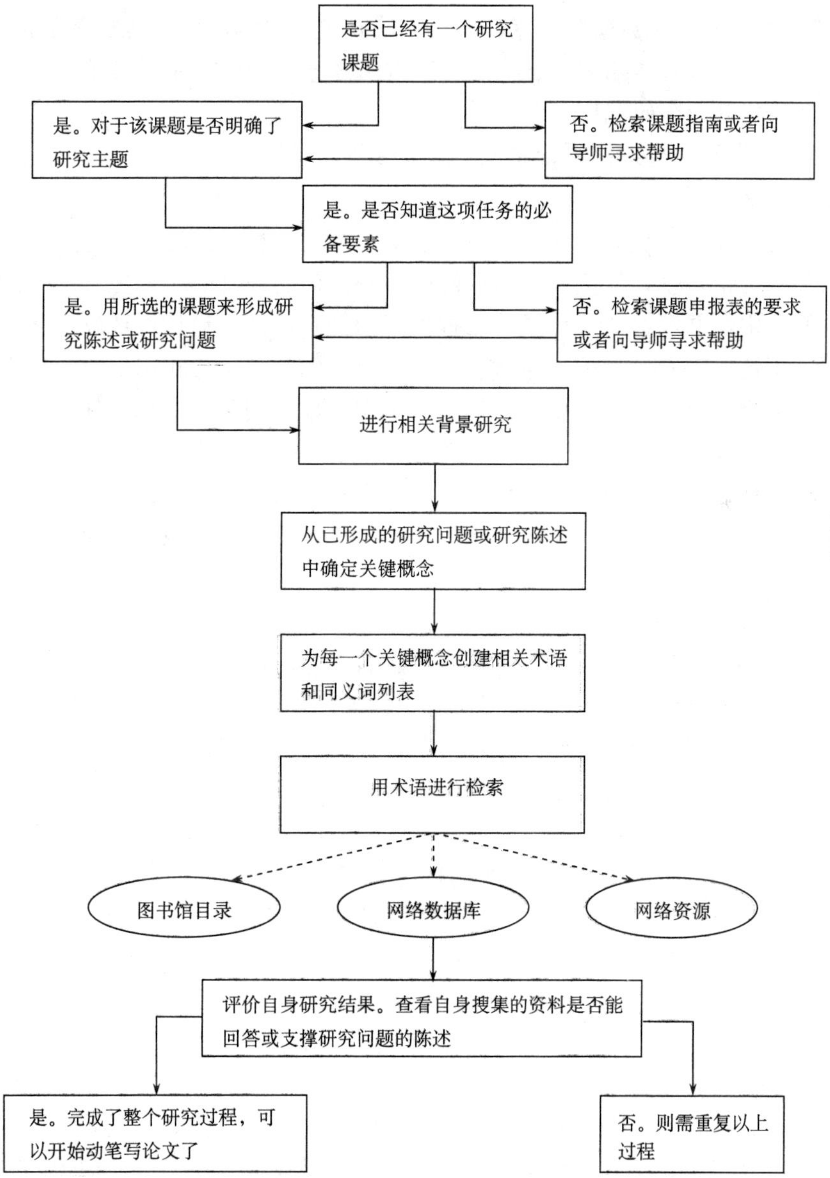

图 10-2　科研课题选择与分析流程

(1) 初步选择课题后，就需要对课题的背景进行研究，包括所属学科、现状、存在问题、希望研究解决的问题。

(2) 从希望解决的问题陈述中列出术语，主要包括研究涉及研究对象与方法的关键词。

(3) 查相关中文综述。从中查看有何人或何机构在研究相关内容。特别要注意中文综述文章后的英文参考文献，可以用回顾性的方法查找该问题的最初起源及奠基性文章。

(4) 查外文综述。从文献的参考文献中再去查找。

(5) 查较关键的参考文献。注意杂志和作者的权威性、引用次数，引用次数越多的越重要，了解在这一研究领域里前人已取得哪些研究成果，还存在哪些有待通过进一步研究而解决的问题，从而使自己的选题紧紧盯住那些尚未解决的问题。

(6) 重检相关全文。注意研究成果、研究方法和技术路线，思考其中存在的问题。

(7) 通过上述检索后，再根据自身所能支配的现有资金和本地技术资源，考虑自身能做什么，怎么做，建立一个研究框架图。

(8) 根据研究框架图开始撰写论文或正式进行研究设计。

3. 本科毕业论文选题

本科阶段的毕业论文选题应属于本专业的知识范围，尽可能覆盖本专业的主干课程和专业课程的基本理论及基本技能，使自己能够得到全面的训练。选题应有一定的工作量，深度、难度要适中，并能够培养自己的工程意识和创新精神。设计性选题应尽可能结合生产实际；研究型选题应有实际的科研背景；软件类选题应有工程实用价值；数学基础好，喜爱抽象思维的学生可以选择理论型题目；动手能力较强的学生可以选择工程型题目；自学能力强的学生可以选择要学很多资料才能进入课题的题目。

本科阶段毕业论文(设计)的时间比较短，如果指导教师没有直接确定题目，而是给出一些备选题目，或想自拟题目，学生需要自行收集资料和与指导教师交流，来评估能否按时完成工作并达到预期目标。

4. 研究生毕业论文选题

研究生阶段的毕业论文写作，不仅要求课题有一定的科学价值、现实意义，还要求具有一定的创新性，对知识作出具有独创性的或具有裨益的贡献。因此，该阶段的毕业设计和论文写作，必须确定一个值得研究并且未获解答的难题或问题。

确定研究课题的途径，除了借助相应的工具书了解概念，与导师、同学讨论，更多的是借助一些检索工具和系统，查询近年来国内外本专业领域的博硕士论文及国家、省部级、校级的科研项目，如国家自然科学基金项目、国家社会科学基金项目、省科研厅、教育厅项目、相关部委项目等。通过对这些论文和项目的检索分析，获得各种思想，迸发出灵感，发现自己感兴趣的题目。

10.3 课题实验或设计初始阶段

选题确定后，即进入了研究初始阶段。这一阶段的主要任务是完成开题报告。开题报告是毕业设计和论文写作的先导环节，其意义在于完善设计和论文整体构想方案，使论文设计方案更加系统化；同时收集信息，听取各方意见，明确思路以坚定论文作者的信心。开题是对学生论文设计是否达到专业培养目标要求和完成论文设计的可行性进行考核，并对论文设计广度、深度、贴切度、重点和难点等进行检验与评估认定的过程。

开题报告的内容大体上有：①本课题研究的已有成果和国内外当前的研究动态与趋势；②选题的依据、目的和意义；③课题研究的基本内容，拟解决的问题；④运用的研究方法及步骤；⑤研究与写作的进度；⑥主要参考文献。

要撰写好开题报告，仅靠苦思冥想是不行的，仍然离不开信息检索。这一阶段的信息检索的重点如下。

(1)通过完整检索，找出与自己研究最相关的期刊论文、学位论文、专利、成果。他人的评述文章和论文综述，可从中归纳出主要研究人物、研究机构，进而为课题论文综述的写作奠定基础。

(2)重点研究同类硕博士论文的目录结构，形成自己的论文写作思路。从检索到的同类硕博士论文获得启发，是撰写好开题报告的基础。查看同类论文的目录结构，不仅了解该论文的内容安排和技术路线，也为课题论文的写作提供了思路。

(3)建立定期跟踪信息目标，利用各数据库和检索平台提供的个性化服务功能进行资源定制，以便使自己在论文写作过程中能及时补充最新资源。

10.4 课题实验或设计中间阶段

开题报告完成后，就进入课题实验或设计中间阶段，这一阶段信息检索的侧重点在于解决实验或设计中的实际问题。解决这类问题更多地依赖于工具书、手册、专著、技术报告、各种研究论文、专利和标准等。这些文献提供了解决问题的具体方案。除了查询图书馆的各种数据库，还可以通过方式方法获取。

(1)数值数据可通过数值与事实数据库等、专门的统计网站、行业网站获得，如国研网、中华人民共和国国家统计局、四川省电力行业协会(http://www.scepta.org)等。

(2)关键技术与方案可通过专利检索系统获得，如中国知识产权局专利检索系统、美国专利商标局、欧洲专利局。

(3)技术规范可通过标准数据库获得，如万方数字资源系统的标准文献数据库、国家标准全文公开系统(http://www.gb688.cn/bzgk/gb/index)。

(4)实验方法、调查问卷可以参考同类学位论文。

(5)利用网络上的实用技术资源，如在线工具书、手册、数值数据、图谱、计算工具、画图软件及各种与实验有关的资源，这些电子资源与纸本资源相比更新速度快、获取容易。网上专业论坛也是值得关注的地方，有解决不了的问题可以通过论坛寻求帮助。

10.5 论文撰写与完成阶段

课题研究实验或设计完成后，即进入了论文撰写阶段。总结、撰写毕业设计(论文)阶段，查阅文献的作用是充实自己的论文。具体体现在一个"新"字上，即所选择的参考文献年代较近,掌握最新科研发展动态,借鉴别人好的经验。因此,此阶段资料查询要求翔实、深入,获取文献以全文型为主。所选材料必须是最具特征、最有代表性、最能揭示研究对象本质、集中表现论文主题的材料。

实验和论文工作即将结束时,作为课题的总结和对研究前景的预测展望,同时也为了进一步对本课题研究水平进行正确的评估,需要对国内外文献再次进行全面追踪检索,以便了解选题后国内外技术变化情况,为课题总结或进一步完善研究提供帮助。另外,通过检索对课题水平进行确认,如果该项研究确实具有独到之处,并具备了新颖性和创造性,应及时将研究成果转化为知识产权或积极参与各种奖项的申报,使其产生更大的经济效益和社会效益。

总之,文献检索活动贯穿于毕业设计(论文)的全过程,掌握文献检索能力,实际上也是在不断增长和强化学生的科研能力的过程。一个优秀的科研人员,如果没有过硬的信息检索能力,也很难创造出具有影响力的科研成果。

扩展阅读:由于本科毕业论文的特殊性,信息检索没有必要全面深入,应该根据自己的专业与题目把握一些重点,以下建议可以作为参考。

(1)工程设计类(包括机械、建筑、土建、电气工程等):应重点检索专利,其次是标准,通过研读专利正文,可以体会申请人的研发思路;研读专利权要求,可以少走弯路,还可以找出未覆盖的漏洞,进一步提出自己的专利;有的专利还有参考文献,可以了解这个专利的来龙去脉。

(2)试验研究类:特别是生物、制药、化工和食品类,经常涉及标准方法和物质含量的检测,应重点检索标准,其次是学术论文。

(3)理论探讨类(理科):重点检索期刊论文数据库,其次是学位论文,一般不提倡工科学生选择该类课题。

(4)计算机软件类:重点用搜索引擎进行源代码搜索和同类产品搜索(可以通过同类产品查看功能模块),其次是检索期刊论文,查看别人的设计思路与设计框架。

(5)经济、管理及文科类:重点检索统计数据和分析报告(包括产业、企业、产品、现象等)。

最后,写作时应该检索与参考硕士学位论文,因为硕士学位论文比本科毕业论文有深度,可以参考其文献综述、研究方法,更重要的是借鉴别人的论文写作思路。

10.6 文献综述的撰写

文献综述是毕业论文的重要部分,一篇完整的毕业论文必须有一个囊括论文各个关键词的国内外综述性概述。综述是查阅了某一专题在一段时期内的相当数量的文献资料,经过分析研究,选取有关情报信息,进行归纳整理,作出综合性描述的文章。

总结和综合该方向前人已经做了的工作,了解当前的研究水平,分析存在问题,指出可能的研究问题和发展方向等,并且列出该方向众多的参考文献,这对后人是一笔相当大的财富,可以指导开题报告和论文的写作。

1. 文献综述的特点

(1)综合性：综述要"纵横交错"，既要以某一专题的发展为纵线，反映当前课题的进展；又要从国内到国外，进行横的比较。只有如此，文章才会占有大量素材，经过综合分析、归纳整理、消化鉴别，使材料更精练、更明确、更有层次和更有逻辑，进而把握本专题发展规律和预测发展趋势。

(2)评述性：是指比较专门地、全面地、深入地、系统地论述某一方面的问题，对所综述的内容进行综合、分析、评价，反映作者的观点和见解，并与综述的内容构成整体。一般来说，综述应有作者的观点，否则就不成为综述，而是手册或讲座了。

(3)先进性：综述不是写学科发展的历史，而是要搜集最新资料，获取最新内容，将最新的信息和科研动向及时传递给读者。

综述不应是材料的罗列，而是对亲自阅读和收集的材料，加以归纳、总结，作出评论和估价，并由提供的文献资料引出重要结论。一篇好的综述，应当是既有观点，又有事实，有骨又有肉的好文章。

2. 文献综述与文献分析

文献综述首先要进行文献分析，文献分析是指针对某个主题，搜集、鉴别、整理文献，就目前的成果与现状加以研究，旨在整合此研究主题的特定领域中已被思考过、研究过的信息，并以清楚而合乎逻辑的方式进行系统的展现、归纳和评述。它是对文献信息进行定向选择和科学抽象的一种研究活动。信息检索是信息分析的前提与基础，通常的信息分析是在检索结果的基础上进行总结与归纳。但如能灵活运用信息检索，本身就可以达到信息分析的目的。主要体现在以下几方面。

(1)检索系统自身具有的分析功能。

【案例10-1】应用 Web of Science 数据库检索，不同的检索字段能到达不同的分析功能，见表10-2。

表 10-2　Web of Science 检索字段分析功能

检索字段	可以分析的目标
Author	可以获得课题相关研究的作者情况
Country/Territory	可以获得课题相关研究的国家和地域的状况
Institution Name	可以获得课题相关研究的机构状况
Publication Year	可以获得课题的发展趋势
Source Title	可以获得课题相关文献主要发表的期刊
Subject Category	可以获得课题相关研究的跨学科应用发展

(2)如果检索系统自身不具有专门分析功能，以下几种检索功能能达到分析的效果(表10-3)。几乎所有检索系统都具有输出排序功能，大部分具有分类与知识链接功能。

(3)利用检索系统的免费分析功能模块，可以对研究趋势、重要论文进行分析判断。常用的是万方检索系统的"知识脉络分析"(http://trend.wanfangdata.com.cn)和中国知网的"学术趋势搜索"(http://trend.cnki.net/TrendSearch)。

表 10-3　一些检索功能的分析效果

检索选项	类型选项	分析目标
输出排序选择	时间、相关性、其他方式	获取专题的最新研究状况、核心论文
分类	主题、来源、时间	获取研究状况的发布
知识链接	参考文献、引证文献、机构、刊物	获取研究的脉络与各种关联

【案例10-2】用万方检索系统的"知识脉络分析"对"地震"的研究趋势进行分析,见图10-3。

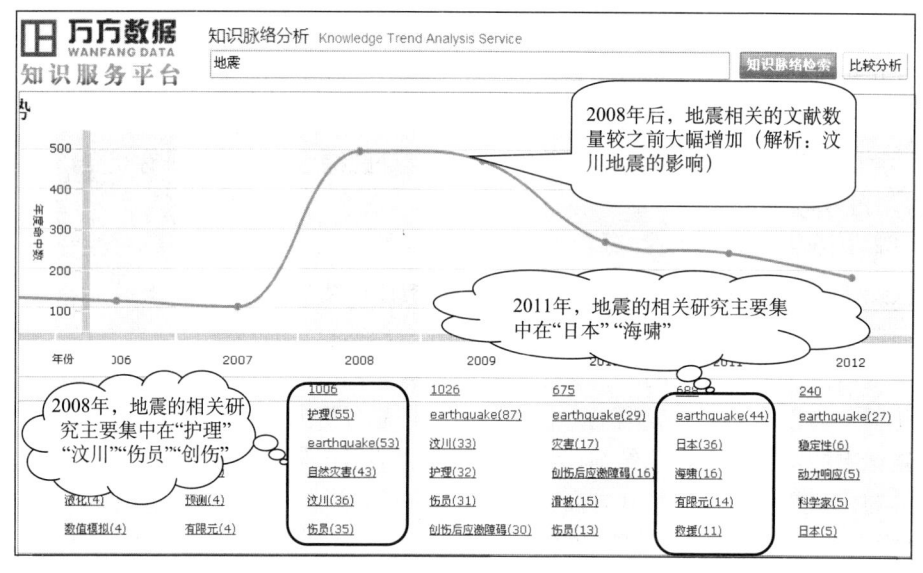

图 10-3　地震研究趋势

用户可以对这些客观的统计数据进行解读,得出自己的分析结论。还可以进行多知识点比较分析[输入多个知识点(以","号相隔),单击"比较分析"按钮,即可得到多个知识点研究发展趋势的对比视图]。

【案例10-3】毕业后要到地铁公司工作,想在毕业设计时做地铁方面的设计,又不知道做什么。此时就可以用中国知网的"学术趋势搜索"搜索看看,得到一些启发与思路,见图10-4。

3. 总结归纳

文献综述不是资料库,要紧紧围绕课题研究的"问题",确保所述的已有研究成果与本课题研究直接相关,其内容是围绕课题紧密组织在一起,既能系统全面地反映研究对象的历史、现状和趋势,又能反映研究内容的各个方面。在对文献进行阅读后,研究者需要对所阅读的全部文献进行系统的总结归纳。具体而言,研究者需要回答一系列的问题,如下。

此类研究他人是否已经做过?做到什么程度?这个领域已经做了哪些事情,各种变量之间业已存在何种关系,哪些研究已经完成,哪些研究还需继续?从而确定自己研究的具体课题和限制,找到起点和研究应解决的重点。

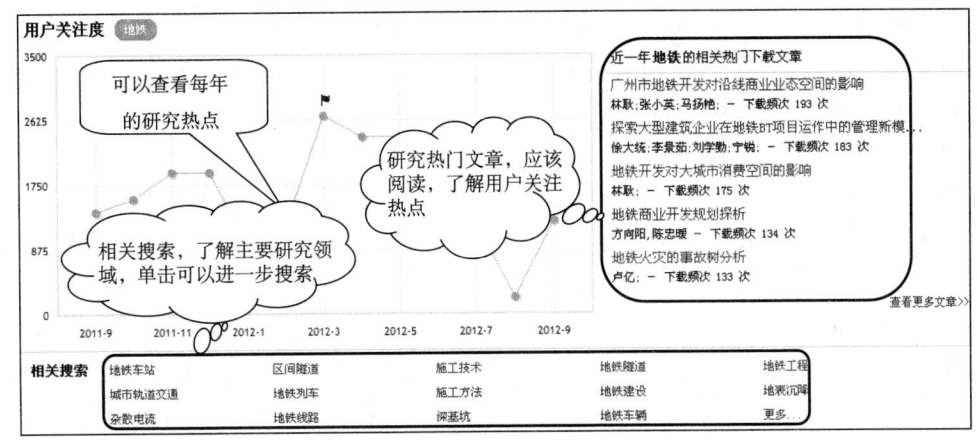

图 10-4　地铁的学术研究趋势

如何做的？本领域内已有哪些相关工作，先前研究所采用的方法手段，作者如何分类、探索和解释事实及其关系？

已得出哪些基本的研究理论？总体上还存在哪些相对薄弱的环节？

在此基础上，研究者要将阅读的成果用到自己的项目，需要思考与回答如下问题。

自己要进行的研究项目要解决的问题是什么？

自己要进行的研究项目用何种办法解决？

自己要进行的研究项目与其他人有何区别？

是否对现有的文献有所贡献？

10.7　各阶段检索重点对比

各阶段检索重点对比如表 10-4 所示。

表 10-4　毕业设计（论文）各阶段检索重点对比

对比项	前　期	中　期	后　期
目的	课题立项论文选题	资料跟踪	成果评价
关注问题	在此领域研究的有哪些国家？国际上有什么重大研究项目？哪些机构和个人有什么成果？竞争对手与合作伙伴情况	有没有出现新的研究资料？竞争对手与合作伙伴的进展	本项研究的影响力如何？与同类工作相比，新颖性如何？成果的应用前景
检索要点	以最新最前沿的报道为主，利用分析工具，掌握相关领域的基本情况，为选题和立项做调研	通过对相关研究机构及个人的跟踪，掌握最新科研思想及技术	引文检索通过成果对比检验研究的新颖性和先进性。专利与标准，成果转化
检索的主要信息源与举例	文摘型数据库（SCI、EI、INSPEC）	全文数据库、学术会议、专业网站、机构知识库、个人网页（SDOS、CNKI）	引文数据库与全文数据库（SCI、CNKI）、专利、标准
关注重点	了解数据库的内容和特点，选择与自己研究方向相关度最高的数据库作为经常访问的对象	订制、跟踪相关数据库。发现、收藏相关学会、协会网站、专门数据库等资源	利用已有信息源，对自己的研究成果形成比较客观的评价与转化

【案例 10-4】 毕业设计"道路破冰机设计"的资料收集。

该课题为机械制造与设计专业的本科毕业设计备选题目,小组共同完成,要求交出设计图纸与设计说明,每个人就设计部分提交设计分析报告。

1. 检索分析

学科:机械科学、交通科学;可以考虑查询一些综合性或工程科学方面的数据库。

查询的年代范围:产品设计,主要参考资料应该是比较新的,但由于涉及专利,可将检索年限放宽到十五年。

语种:主要为英文和中文。

检索词:从初步检索可以看出,破冰机部分用于食品业,部分用于交通业,在交通业中,有用于水上的,有用于陆路交通的。

(1) 中文关键词为:破冰机 and(道路 or 公路 or 路面)。

(2) 英文关键词为:(ice breaker or ice crusher) and (road or highway)。

检索工具如下。

(1) 搜索引擎:百度、必应。

(2) 专利:国家知识产权局专利检索系统、欧洲专利局专利检索系统。

(3) 标准:NSTL 的标准规范检索、中国标准网。

(4) 期刊:CNKI 中国期刊全文数据库、EI、SDOS。

2. 检索过程与结果(略)

3. 检索说明

在本课题中,检索重点也有两个方面,一是作为产品设计,首先应该在网上找一些产品样本,从中了解产品性能与技术要求。这在百度中直接输入"破冰机"就可以找到。找到产品后,可以进一步检索到生产企业,以购买者的身份去索取更加详细的资料。二是作为产品设计,最有效的检索方式是查询专利及其标准。本课题中,可以从中国专利中查到 1 条发明专利,12 条实用新型专利,从欧洲专利查到 1 条专利。

在产品名称翻译没有把握时,可以先检索出一条中国专利(不包括外观专利),然后用这条专利的公开号到欧洲专利局采用高级检索并使用其中的"Publication number:"字段(http://ep.espacenet.com/advancedSearch?locale=en_V3)进行检索,就能检索出对应的英文标题。例如,在国家知识产权局检索出一条"道路破冰机"专利,其公开号是"CN201202105",就可以在欧洲专利局检索出本条专利对应的英文标题是"road ice crusher"。

在撰写产品设计的毕业论文时,每条专利的权利要求书和说明书是很好的参考资料。从权利要求书中可以总结出每个设计的创新点,从说明书中可以明确设计采用的技术及其背景材料。

10.8 写作与学术规范

俗话说"没有规矩,不成方圆"。从事学术研究当然也必须遵守相应的学术规范(Academic Standard)。学术规范是指学术活动过程中,尊重知识产权和学术伦理,严禁抄袭剽窃,充分理解、尊重前人及今人已有的相关学术成果,并通过引证、注释等形式加以明确说明,从而在有序的学术对话、学术积累中加以学术创新。

2004 年 8 月,教育部发布了中华人民共和国成立以来第一部《高等学校哲学社会科学研究学术规范(试行)》(以下简称《规范》)。该《规范》被称为我国的"学术宪章",详细地阐述了学术规范的基本内容,形成了较为完善的学术规范体系,为高校师生及相关人员在学术活动中自律提供了相应的准则。

10.8.1 写作规范

写作规范是学术研究写作的基本技术准则。其内容主要有以下三方面。

(1)学术成果应观点明确,资料充分,论证严密;内容与形式应完美统一,达到观点鲜明,结构严谨,条理分明,文字通畅。

(2)学术成果的格式应符合要求。学术论文的标准格式依照投稿杂志要求而定。可以到杂志主页的投稿指南,寻找相关信息。

(3)参考文献的著录应符合要求。参考文献是在学术研究过程中,对某一著作或论文的整体的参考或借鉴。2005年3月23日,国家质量监督检验检疫总局和中国标准化管委会发布了GB/T 7714—2015《文后参考文献著录规则》,代替GB 7714—1987。该标准非等效采用国际标准ISO 690和ISO 690-2,规定了各个学科、各种类型出版物的文后参考文献的著录项目、著录顺序、著录用的符号、各个著录项目的著录方法以及参考文献在正文中的标注法。

提示:国内外各种刊物的著录格式与论文格式都有所差异,如果是发表论文,应该到该期刊的网站上查看"投稿指南"或"征稿要求"。

10.8.2 引用规范

引用规范即学术引文规范,是关于文献引用内容、引文标注及著录的规则及要求。引文是学术论著的重要组成部分,客观、公允、准确、合理地引用文献,可以表明文献之间的继承和发展关系。学术引文规范应包括引文原则与引文著录格式两项基本内容。

所参考、引用的信息资源要标明出处。参考其中的观点或受到启发的文献,可在文章后面列出参考文献或进行标注,当完整地引用原文章中的字句时一般应该在文章中进行标注。

凡引用他人观点、方案、资料、数据等,无论曾发表与否,无论是纸质或电子版,均应详加注释。引文应以直接引用原始文献和第一手资料为原则,尽量避免转引文献。学术研究讲究真实可靠,原始文献和第一手资料较之于第二手资料更为客观和可靠。如果确实需要转引二手资料,应在文中指明,同时需要在参考文献中注明原始文献和转引文献,不能造成他人将引用文献当成第一手资料的误解。

引文必须是研究者阅读过,且对自己研究的观点、材料、论据、统计数据等有启发和帮助的文献,不能引而不用(伪引)。否则后来的研究者根据伪引的参考文献去查找、阅读资料,就会浪费大量的研究时间,甚至会造成以讹传讹,更不能用而不引。使用了别人的观点、数据却不指出引用的来源,等于是将别人的成果窃为己有,这就构成了剽窃。

10.8.3 学术规范

近年来,在学术界频发的剽窃、抄袭等学术不端事件造成的不良影响,使学术规范备受重视。学术规范是遏制学术腐败、保证学术研究能够健康发展的一个重要措施。

1. 论文抄袭

学术不规范最突出的一种表现形式就是抄袭(表 10-5)。任何曾经写过论文或者为论文评过分的人,都知道抄袭并不是一个界限分明的问题。抄袭与研究之间的界限往往是不明确的。学会辨别各种抄袭的形式,尤其是那些模棱两可的形式抄袭,是杜绝抄袭的重要一步。

表 10-5　抄袭的种类

标注与否	抄袭的种类
未作引用标注	(1) 将他人作品的文字直接变为自己的 (2) 不作任何修改地将他人作品的标志性内容复制为自己的 (3) 从几篇不同作品中复制,将句子随意地拼凑,却仍保留了原作品中的大多数字词 (4) 通过改变词组和句子的排列改变了原作品的外在形象,但保留了原作品的精华思想 (5) 改变实验或实证研究的个别数据或表述方式,但保留了原作品的实验或实证设计思路与方法 (6) 大量引用自己原来的作品,违反了原作品版权已被大多数学术机构所有的政策
已作引用标注	(1) 提到了所使用参考资料的作者姓名,但却没有标注参考资料的出处 (2) 提供了关于参考资料的不准确信息,使之不可能被找到 (3) 合理地引用了参考资料,但却忘了加注引用引号。虽然已经将基本思想的来源归于参考资料,但作者却错误地进行了原文展示 (4) 合理地将所有引用内容作了标注,也完成了释义。但这篇论文本身已经没有任何原创思想

哈佛大学关于"抄袭"的规定指出:如果所用句子与原始资料在观点和句子结构上都非常相似,并且结论与引语相近而非用自己的话重述,即使注明出处,这也是抄袭。

不能简单地改变原始资料中的几个词语或者对其进行摘要性重组,而必须用自己的语言和句子结构彻底地重塑总结,或者直接引用。当然对于已经成为学术界的常识、经典、名句,即使不作说明也不会对提出者的归属产生误会的观点,则可以不注明出处。

我国《图书期刊保护试行条例实施细则》第十五条明确规定:"引用非诗词类作品不得超过 2500 字或被引用作品的十分之一";"凡引用一人或多人的作品,所引用的总量不得超过本人创作作品总量的十分之一"。

2. 论文检测

为了应对抄袭,各种论文检测工具(又称学术不端文献检测工具)应运而生。目前大多数检测系统对文字复制的检测已经达到相当高的水平,但对于图表、公式、数据的抄袭和篡改等行为的检测还达不到要求。

检测结果一般提供文字复制百分比,但百分比只是描述检测文献中重合文字所占的比例大小程度,并不是指该文献的抄袭严重程度。只能这么说,百分比越大,重合字数越多,存在抄袭的可能性越大,是否属于抄袭及抄袭的严重程度检测系统不能自行判断,需由专家审查后决定。因此学术不端文献检测系统只是将检测文献中与其他已发表文献中的雷同部分陈列出来,列出客观事实。

现在流行的论文检测系统主要是三大中文期刊数据库提供商开发的系统,即中国知网论文检测系统、万方论文相似性检测系统、维普通达检测系统。得到公认并被部分高校用作论文检测标准的是中国知网和万方的检测系统，但两者都不是免费的。虽然各个论文检测系统的检测结果不一定完全一致，但对论文的修改都会有一定帮助。

其他论文检测系统如下。

(1)知识产权卫士-拷克网：http://www.copycheck.com.cn。

(2)论文检测大师：http://www.check-paper.com。

(3)外文论文检测系统：www.turnitin.com。

(4)繁体论文检查网站：http://www.ppvs.org。

提示：学术论文是衡量一个人学术水平和科研能力的重要标志，论文抄袭主要是针对公开发表论文而言的。目前一般硕博士的学位论文、学术论文都会在网上公布，它既是论文作者的荣誉，也是一种严厉的考验。如果存在抄袭，论文会成为身边随时可能引爆的炸弹，所以特别要注意。另外，许多初入学术门槛者，尤其是本书的大多数读者，对优秀的论文进行模仿写作是掌握写作技巧与科研方法最快捷与有效的途径，所以，建议大家大胆地模仿，并在模仿过程中，通过逐渐改变研究内容来学习和掌握科研与写作方法。最初，可变换研究对象，如《产业集聚过度、技术创新与产业升级——基于珠三角产业集群的研究》，可以按同样的方法和思路，进行基于长三角的、成都地区的研究；其后可以变换研究方法，如《产业升级背景下广东发展低碳经济的 SWOT 分析》，进行产业升级背景下广东发展低碳经济的价值链分析、专利分析、竞争力分析、实证研究等，熟悉这类研究对象与研究方法后就可以尝试自己感兴趣的研究与写作；最后是要参考一些优秀文章的写作方法、论文偏重结构的安排等。敢于借鉴和模仿的原则是如果模仿写作出来的东西并无新意，则最好不要公开发表。掌握一定研究方法与写作基础后，就可以按照自己的观察、思考、实验进行研究与写作了，当能写出一篇对自身研究所在的领域有所贡献，能够对他人有所启发，或者自身已经研究过他人无须再进行此项研究的论文时，就可以去投稿与发表论文了。

综合训练：学术论文开题检索（也可作为期末研讨作业）

根据专业，选取一个专业热点课题，也可以通过中国知网的学术热点搜索选取。

(1)写出课题的名称，并简要说明其内容、背景和选题意义。

(2)写出反映课题内容的中英文关键词以及相似词、同义词。

(3)写出选择的中英文检索工具名称，要求至少选择 10 个检索工具。

(4)列出不同数据库的检索策略，即具体是如何实施检索的。

(5)列出选出的中、外文相关文献（注明从哪个数据库中获得）。文献类型要求有期刊、学位论文、图书和专利等，并说明原文的获取方法。

(6)必须对检索结果进行分析，包括对主要研究方法、研究维度、研究结论、研究机构等进行综述。

论文的收录、引用与发表

学术信息的识别与选择

学术信息的阅读

参 考 文 献

百度百科[OL]. http://baike. baidu. com.
邓发云, 2006. 基于用户需求的信息可信度研究[D]. 成都: 西南交通大学.
邓发云, 2013. 信息检索与利用[M]. 2 版. 北京: 科学出版社.
邓发云, 吕先竞, 杨忠, 2010. 信息检索与利用[M]. 北京: 科学出版社.
清华大学图书馆按类型查找资源[OL]. http://lib. tsinghua. edu. cn/find/find. html.
清华大学图书馆读者参考资料[OL]. http://www. lib. tsinghua. edu. cn/chinese/infoguide/user-guide1. html.
山东理工大学信息检索与利用[OL]. http://www. icourses. cn/coursestatic/course_3888. html.
汪育健, 吕先竞, 邓发云, 2003. 信息检索与利用·工学[M]. 西安: 世界图书出版公司.
武汉大学信息检索[OL]. http://www. icourses. cn/coursestatic/course_3487. html.
西南交通大学信息检索国家精品课程[OL]. http://202. 115. 72. 11.
新加坡国立大学图书馆在线辅导[OL]. http://www. lib. nus. edu. sg/chz/ChiLION/ChiRTopics/index. html.
浙江大学宁波理工学院图书馆《信息检索》课程[OL]. http://lib. nit. net. cn/xxjs.
浙江大学图书馆用户培训[OL]. http://libweb. zju. edu. cn/libweb/redir. php?catalog_id=10244.
中国科学院国家科学图书馆开放信息检索教育平台[OL]. http://il. las. ac. cn.
CNKI 概念搜索. http://define. cnki. net.
Critical evaluation of resources[OL]. http://www. lib. berkeley. edu/TeachingLib/Guides/Evaluation. html.
Evaluating Web Sites: Criteria and tools[OL]. http://www. library. cornell. edu/olinuris/ref/research/webeval. html.
Stanford's key to information literacy[OL]. http://skil. stanford. edu/intro/index. html.

附录 A 本书使用方法推荐

为使读者更好地使用本书，特提供如下建议。

1. 对于学生或者其他读者

阅读本书时，应多练习与思考。本书提供大量思考与训练提示，读者在阅读时，遇到训练提示应及时练习。每个读者面临的信息环境不同，能使用的资源也有很大差异，鉴于此，本书推荐如下一些常用资源供读者进行练习，以实现对检索技能的训练，这些资源都可以免费检索，其网址可从书中获取，也可直接在网络上搜索。

书目检索：国家图书馆、中国高等教育数字图书馆(CALIS)。

网络数据库检索(获取全文需要付费)：万方、中国知网、SDOL。

专利检索：国家知识产权局、欧洲专利局。

学习考试资源：新浪教育频道、网易公开课。

统计信息检索：中国国家统计局以及各国统计局网站。

搜索引擎：百度、必应 。

读者阅读本书时，不必按图书固有章节顺序阅读，可根据需要直接选取章节进行阅读，建议对第 2、3 章精读，对第 1、4、6、7 章泛读，其余章节可以选读。

2. 对于教师用作教材

目前，国内高校的信息检索课程大多按 32 学时或 16 学时进行设置。本书按照 32 学时课程进行编写，每章 2 学时(数据库资源 4 学时)，剩余 8 学时为上机练习。上机时间建议根据资源类型进行安排，即网络信息源与搜索引擎 2 学时；数据库资源 4 学时；专利、标准 2 学时。此外，还有 2 学时讨论考核。如果课程为 16 学时，则建议第 1、2 章 2 学时；搜索引擎和网络资源 2 学时；数据库检索 4 学时；专利、标准 2 学时；信息检索利用 2 学时；其余 4 学时上机练习，一次为网络资源，一次为数据库资源。

作为教材使用时，对于本书中的一些交流讨论，教师应该给出学生交流讨论的时间，在课堂教学时可以根据教学需要安排 2～3 次专题讨论。

课堂教学以启迪学生智慧和思维为主，不需过多讲授各数据库的使用流程。对学生的考核不建议采用闭卷卷面考试形式进行。学生的成绩可以由上机实习(30%)、课堂讨论(10%)、课题训练(60%，可提前几周布置)等部分组成。

各个数据库和检索系统的数据及截图的采用时间为 2017 年 6～7 月，仅供参考，具体检索页面与检索方法以当时和老师讲授为准。

以上建议为个人教学经验，仅供参考。

读者如有好的经验与建议，可通过邮件(dfy@swjtu.edu.cn)与本书作者进行交流。作者将在书重印或再版时采用，以期共同推进信息素质教育的提高。

附录 B　常用搜索关键词推荐

搜索最重要的是选择关键词，下面就一些常用搜索给出一些建议关键词供大家参考。使用方法：+号后面是并列关系，使用时选择一种就可以。

名称定义或解释：名称+定义 define
选电影：票房 获奖影片 名著电影
选书：名著 经典阅读书目 经典书籍 必读书目
下载书：书名+免费下载　PDF
下载有声书：书名+有声书 朗诵 朗读 MP3
了解前沿与现状：主题+综述 概述 进展 动态 现状 前沿 趋势分析
学科发展：学科名称+学科发展战略 学科发展报告 学科发展规划
软件、网站选择：名称+排名 测评 比较 十大
治病：基本药物处方集 基本药物应用指南 基本药物目录 或者 病名+药物指南
旅游：地名+行程规划 旅游攻略
天气：地名+天气 天气预报 污染指数 空气质量指数
餐饮：地名+美食 特色菜 小吃 特色餐馆 餐饮名店
企业：企业名称+产品 招聘 合同 合作 文化 博客 成果 标准 信用
求职：专业+简历 招聘 求职 面试
机构主题活动：机构名称+主题
搜数据或者事实：主题+调查 统计 报告 survey　report　guide resources
购物寻找途径：购物搜索引擎 比价网
商品搜索：商品名称+便宜 特价 折扣 discount

后　　记

　　最近两年在讲学、调研与交流中，针对大家提出的主要问题，在此进行简要回答。

　　随着网络和移动互联的深入发展，大数据、互联网+、创客技术、云计算等新技术、新概念层出不穷，知识的更新与传递都在不断加快，信息资源爆炸性增长，在信息资源的使用上，往往不是不会用，而是不知道有，不知道合理地利用，学生和老师都面临一个重要问题：信息检索该怎么学，该怎么教。

　　对于学生来说，信息检索是一种技能，是一种艺术，它根植于自身思维和行为习惯，需要长期训练和培养，并且需要有智慧的老师和书籍指导。学生需要培养有问题就去检索的意识与习惯；培养有问题就去寻找专家和权威意见的方法；培养通过检索获得解决问题的思路和态度；关键是要养成从"我"即自身的问题和需求出发通过检索借鉴别人的知识和经验去思考与行动的习惯。

　　对于教师来说，不仅要讲授检索过程，还包括检索前的需求分析与检索结果的利用；不仅要讲授学术科研检索，还要讲授包括学习、工作、生活各方面的检索，不仅要讲授如何找到结论，还要讲授如何让学生通过检索认识问题的结构、逻辑与关联。关键是学生能从中获得收益和提高兴趣。

　　对于信息检索课堂来说，重点是在案例中针对学生感兴趣的问题如创新能力、恋爱、就业与创业、人际交流，通过检索寻找合适答案，让这些答案对学生的思想和行为有所影响。教学内容在广度与深度上要增加，广度上要增加与学习、生活、就业、考研、考试等相关的内容，深度上必须看原文、必须对结果进行梳理与分析、必须从结果中找到答案、必须能对检索结果进行表达与交流。方式上增加自主、参与、阅读与研讨，我探索教学方式如下：课堂上（交流10～15分钟+讲授40～50分钟+讨论25～40分钟）；实习（教师命题训练+自主选题训练）；讨论（本讲出题—课后收集资料—下讲小组讨论—再下讲全班交流（组长发言，组长轮流））。关键是通过课堂让学生行动起来。

　　现在的视频公开课、精品课程、MOOC课程、翻转课堂对教师和教材提出了很多挑战，是否可以忽略本地或者本校教材？从我自身的实践、调研与交流来看，教师教的是智慧不是知识，教师是启发者和监督者，教师主要指明方向和讲清楚知识背后的逻辑及其运用，对于信息检索尤其如此，每个教师的知识结构和经验都不一样，即使运用同样的检索技能，检索的资源、结果和利用等方面也会不一样，所以本地教师是不可替代的，他对自己的资源环境和学生需求的了解是网络课程无法替代的。对于信息检索教材，教与学都严格按照教材执行是不可取的，因为即使再好的教材也仅仅是一个学习的平台，是知识的原材料，是学生根据自身需求学习的参考书和背景材料；但忽视教材更不可取，因为一本好教材是作者智慧的结晶，有作者的思考和创建，内容贴近现实，是可以让读者有所收获的。相对于其他课程，信息检索教材的即时性最为重要，很多教材的内容常常跟不上现实变化，本教材平均每三个月就会对内容进行更新，基本上与现实同步。